LABIB HABACHI

DIE UNSTERBLICHEN OBELISKEN ÄGYPTENS

KULTURGESCHICHTE DER ANTIKEN WELT

BAND 11

VERLAG PHILIPP VON ZABERN · MAINZ AM RHEIN

LABIB HABACHI

DIE UNSTERBLICHEN OBELISKEN ÄGYPTENS

mit einem Anhang
von
Edmund Buchner

VERLAG PHILIPP VON ZABERN · MAINZ AM RHEIN

256 Seiten mit 5 Farb- und 83 Schwarzweiß-Abbildungen

Umschlagbild: Der Heilige See von Karnak mit den Obelisken des Königs Thutmosis I. und der Königin Hatschepsut
Vorsatz vorn: „Kleopatras Nadel", einer der beiden Obelisken Thutmosis' III. aus Heliopolis, im Jahre 22 v. Chr. nach Alexandria verbracht, heute in New York, s. Abb. S. 235, 237, Kolorierter Aquatintastich von Luigi Meier aus Ainslie, Views in Egypt, Ende 18. Jh.
Vorsatz hinten: Der Obelisk auf der Piazza del Popolo in Rom, Kupferstich von G. B. Piranesi

Übersetzung aus dem Englischen
Irmgard von Beckerath

ISBN 3-8053-0581-8

Printed in West Germany by Philipp von Zabern

Meiner Frau Attiya
in Dankbarkeit

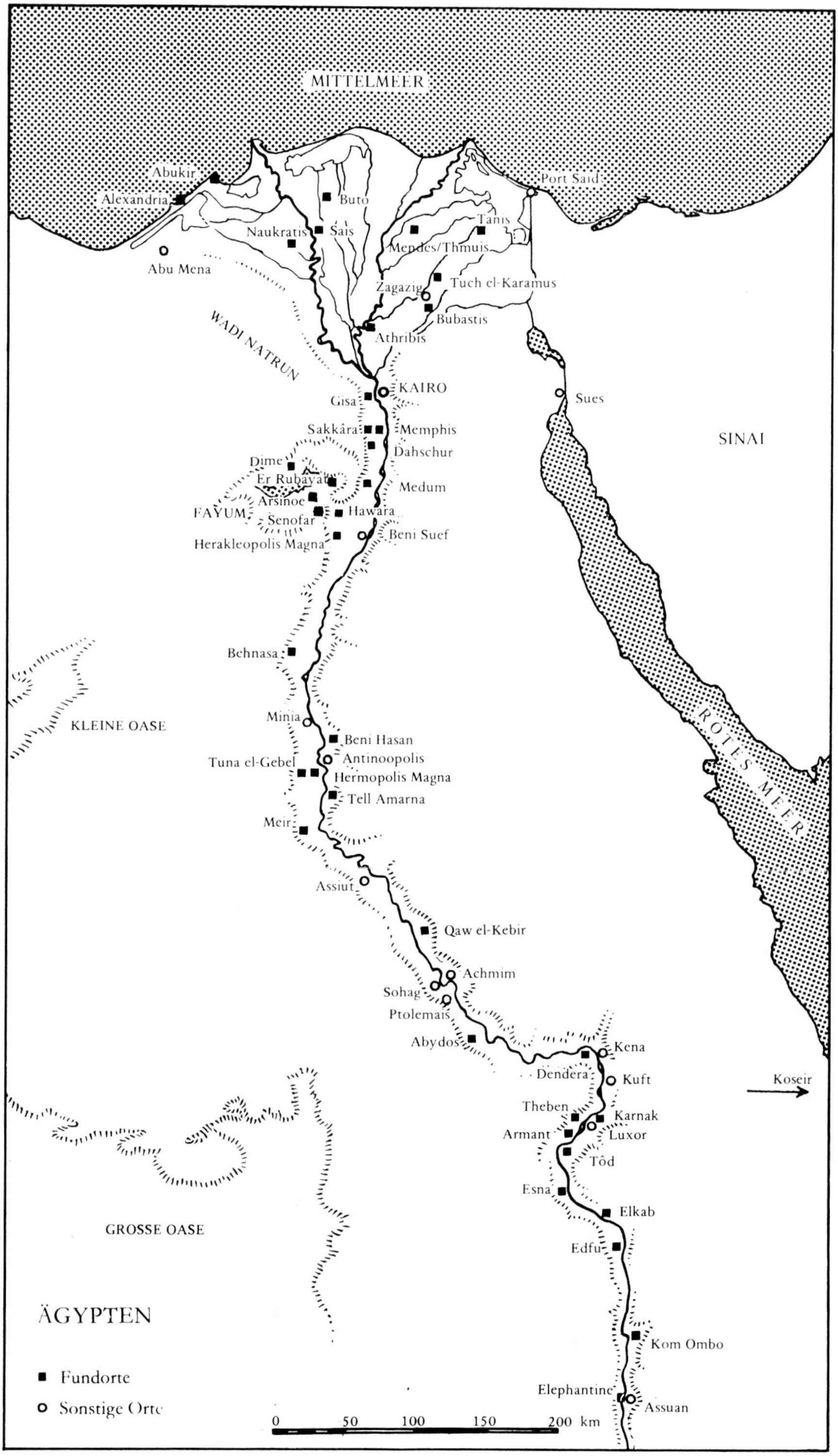

MITTELMEER
Abukir
Alexandria
Abu Mena
Naukratis
Buto
Sais
Mendes/Thmuis
Tanis
Port Said
Zagazig
Tuch el-Karamus
Bubastis
Athribis
WADI NATRUN
KAIRO
Gisa
Sakkâra
Memphis
Dahschur
Dime
Er Rubayat
Medum
Arsinoe
FAYUM
Senofar
Hawara
Herakleopolis Magna
Beni Suef
Sues
SINAI
Behnasa
KLEINE OASE
Minia
Beni Hasan
Antinoopolis
Tuna el-Gebel
Hermopolis Magna
Tell Amarna
Meir
ROTES MEER
Assiut
Qaw el-Kebir
Achmim
Sohag
Ptolemais
Abydos
Kena
Dendera
Kuft
Koseir
Theben
Karnak
Armant
Luxor
Tôd
Esna
Elkab
GROSSE OASE
Edfu
ÄGYPTEN
Kom Ombo
Fundorte
Sonstige Orte
Elephantine
Assuan
0 50 100 150 200 km

INHALT

VORWORT ZUR DEUTSCHEN AUSGABE

Das relativ verspätete Erscheinen der "Obelisks of Egypt" in deutscher Sprache mag dem Leser vielleicht befremdlich erscheinen, besonders im Hinblick auf das große Interesse, das man gerade in Deutschland Ägypten und seiner glanzvollen Vergangenheit entgegenbringt. Im folgenden möchte ich deshalb die Gründe kurz erklären, die zu dieser Verzögerung führten.

Bereits im Jahre 1979, als ich als eines der ältesten Mitglieder des Deutschen Archäologischen Instituts in Berlin Gast bei der Feier seines 150jährigen Bestehens sein durfte, traf ich dort mit mehreren Verlegern zusammen, die sich bereit erklärten, den Druck der deutschen Ausgabe dieses Buches zu übernehmen. Mein amerikanischer Verleger Scribners teilte mir nach meiner Rückkehr nach Ägypten mit, daß er sich bei der Vergabe der Druckrechte der deutschen Ausgabe für einen dieser Interessenten entschieden habe. Dieser Verlag konnte sich jedoch letztlich dann doch nicht zum Druck meines Buches entschließen – genauso erging es übrigens dem Werk eines meiner Fachkollegen. Man stellte mir aber auf meine Bitte freundlicherweise unverzüglich die Weitervergabe der Druckrechte einschließlich der inzwischen angefertigten deutschen Übersetzung zur Verfügung.

Daraufhin machte mir Herr Franz Rutzen das Angebot, das Buch nicht nur im vorher geplanten Umfang, sondern noch durch einige Ergänzungen bereichert drucken zu wollen. Obwohl bekanntlich die Reproduktion von Farbtafeln nicht billig ist, bestand er auf der Hinzufügung wertvoller Abbildungen, um deren Auswahl sich Herr Prof. D. Wildung und Frau Prof. E. Simon verdient gemacht haben. Diese Bildtafeln verdeutlichen die ungeheure Leistung, die das Aufstellen eines Obelisken, der ja ein mehrere hundert Tonnen schwerer Monolith ist, bedeutete, besonders in Anbetracht der im Altertum ausschließlich zur Verfügung stehenden allerprimitivsten Hilfsmittel. Darüber hinaus machte mir Herr Rutzen den Vorschlag, die wichtigen Ausgrabungsergebnisse Professor Buchners, des Präsidenten des Deutschen Archäologischen Instituts, anzufügen: Sie erweisen, wie einer dieser für den Sonnengott errichteten altägyptischen Obelisken später unter Kaiser Augustus in Rom als Teil einer Sonnenuhr erneut eine enge Beziehung zu den Strahlen der Sonne einging.

Mein herzlichster Dank gilt allen Freunden, die durch ihre Mithilfe mein Buch um so vieles bereichert und wertvoller gemacht haben.

Labib Habachi

VORWORT

Auch wenn uns die Vergänglichkeit alles Irdischen bis ins 20. Jh. nur eine vergleichsweise bescheidene Kostprobe der alten Hochkultur am Nil herübergerettet hat: Die Zahl der Obelisken, die übriggeblieben sind, reicht aus, um Zeugnis abzulegen von dem großen Können der alten Ägypter und darüber hinaus auch von der Macht ihrer Pharaonen und deren Frömmigkeit. Mit den primitiven technischen Mitteln, die ihnen damals zu Gebote standen, beherrschten die Bewohner des Niltals bereits vor mehr als 3800 Jahren meisterhaft eine Kunst, die selbst bis in unsere Tage hinein nie wieder erreicht werden sollte. Sie vermochten es nicht nur, die riesigen, aus einem einzigen Steinblock bestehenden Obelisken aus dem gewachsenen Fels herauszuarbeiten und mit Inschriften zu versehen, sondern sie auch unbeschädigt weite Strekken über Land und Wasser zu transportieren, um sie schließlich an ihrem Bestimmungsort aufzurichten. Dort, in Städten wie Theben, Memphis, Heliopolis oder Piramesse, hoben diese gewaltigen Kolosse fortan die Namen ihrer Stifter und deren Götter hoch in den Himmel empor: Weithin leuchteten ihre vergoldeten Spitzen in der Sonne und schienen sich in das Blau des Himmels förmlich hineinzubohren. Noch heute gehören die Obelisken zu den imposantesten Zeugen der längst vergangenen Glanzzeit des Pharaonenreiches.

Wo immer man in unseren Tagen Obelisken antrifft – sei es an ihrer ursprünglichen Stelle, für die sie die alten Ägypter bestimmt hatten, oder aber irgendwo sonst auf der Welt als Schmuck repräsentativer Plätze und Parks –, immer faszinieren ihre feine Bearbeitung und die Harmonie ihrer schlanken Höhe das Auge des Beschauers. In mehr als einem altägyptischen Text verraten uns die Pharaonen selbst ihre Bewunderung, wenn sie nach der Aufrichtung eines Obelisken rühmen, seine Spitze reiche bis in die Wolken, ja er bohre sich mit seiner Spitze in den Himmel hinein, um sich mit den Wolken zu vereinigen – die perfekte Definition altägyptischer Texte für den etwas vulgäreren Ausdruck „Wolkenkratzer" aus unserer Zeit!

Betrachtet man den in einem Steinbruch bei Aswan entdeckten von den alten Ägyptern unvollendet liegengelassenen Obelisken, so kann man ermessen, in welch simplem Verfahren man damals die bewundernswerte Leistung vollbrachte, dem gewachsenen Fels derart riesige Monolithen abzugewinnen. Ebenfalls in Oberägypten, inmitten ausgedehnter Tempelruinen in Luxor und sogar noch heute an ihrem ursprünglichen Standplatz befinden sich drei weitere Obelisken, auch sie imposante Zeugnisse des technischen und handwerklichen Könnens der alten Ägypter.

Das Gebiet der Altertümerverwaltung von Aswan, bei der ich vor mehr als 50 Jahren als Inspektor tätig war, erstreckte sich damals von Abu Simbel im Süden etwa 500 Kilometer nilabwärts bis fast nach Theben, dem heutigen Luxor, im Norden. In diesem Bereich befinden sich die Steinbrüche, in denen neben vielen anderen Monumenten auch alle hier besprochenen Obelisken entstanden sind. Als ich mich vor etwa 25 Jahren mit dem Studium einiger bis dahin nahezu unbekannter Felsinschriften dieser Gegend befaßte, erwachte gleichzeitig auch mein eigentliches Interesse an den Obelisken. In diesen Felsinschriften fand ich nämlich Hinweise auf sie und die meisten dieser Texte waren von den gleichen Steinmetzen in den Fels gehauen worden, die auch die Obelisken geschaffen hatten.

Über unser Thema sind schon viele Bücher geschrieben worden; die meisten davon sind jedoch heute längst veraltet und überholt oder sie bleiben die Antwort auf die Frage nach der historischen Bedeutung der Obelisken schuldig. Prachtbände aus neuerer Zeit über die Obelisken in Rom und in anderen Städten befassen sich vorrangig mit der Geschichte ihres jetzigen Standortes. So schätze ich mich glücklich, meinen Lesern im folgenden den Sinn dieser herrlichen Denkmäler aus der Pharaonenzeit näherbringen und über ihr Schicksal berichten zu dürfen.

Das vorliegende Buch erhebt nicht den Anspruch auf Vollständigkeit, soweit es sich um kleinere Obelisken mit inhaltlich unwichtigen Texten handelt. Die Inschrift eines Obelisken beginnt in der Regel mit sämtlichen Namen und Titeln seines königlichen Stifters, gefolgt von mehr oder weniger pompös klingenden Worten zum Ruhme seiner Macht und einer Aufzählung seiner Verdienste um das Land Ägypten und die Götter seines Himmels. Bei der Auswahl der hier wiedergegebenen Textbeispiele legte ich besonderen Wert auf Stellen, die Geschichte und Religion Ägyptens betreffen: Dadurch, so hoffe ich, kann ich meinen Lesern das Verständnis für die Bedeutung der Obelisken erleichtern.

Unser Buch ist in sieben Kapitel gegliedert. Das erste behandelt die religiöse und historische Bedeutung der Obelisken im allgemeinen, Kapitel 2 deren Herstellung, Gestaltung und Transport bis hin zur Aufrichtung am Bestimmungsort. In den danach folgenden drei Kapiteln werden in chronologischer Reihenfolge die Obelisken von Heliopolis und Memphis, die der thebanischen Gegend, sowie die von Piramesse und den anderen mit dem Sonnenkult in Verbindung stehenden Orten besprochen. Kapitel 6 befaßt sich mit den Obelisken, die in Rom eine neue Heimat fanden, und mit dem, der in Istanbul aufgestellt wurde – diese waren alle bereits in den ersten Jahrhunderten nach Christi Geburt aus Ägypten verschleppt worden. Das letzte Kapitel handelt schließlich von den Obelisken, die noch bis zum 19. Jh. in Ägypten verblieben waren und erst dann nach Paris, London und New York transportiert wurden.

Bei der Abfassung dieses Buches durfte ich die Hilfe einer ganzen Reihe von Kollegen und Freunden in Anspruch nehmen. Besonders gilt mein Dank George R. Hughes, John A. Wilson, David O'Connor und Rowland Ellis für die freundliche Durchsicht meines Manuskriptes und für so manche nützliche Anregung. Charles C. Van Siclen III. hat sich besonders um die bessere Lesbarkeit und die Quellennachweise meines Buches verdient gemacht. Zu großem Dank verpflichtet bin ich auch Dr. Gamal Mukhtar, Unterstaatssekretär im Kultusministerium und Präsident des ägyptischen Center of Documentation, ferner dem Franco-Ägyptischen Center in Karnak und hier vor allem seinem Leiter Jean Lauffray sowie einer seiner Zeichnerinnen, Claudine Gueniot. Meinen

Freunden Joseph Faber, Jim Dalmage, Max Hirmer, Bruce Hungerford, John Ross, George Bourdelon und Harry James danke ich für die freundliche Überlassung von Photographien. Charles Francis Nims möchte ich sehr dafür danken, daß er es mir ermöglichte, im Chicago House in Luxor zu wohnen; seine gründlichen Kenntnisse des Gebietes von Theben haben mir großen Gewinn gebracht. Ebenso danke ich Roland und Lydia Redmond, die mich sicher durch die überfüllten Straßen Roms geleiteten, sowie Froelich Rainey und seinen Mitarbeitern im University Museum Philadelphia, die mir halfen, das Manuskript zu vollenden. Und nicht zuletzt gebührt mein Dank Walter A. Fairservis jr., Kenneth Heuer und meiner lieben Frau Attiya, die mich ermutigten, dieses mein erstes und vielleicht einziges einem breiteren Leserkreis zugängliches Buch zu schreiben, und ihm ihr unvermindertes Interesse bewahrten während der ganzen sieben Jahre, die ich daran arbeitete. Ich wünsche mir, daß es trotz dieser Verzögerung seines Themas würdig sein möge.

Labib Habachi

Kapitel 1

DIE BEDEUTUNG DER OBELISKEN

Von allen Monumenten, die uns die antiken Hochkulturen Mesopotamiens, Ägyptens, Griechenlands und Roms hinterlassen haben, ist uns der Anblick der ägyptischen Obelisken gewiß am vertrautesten. Wir begegnen ihnen beinahe überall: kleinere und abgebrochene Teile von größeren sind in fast allen Museen der Welt zu besichtigen. Den Touristen, die alljährlich zu Tausenden nach Ägypten reisen, bietet sich sogar die Gelegenheit, einige der ganz großen Obelisken noch an ihrem ursprünglichen Standplatz zu bewundern. Viele andere dieser Denkmäler, die in London, Paris, New York, Istanbul und – weitaus die meisten – in Rom eine neue Heimat gefunden haben, sind dort für Einheimische wie für Besucher aus dem Stadtbild nicht mehr wegzudenken.

Ein Obelisk ist ein aufrecht stehender Pfeiler mit einer quadratischen Grundfläche, der aus einem einzigen Steinblock (Monolith) besteht. Seine vier geglätteten Seiten verjüngen sich nach oben hin. Den Abschluß bildet das sogenannte Pyramidion, benannt nach seiner Form, die einer kleinen Pyramide gleicht. Über die Herkunft des altägyptischen Wortes für „Obelisk", *Techen*, wissen wir leider nichts mehr – oder man könnte auch sagen: bis heute noch nichts. Als die Griechen nach Ägypten kamen und zum ersten Mal einen Obelisken sahen, verglichen sie seine lange, schmale Form mit einem Spieß, setzten diesen Ausdruck zum Scherz auch noch in die Verkleinerungsform, und so wurde er dann in fast alle Sprachen übernommen: *Obeliskos*, „(Brat-) Spießchen". Auch der arabische Name: *Messala* „große (Näh-) Nadel" karikiert die Form des Obelisken.

Nach dem Glauben der alten Ägypter waren die Obelisken dem Sonnengott[1] heilig. Sein Kultzentrum war die im jetzigen Gebiet von Matarija bei Kairo gelegene „Sonnenstadt", das alte Helio-

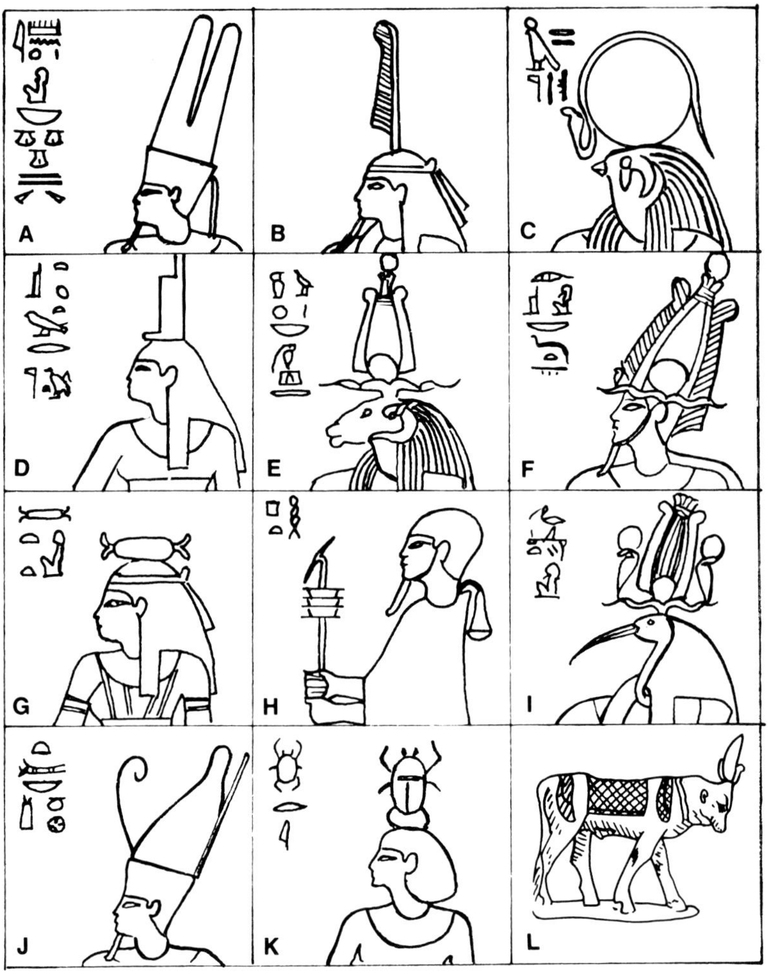

Abb. 1. Ägyptische Götter im Zusammenhang mit Obelisken: A. Amun-Rê; B. Schu; C. Rê-Harachti; D. Isis; E. Chnum; F. Osiris; G. Neith; H. Ptah; I. Thot; J. Atum; K. Chepri; L. Mnevis

Farbtafel 1. Heliopolis, Obelisk Sesostris I. ▷

Abb. 2. Der Vogel Phönix hinter der Göttin Nephthys in Gestalt eines Falken (Grab der Königin Nofretiri, Gemahlin Ramses' II.)

polis, dessen Ruinen uns noch heute Zeugnis davon ablegen. Hier müssen zu Ehren des Sonnengottes schon in viel früheren Zeiten bereits Obelisken errichtet worden sein; doch gehören alle uns bekannten Obelisken frühestens dem 20. vorchristlichen Jahrhundert an.

Bereits ehe der erste Pharao der 1. Dynastie, die etwa von 3100 bis 2890 v. Chr. anzusetzen ist, aus der Dämmerung der vordynastischen Zeit in das Licht der Geschichte trat, verehrte man schon Steine, die dem Pyramidion auf der Spitze eines Obelisken ähnelten und dem Sonnengott heilig waren. Solche unter dem Namen *ben* oder *benben* bekannten Steine hatte es, wie man glaubte, in Heliopolis schon seit unvordenklichen Zeiten gegeben; sie waren als Fetische dem Urgott Atum (untergehende Sonne) (Abb. 1 J) und dem Gott Rê oder Rê-Harachti (aufgehende Sonne) (Abb. 1 C) zugeordnet. Aber auch zum Benu-Vogel oder Phönix (Abb. 2) müssen sie in Beziehung gestanden haben: Dieser mythische Vogel habe sich, uralten Sagen zufolge, selber erschaffen und sei einst aus östlicher Richtung nach Heliopolis gekommen, wo er 500 Jahre lang blieb. Nach dieser Zeit kehrte er wieder in den Osten zurück, um sich von einem neuen, jungen Phönix begraben zu lassen, der dann in Heliopolis seine Stelle einnahm. Nach einer anderen Version dieser Sage ist kein junger Phönix dem alten gefolgt, sondern der alte Vogel ist selbst wieder zu neuem Leben erwacht – womit für die Ägypter eine Verbindung zwischen ihm und dem Totengott hergestellt war. In den Darstellungen einiger Gräber findet man unter den Göttern auch einen Phönix.

In den Pyramiden des letzten Pharaos der 5. sowie aller der 6. Dynastie (etwa 2345 bis 2181 v. Chr.) zuzurechnenden Pharaonen sind die Wände der Sargkammern mit religiösen Sprüchen, den sogenannten Pyramidentexten, ausgeschmückt, die das Wohlergehen des Toten im Jenseits zum Inhalt haben. In einem dieser Sprüche heißt es: „O Atum-Chepri, Du bist hoch geworden in der Höhe, Du erstrahltest (*ubenek*) im Benben-Stein, der im Phönixhaus (*hut-benu*) in Heliopolis ist.“[2] Nach Aussage des römischen Universalgelehrten Plinius d. Ä. (23–79 n. Chr.) hielt man die Obelisken für Nachbildungen der Sonnenstrahlen[3]. Dieser Vergleich erhält eine Stütze von einer Inschrift, die sich an den Sonnengott wendet: *ubenek em benben* („Du erstrahlst im Benben-Stein“)[4]. In der höchsten Blütezeit Ägyptens unter den Pharaonen der 18. Dynastie (1570–1320 v. Chr.), möglicherweise auch noch in anderen Epochen der ägyptischen Geschichte wurden die Pyramidien der Obelisken mit Gold oder einem anderen glänzenden Metall überzogen. Zeitlich jedoch nicht mehr festzulegen ist, wann überhaupt zum ersten Mal Obelisken errichtet worden sind. Es könnten jedoch die Könige der 5. Dynastie (2494–2345 v. Chr.) gewesen sein, die, als glühende Anhänger des Sonnenkultes, die ersten waren, die solche Monumente paarweise an den Fassaden ihrer Tempel anbringen ließen.

Der altägyptische Name von Heliopolis, dem Zentrum des Sonnenkultes, war *Junu*, was „Pfeiler“ bedeutet. Gelegentlich findet man dafür auch die ausführlichere Bezeichnung *Junu mehit*, „der nördliche Pfeiler“; in der Bibel erscheint dieses Wort Junu gemäß seiner späteren Aussprache als „On“. Am bekanntesten und charakteristischsten aber ist der Name, den die Griechen für diesen Kultort geprägt haben: Heliopolis, „Stadt der Sonne“. Hier nämlich befand sich der Haupttempel des Sonnengottes Rê und der neun Götter – genannt die „Neunheit“ –, die zu seinem Kultkreis gehörten. Darüber hinaus wurden hier aber auch noch andere Götter verehrt, zu denen der Skarabäus Chepri (Abb. 1 K) und Schu, der Gott der Lüfte, zählen (Abb. 1 B). In dieser heiligen Stadt Heliopolis nun war es, wo der Brauch, Obelisken aufzustellen, seinen Ursprung hatte – er sollte bestehen bleiben, solange es Pharaonen gab. Heute jedoch, nachdem alle anderen Monumente zerstört oder von dort verschleppt worden sind, ragt als einziger stummer Zeuge nur noch der Obelisk Sesostris' I. (1971–1928 v. Chr.) empor.

Die Stadt Theben (das heutige Luxor) war im alten Ägypten hauptsächlich bekannt unter dem Namen *Waset* „Szepterstadt“, seit dem Neuen Reich wurde sie aber auch *Junu Schemait*, „der südliche Pfeiler“ oder „Heliopolis des Südens“ genannt. Ihr Hauptgott war Amun, den man menschengestaltig und mit einer hohen Federkrone auf dem Kopf darstellte. Als er im Laufe der Zeit immer mehr die Züge des Re von Heliopolis annahm, verschmolzen diese beiden Götter in Theben schließlich zu einem einzigen: zu Amun-Re mit dem Beinamen „König der Götter“ (Abb. 1 A). Diese Verbindung brachte es mit sich, daß man von

Farbtafel 2. Obelisk der Hatschepsut in Karnak ▷

nun an auch ihm Obelisken weihte. Tatsächlich wurde Theben in seiner Blütezeit im Neuen Reich, als es zur Hauptstadt Ägyptens emporgerückt war, mit zahlreichen und besonders hohen Obelisken zu Ehren seines Stadtgottes Amun-Re geschmückt. Heute stehen davon noch drei an ihrem ursprünglichen Platz; ein Teil ist verschleppt worden, und von den restlichen kann man allenfalls noch ein paar verstreute Bruchstücke finden, soweit sie nicht im Laufe der Zeit völlig der Zerstörung anheimgefallen sind.

Die Stadt Piramesse im Delta – der Name wird hieroglyphisch *Per-Ramessu* geschrieben und bedeutet „Haus des Ramses" oder „Ramsesstadt" – stieg während der Regierungszeit Ramses' II. (1304–1237 v. Chr.) zur Hauptstadt Ägyptens auf und blieb auch unter den Nachkommen dieses Pharao, den Königen der 19. (1320–1200 v. Chr.) und 20. Dynastie (1200–1085 v. Chr., Ramessiden), deren Residenzstadt. Als solche wurde es mit einer ganzen Anzahl Obelisken ausgeschmückt, von denen die meisten auf Stiftungen Ramses' II. zurückgehen. Dieser Pharao scheute sich nicht, auch Obelisken seiner königlichen Vorgänger nach Piramesse überführen zu lassen. An Höhe wurden die Obelisken der Ramsesstadt jedoch von den thebanischen noch übertroffen. Als die Kulte der großen Reichsgötter, des Rê, des Amun und des Ptah von Memphis (Abb. 1 H) ihren Einzug in die neue Hauptstadt hielten, ließ Ramses deren Namen neben denen anderer Götter mit auf seine Obelisken setzen.

Die andernorts noch gefundenen Obelisken sind insgesamt von verhältnismäßig geringer Höhe. Aus ihren Weihinschriften zu Ehren verschiedener Lokalgötter geht deutlich hervor, daß diese entweder selbst solaren Ursprungs waren oder zumindest irgendeine Beziehung zum Sonnenkult aufgenommen hatten. So entdeckte man in den Ruinen auf der Insel Elephantine bei Aswan zwei Obeliskenpaare, die dem widderköpfigen Gott Chnum geweiht waren (Abb. 1 E), dessen ursprüngliche Aufgabe darin bestand, auf der Töpferscheibe Menschen zu formen. Nach seiner allmählichen Verschmelzung mit dem Sonnengott Rê aber wurde aus ihm Chnum-Rê, zu dessen Ehren man dann diese Obelisken vor einem Sonnenaltar aufstellte. Wahrscheinlich gehörte zu diesem Heiligtum ursprünglich noch eine Kapelle des Rê. Auf der Insel Philae im Ersten Katarakt fand man im 19. Jh. bei Ausgrabungen ein Obeliskenpaar aus der Ptolemäerzeit, das neben Weihinschriften für die Göttin Isis (Abb. 1 D) die Namen der solaren Götter Atum und Amun-Rê trug. In einer an den großen Felsentempel Ramses' II. in Abu Simbel angrenzenden Kapelle für Rê-Harachti fand sich neben anderen Kultgegenständen ebenfalls ein Obeliskenpaar des Sonnengottes.

Bei Minscha in Mittelägypten entdeckte man einen Obelisken, der mit Sicherheit ursprünglich in dem benachbarten Abydos gestanden hat, denn seine Inschrift bezeichnet den König als „Geliebten des Osiris" (Abb. 1 F). Der Totengott Osiris aber ist wenn auch nicht der einzige, so doch der Hauptgott von Abydos, und ihm verdankte dieser Ort einst seine Berühmtheit. Zwei weitere Obelisken gab es einmal in Aschmunein, ebenfalls in Mittelägypten gelegen. Ihren Inschriften zufolge waren sie dem Thoth (Abb. 1 I) geweiht, dem Gott des Mondes, der Schreibkunst und der Weisheit, der der Kultherr von Aschmunein (Hermupolis) war. Seine Beziehung zum Sonnengott tritt deutlich in einem sei-

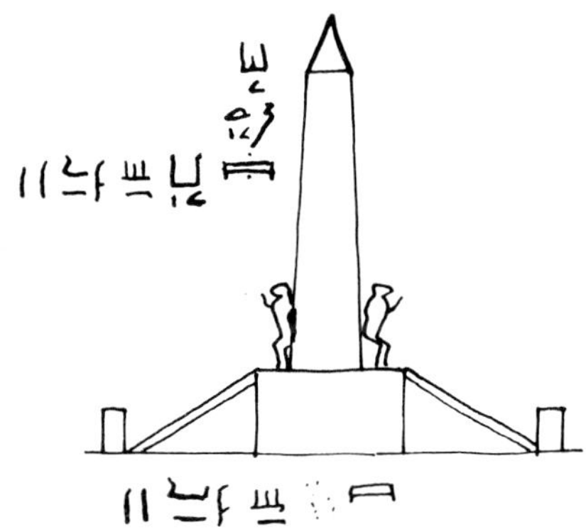

Abb. 3. Paviane in Verehrung eines Obelisken

Farbtafel 3. Der Heilige See von Karnak mit den Obelisken ▷ des Königs Tuthmosis' I. und der Königin Hatschepsut

ner vielen Beinamen zutage: „Stellvertreter des Rê", und in seinen heiligen Tieren, zu denen außer dem Ibis auch der Pavian gehört, den wir oft in anbetender Haltung vor dem Sonnengott abgebildet finden. Einen weiteren Beweis liefert uns eine Felszeichnung in den Steinbrüchen von Gebel el-Ahmar bei Kairo: Sie zeigt einen Obelisken, der flankiert wird von zwei Pavianen mit anbetend erhobenen Händen (Abb. 3)[5].

Die Inschrift eines Obeliskenbruchstückes aus Horbeit im Ostdelta nennt den Totengott Osiris und den ihm heiligen Mnevis-Stier (Abb. 1 L), der den Beinamen „Lebende Seele des Rê" trägt. Auch in Athribis im mittleren Delta liegen noch die Sockel zweier Obelisken sowie Bruchstücke ihrer Schäfte: Auf einem dieser Fragmente sind der König und verschiedene Lokalgötter zu erkennen, unter ihnen Atum, dem ja ebenfalls Obelisken gewidmet wurden. Dieser Gott genoß besondere Verehrung in Sais, der Hauptstadt des Deltas, das zur Zeit der 26. Dynastie (664 bis 525 v. Chr.), deren Könige dort beheimatet waren, sogar zur Hauptstadt Ägyptens aufstieg.

Die Inschrift eines Obelisken bezeichnet in der Regel seinen königlichen Stifter als geliebt von verschiedenen lokalen und solaren Göttern und rühmt deren enge Beziehungen zu diesem Herrscher. So heißt es einmal „er erscheint wie Harachti und ist schön wie Atum als König der Beiden Länder". Ein andermal bezeichnet der Text den Pharao als denjenigen, „den Atum zum König über die Beiden Länder erschuf, dem er Ägypten, die Wüste und die Fremdländer gab".

Verschwiegen werden darf hier nicht, daß Obelisken auch zur Verherrlichung von Siegen errichtet wurden, die der Pharao jedoch in den meisten Fällen nie errungen hatte und die sich somit in keiner Weise auf historische Begebenheiten stützen. Besonders kritisch zu betrachten sind in dieser Hinsicht die pompösen Formulierungen, die wir auf den meisten der Obelisken Ramses' II. finden. An einer Stelle wird hier der Pharao bezeichnet als derjenige, „der das Land Asien schlägt, der die neun Bogenvölker besiegt und die Fremdländer zu nie gewesenen werden läßt". Ein andermal heißt es: „Seine Kraft ist wie die des Month (des

Kriegsgottes), er ist der Stier, der die Fremdländer zerstampft und die Rebellen erschlägt". Der König wird in diesem Zusammenhang außerdem gepriesen als der Empfänger von Tributen, als erhabener Herrscher, der tapfer und wachsam ist.

Nicht immer aber sind große Worte eines Pharao leere Phrasen. So ließ einer der Vorgänger Ramses' II., und zwar Tuthmosis III., zur Verherrlichung seines tatsächlich errungenen großen Sieges über seine mächtigen Feinde in Asien im Tempel zu Karnak zwei Obelisken errichten: Übriggeblieben ist nur der obere Teil von einem der beiden – er schmückt heute den Atmeidan (Hippodromplatz) in Istanbul. Die Inschrift auf einer der Seiten des Schaftes nennt den König „Herr des Sieges, der alle [Länder] unterwirft, der seine Grenze festlegt am Beginn der Erde (d.i. im äußersten Süden) und in den nördlichen Grenzländern gegen Naharina (Mesopotamien) hin". Auf einer anderen Seite berichtet der Obelisk, der König habe mit seinem Heer den Euphrat überschritten, um dort ein großes Gemetzel unter den Feinden zu veranstalten. Diese Flußüberquerung war jedoch für sich selbst schon eine so bedeutende Leistung – nur Tuthmosis' III. Großvater, Tuthmosis I., hatte Gleiches vollbracht –, daß sie allein schon die Errichtung der Obelisken genügend gerechtfertigt hätte.

Die Inschrift auf dem Obelisken in Istanbul verrät uns jedoch noch einen weiteren Anlaß, zu dem die Pharaonen solche Denkmäler errichten ließen: Tuthmosis III. wird hier auch bezeichnet als „König, der alle Länder erobert, mit langem Leben und Herr von Jubiläen". Diese vermeintlichen Phrasen haben einen tieferen realen Hintergrund: Beginnend mit ihrem 30. Regierungsjahr feierten die Pharaonen nach jeweils drei weiteren Jahren das Fest ihrer Erneuerung, ein Jubiläumsfest, aus dessen Anlaß ebenfalls Obelisken aufgestellt wurden. Im Tempel zu Karnak, noch an seinem ursprünglichen Platz, erhebt sich der Obelisk der Königin

Farbtafel 4. Tempel in Luxor, Pylon und Obelisk ▷

Hatschepsut (1504–1483 v. Chr.), aus dessen Inschrift wir erfahren, daß „ihr Vater Amun ihren Thronnamen Makarê auf dem Isched-Baum (Baum der Ewigkeit) eingegraben“[5] habe „dafür, daß sie dieses dauerhafte, schöne und ausgezeichnete Denkmal aus Anlaß ihres ersten Jubiläumsfestes hatte errichten lassen“. Da Hatschepsut aber nur etwas mehr als 20 Jahre regierte, muß sie demzufolge ihr erstes Thronjubiläum bereits geraume Zeit vor ihrem 30. Regierungsjahr begangen haben.

Für die alten Ägypter waren die Obelisken stets mit dem Benben-Stein verwandte Symbole des Sonnengottes. Zu gewissen Zeiten aber betrachteten sie diese Monumente selbst gleichsam als göttliche Wesen, die sogar ein Anrecht auf Opfergaben hatten. So ließ Tuthmosis III. im Tempel des Amun-Rê zu Karnak vier Obelisken aufstellen, denen er in einer Inschrift an Ort und Stelle die Einsetzung eigener Feste und eigener Opfer beurkundete: Für jeden dieser vier Obelisken sollten täglich 25 Brote und ein Krug Bier gespendet werden. Auf der Unterseite der Skarabäen (Abb. 4), die zur Erinnerung an die Errichtung eines Obelisken geschnit-

Abb. 4. Skarabäus mit Darstellung eines Obelisken

ten wurden, ließ sich der König selbst kniend in anbetender Haltung vor diesem Obelisken darstellen[6]. Eine Vignette zum 15.Kapitel des „Totenbuches“ (Abb. 5), eines Wegweisers für den Verstorbenen bei seiner Fahrt durch die Unterwelt, trägt die Beischrift „Anbetung des Rê-Harachti, wenn er sich erhebt am östlichen Horizont des Himmels“. Die so kommentierte Szene zeigt, wie einer der beiden Priester gerade aus einer Papyrusrolle rezitiert, die er in den Händen hält, während der andere Opfergaben vor dem Obeliskenpaar darbringt, in dem sich Rê-Harachti verkörpert.

Wie wichtig die räumliche Stellung zweier Obelisken zueinander war und welchen Regeln sie unterlag, verraten uns die Namen, die Ramses II. dem Obeliskenpaar gab, das er vor dem Pylon des Luxortempels aufstellen ließ. Auf dem Sockel des östlich des Eingangs und noch heute an seinem ursprünglichen Platz stehenden Obelisken rühmt sich der König: „Er errichtete einen großen Obelisken (dessen Name ist) Ramses, der von Amun (der aufgehenden Sonne) geliebte". Das dazugehörige Gegenstück, einst westlich des erstgenannten plaziert, befindet sich jetzt in Paris, und auch sein Name ist erhalten geblieben: „Ramses, der von Atum (der untergehenden Sonne) geliebte". In den Beischriften wird der König darüber hinaus auf dem östlichen Obelisken als von Harachti (der aufgehenden Sonne) geliebt bezeichnet, während er auf dem westlichen auch hier wiederum „Geliebter des

Abb. 5. Vignette aus dem Totenbuch

Atum" (der untergehenden Sonne) heißt. Die Namen eines jeden Obelisken und alle auf ihm verzeichneten Beinamen des Königs müssen je nach seinem Standort Bezug nehmen entweder auf die im Osten aufgehende Sonne oder aber auf ihr Untergehen im Westen. Von dem Obeliskenpaar, das der große Tuthmosis III. einst in Heliopolis hatte aufstellen lassen, befindet sich heute der eine

Farbtafel 5. Grabobelisken. Darstellung auf einer Wand im Grab des Rechmirê

in New York, der andere in London. Beide tragen sie die Namen der solaren Götter, und zwar der Obelisk in New York den des Harachti, der in London den des Atum. Setzen wir diese Götternamen in Parallele zu dem in Luxor noch verbliebenen Obelisken Ramses' II., so können wir mit absoluter Sicherheit sagen, daß sich der in New York stehende Obelisk Tuthmosis' III. einst auf der östlichen Seite des Eingangs zum Sonnentempel von Heliopolis befand, während sein Pendant in London ursprünglich auf der Westseite gestanden haben muß.

Wie die Seiten eines Obelisken einst ausgerichtet waren, welche von ihnen also einmal die Vorder- und welche die Rückseite war, erkennen wir, wenn wir die Hieroglyphen der Inschriften auf diesen Seiten hinsichtlich ihrer Blickrichtung betrachten (Abb. 6). Vorausschicken möchte ich dazu, daß hieroglyphische Texte entweder von rechts nach links oder auch von links nach rechts geschrieben sein können, wobei es gleichgültig ist, ob sie uns in waagrechten Zeilen oder in senkrechten Kolumnen entgegentreten. Grundsätzlich aber sind die einzelnen Bildzeichen in ihrer Blickrichtung dem Beginn der Inschrift zugewandt. Auf der Vorderseite des Obelisken, die gewöhnlich eine Weihinschrift trägt, und ebenso auf seiner Rückseite blicken die Hieroglyphen in

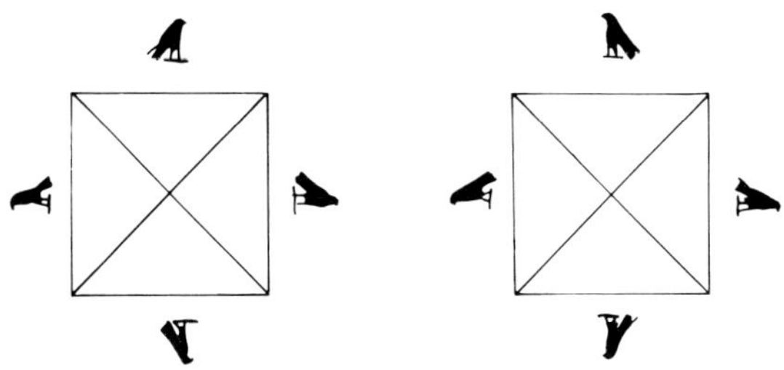

Abb. 6. Die Schriftrichtungen an Obelisken

Richtung auf den Weg, der zum Tempeleingang führt; die Schriftzeichen der beiden Seiten dagegen sind auf den Tempel ausgerichtet. Es gibt demnach für jeden einzelnen Obelisken nur eine einzige Möglichkeit, wie er einmal auf der einen oder der anderen Seite vor dem Eingang eines Tempels aufgestellt gewesen sein kann[7].

Außer den großen Obelisken, den Emblemen oder Symbolen des Sonnengottes, gab es auch noch kleinere – manchmal waren es nur obeliskenförmige Steine –, die man gelegentlich vor den Gräbern aufstellte. Hier begnügte man sich jedoch damit, auf nur einer Seite Namen und hauptsächliche Titel des Grabinhabers zu vermerken, vergleichbar der Art und Weise, wie man bereits zur Zeit des Alten Reiches (2686–2181 v. Chr.) in Gräbern Türsturz oder Pfosten mit Namen und Titeln beschriftet hatte. Manchmal findet man dabei auch noch an den Totengott gerichtete Bitten für den Grabherrn. Die Mehrzahl dieser kleinen Obelisken ist nach Osten hin orientiert. Sie stellen dadurch möglicherweise eine Verbindung zum Sonnengott her, der ja den Verstorbenen in der Unterwelt als Wegweiser diente.

Zur Zeit des Alten Reiches ließen sich die Pharaonen bekanntlich als letzte Ruhestätte Pyramiden errichten. Diese bildeten aber nur den zentralen Punkt der königlichen Bestattung, der Gesamtkomplex besaß einen wesentlich größeren Umfang. So war der Pyramide ein Toten- oder Verehrungstempel vorgebaut, den ein Aufweg mit dem unten am Rande des Fruchtlandes liegenden Taltempel verband. Die Könige der 5. Dynastie, die als besondere Anhänger des Sonnenkultes galten, errichteten außer ihrer Pyramidenanlage auch noch Sonnenheiligtümer, deren wichtigster Bestandteil ein riesiger Obelisk war.

In einigen der berühmtesten mit Malereien versehenen Gräbern der 18. Dynastie findet man an den Wänden Darstellungen des Leichenzuges, der sich mit dem verstorbenen Grabherrn zur Göttin des Westens hin bewegt. Dabei fehlt fast nie eine Szene, die das Aufstellen eines Obeliskenpaares zeigt (Farbtaf. 5)[8]. Aus welchem Material die echten Vorbilder der hier abgebildeten Obelisken einst hergestellt waren, wissen wir natürlich nicht mit absoluter Bestimmtheit zu sagen, aber mit großer Wahrscheinlichkeit bestanden auch sie aus Stein. Errichtet hat man sie wohl zu Ehren des Sonnengottes, um durch sie das Wohlergehen des Verstorbenen im Jenseits zu sichern.

Kleinere Obelisken, zumeist aus Holz, hat man in Gräbern auch zusammen mit Kästen gefunden, in denen Totenfigürchen, sogenannte Uschebtis (= „Antworter"), lagen. Um den Verstorbenen in der Unterwelt von der Pflicht, Arbeiten verrichten zu müssen, zu befreien, gab man ihm solche Uschebtis mit ins Grab. Wurde er dann zur Arbeit aufgerufen, so antwortete stellvertretend für ihn eines der Uschebtis: „Hier bin ich!" Da man auf Grabwänden gelegentlich hinter dem Bild des Totengottes Osiris Obelisken abgebildet findet, mag vielleicht auch ihr Vorkommen in Verbindung mit Uschebti-Kästen verständlicher erscheinen.

Die Idee, Denkmäler in Obeliskenform zu errichten, hatte ihren Ursprung bei den alten Ägyptern, und von ihnen ist dann die

Vorliebe dafür auch auf andere Völker übergegangen, die sie selbst nachzuahmen oder sich in Ägypten zu beschaffen wußten. Durch ihre Kontakte mit den Ägyptern zur Zeit des Mittleren Reiches (2040–1786 v. Chr.) wurden die Kanaanäer und Phönizier dazu inspiriert, in ihrer eigenen Heimat ebenfalls kleinere Obelisken aufzustellen. Bei den Königen von Kusch, deren Reich südlich von Ägypten am Vierten Nilkatarakt lag, kannte man bereits ähnlich gestaltete Monumente, hatten ihre Ahnen doch einst als 25. Dynastie Ägypten beherrscht und von dort diesen Brauch übernommen. Als um die Mitte des 7. vorchristlichen Jahrhunderts der assyrische König Assurbanipal die altehrwürdige ägyptische Stadt Theben plünderte, soll er u.a. auch zwei hohe bronzebeschlagene Obelisken mit sich fortgeführt haben, von denen man niemals mehr eine Spur gefunden hat. Auch die römischen Kaiser bedienten sich fleißig in Ägypten, um ihre Hauptstädte Rom und Konstantinopel mit diesen Denkmälern auszuschmücken. Im 19. Jh. mußte sich Ägypten dann noch einmal von einigen seiner großen Obelisken trennen: sie verschönern heute Parks und Plätze in Paris, London und New York.

Seit der römischen Kaiserzeit sind Obelisken zum festen Bestandteil der Architektur der westlichen Welt geworden. In England und Frankreich hat man sie als Gliederungselemente in Fassaden eingesetzt und man begeisterte sich für Wohnhäuser, deren Fronten mit Miniaturobelisken verziert waren. Kleine und größere Obelisken findet man auf fast allen Friedhöfen als Grabdenkmäler: So ließ beispielsweise einer der reichsten Bürger Philadelphias über seiner Familiengruft einen hohen Obelisken errichten. In Städten wie München oder Karlsruhe schmücken Obelisken öffentliche Plätze oder dienen als Ehrenmal. Der größte, der jedoch nur seiner Form nach ein Obelisk ist – im Gegensatz zu den altägyptischen Vorbildern besteht er nicht aus einem Monolithen, sondern ist aus vielen Blöcken zusammengesetzt –, befindet sich in der Stadt Washington: das Ehrenmal für George Washington. Die Gesamthöhe dieses gewaltigen Monuments beträgt 169 Meter; seine Aussichtsplattform liegt allein schon über 150 Meter hoch[9].

Kapitel 2

DIE HERSTELLUNG VON OBELISKEN

Die Faszination, die ein Obelisk auf den Beschauer ausübt, liegt nicht nur in seiner stolzen Höhe und in der Ausgewogenheit seiner Form begründet, sondern auch in der Feinheit, mit der die Oberfläche bearbeitet ist, und im wundervollen Schmuck seiner Hieroglyphen. Nicht genug können wir heute die Geschicklichkeit der alten Ägypter bestaunen, die mit ihren doch noch recht primitiven Mitteln solche Wunderwerke schufen.

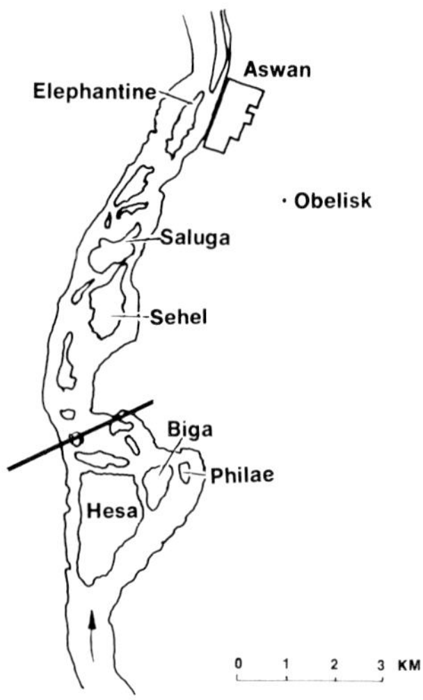

Abb. 7. Die Umgebung von Aswan

Die Obelisken, besonders die größeren, sind in der Mehrzahl aus Granit, einige aber auch aus Quarzit oder Basalt[1]. Das altägyptische Wort für Granit heißt *mat*, womit speziell der Rosengranit gemeint ist. Durch Zusatzwörter konnte man die verschiedenen Granitarten genauer bezeichnen: *mat en Abu* ist der „Granit von Elephantine", *mat rudet* bedeutet „harter Granit" und *mat kemet* „schwarzer Granit". Quarzit, eine besonders feste Sandsteinart, hieß *bia* und Basalt *bechen*. Sein größtes Quarzitvorkommen besaß das alte Ägypten im Gebel el-Ahmar in der Nähe von Heliopolis, Basalt gewann man im Wadi Hammamat in der Ostwüste.

Der rote wie auch der schwarze Granit kamen in Ägypten lediglich in der Gegend von Aswan vor (Abb. 7), wo sie in einer ganzen Reihe von Steinbrüchen abgebaut wurden. Die bekanntesten lagen auf den Nilinseln Elephantine und Seheil, außerdem südlich von Aswan in der Nähe des unvollendeten Obelisken sowie bei Schellâl gegenüber der Insel Philae. Auf der westlichen Nilseite, zwischen dem St. Simeonskloster und den Felsengräbern der Qubbet el-Hawa, gegenüber von Aswan, befanden sich zudem noch ausgedehnte Quarzitbrüche. Noch heute lassen sich die Spuren der Rampen erkennen, die von hier an den Fluß hinunterführten und über die einst die gewaltigen Blöcke abtransportiert wurden.

Die verschiedenen Stadien des Granitabbaues bei der Herstellung solcher Monumente lassen sich an dem riesigen unvollendet bei Aswan liegengebliebenen Obelisken (Abb. 8) ablesen. Der englische Archäologe Sir Reginald Engelbach (1888–1946), der in den Diensten der ägyptischen Altertümerverwaltung stand, schrieb darüber:

„Das Studium des (unvollendeten) Obelisken bei Aswan ermöglicht es dem Betrachter, fertige Obelisken erst richtig zu beurteilen. Nur dann kann er nicht nur ermessen, welch immense Arbeitsleistung im Transport solch riesiger Blöcke steckte und wieviel Jahre anstrengenden Einsatzes nötig waren, um sie aus dem Fels des Steinbruches herauszuarbeiten, sondern auch, daß deprimierende Fehlschläge die Ingenieure der Pharaonen manchmal an den Rand der Verzweiflung gebracht haben müssen, ehe dem König das Monument fehlerfrei und tadellos übergeben werden konnte, das er dann seinem Gott weihte... Ein vollendetes Denkmal lehrt uns wenig über die Verfahren, die man anwandte, wohingegen wir von einem fehlerhaften und unvollendet gebliebenen Obelisken eine ganze Menge Dinge ablesen können... In dem Obelisken von Aswan besitzen wir so ein fehlerhaftes Stück. Die Schuld daran trifft jedoch nicht die Handwerker, sondern sie liegt begründet in einem Sprung im Gestein, den niemand vorhersehen konnte. Für die Ägypter muß es über alle Maßen deprimierend gewesen sein, den Obelisken einfach liegenlassen zu müssen, nachdem sie bereits so viel Zeit und Mühe in ihn investiert hatten. Wir heutigen Menschen aber dürfen dankbar sein, daß es so gekommen ist, denn gerade dieser Obelisk lehrt und verrät uns mehr als alle anderen Monumente Ägyptens."[2]

In dem Steinbruch südlich von Aswan liegt dieser mächtige Obelisk heute noch genau so, wie ihn die alten Ägypter aufgegeben hatten: an drei Seiten bereits herausgearbeitet und nur an seiner Unterseite noch mit dem Fels verwachsen. Hätte man ihn ganz freigelegt, so würde seine Höhe 41,75 Meter erreicht haben bei einer Grundfläche von 4,20 Metern im Quadrat (= 17,64 qm). Mit einem Gesamtgewicht von 1168 Tonnen hätte er alles in den Schatten gestellt, was die Ägypter jemals in Stein geschaffen haben.

Bereits die Auswahl eines größenmäßig passenden Abschnitts im Steinbruch, der sich für das Herausarbeiten eines so riesigen Monolithen eignete, war kein leichtes Unterfangen. Man mußte dazu zunächst Probeschächte in die Tiefe bohren, um den Fels auf seine Beschaffenheit zu überprüfen und festzustellen, ob sich nicht etwa Risse hindurchzogen. Beim Aswan-Obelisken scheinen einige solcher Probeschächte dort verlaufen zu sein, wo sich die Rinnen befinden, die bei der Herausarbeitung am nördlichen und südlichen Rand des Obeliskenschaftes entstanden. Nach diesen Vorarbeiten trug man dann die Unebenheiten der Oberfläche ab. Dazu bepackte man die entsprechenden Partien mit Ziegeln, erhitzte diese stark und schreckte sie danach mit kaltem Wasser ab. Dadurch erreichte man, daß der Fels an der Oberfläche barst und sich leicht abtragen ließ – zurück blieb eine ziemlich glatte Fläche.

Abb. 8. Der unvollendete Obelisk im Steinbruch von Aswan

Zu den schwierigsten Arbeitsgängen gehörte wohl das Freilegen der beiden Seiten. Dazu benötigte man die 5,5 kg schweren und

Abb. 9. Bearbeitungsspuren an der Außenseite des unvollendeten Obelisken

15 bis 30 cm großen Doleritkugeln, die noch in der Nähe des Obelisken gefunden wurden. Sie stammen aus den Tälern der Ostwüste, von wo sie in großen Mengen herbeigeschafft worden waren. Diese Kugeln hat man offensichtlich an Rammen befestigt und damit mächtige, senkrecht nach unten zielende Schläge ausgeführt. Hinsichtlich der Rinnen, von denen der Obelisk umgeben ist (Abb. 9), schrieb Engelbach: „Auffallend ist das gänzliche Fehlen irgendwelcher Anzeichen für die Verwendung von Keilen und

Meißeln ... Die Meißel der Antike hinterlassen unverwechselbare Spuren ... doch hier finden wir eine Reihe paralleler, senkrecht verlaufender Schnitte, so als wenn der Stein mittels eines riesigen Käsestechers (mit Wellenschliff) abgestochen worden wäre. Ein weiteres Charakteristikum ist das gänzliche Fehlen von Kanten an den Schnitten – alles ist abgerundet ... Das einzige Gerät, mit dem man eine solche Wirkung erzielen kann, sind die Doleritkugeln ... Rillen und Furchen entstanden also nicht durch das Abhauen mit einem scharfen Gegenstand, sondern vielmehr durch Schläge."[3]

Zur Herausarbeitung eines Obelisken, so darf man sich das vorstellen, waren mehrere tausend Leute erforderlich, die in Dreiergruppen eingesetzt wurden: zwei von den Männern hielten stehend die Ramme und holten zum Schlag aus, während ein dritter, der daneben kauerte, den Schlag an die richtige Stelle zu führen hatte. Einem oder auch mehreren Männern oblag es, durch Gesang und Zurufe den Rhythmus der Arbeit anzugeben und ihren Kameraden dadurch ihr schweres Tagewerk etwas zu erleichtern. Solche Szenen finden sich gelegentlich unter den Wandmalereien der antiken Gräber. Die gleiche Gepflogenheit läßt sich aber auch heute noch überall da beobachten, wo gebaut oder gegraben wird, archäologische Grabungen nicht ausgenommen: einer der Leute ruft etwas oder singt vor, die übrigen antworten ihm im Sprechgesang mit einem kurzen Satz. So kann man bis auf den heutigen Tag noch das Geräusch der Ramme, die modern arabisch *mindala* heißt, von Wechselgesängen der folgenden Art begleitet hören:

Chor der Arbeiter:	„O Said, schwing den Halbmond!"
Vorsänger:	„Von Alexandria bis zum Katarakt!"
Chor:	„O Said, schwing den Halbmond!"
Vorsänger:	„Schlagt zu, Leute, warum so lahm?"

Ist der Gesang zu Ende, so wiederholt der Vorarbeiter immer wieder Lautfolgen, wie „Hela hop, heila", die ersten beiden im Rhythmus des Hochziehens, die dritte beim Fall der Ramme[4]. Da diese Worte jedoch im Arabischen keinerlei Sinn ergeben und

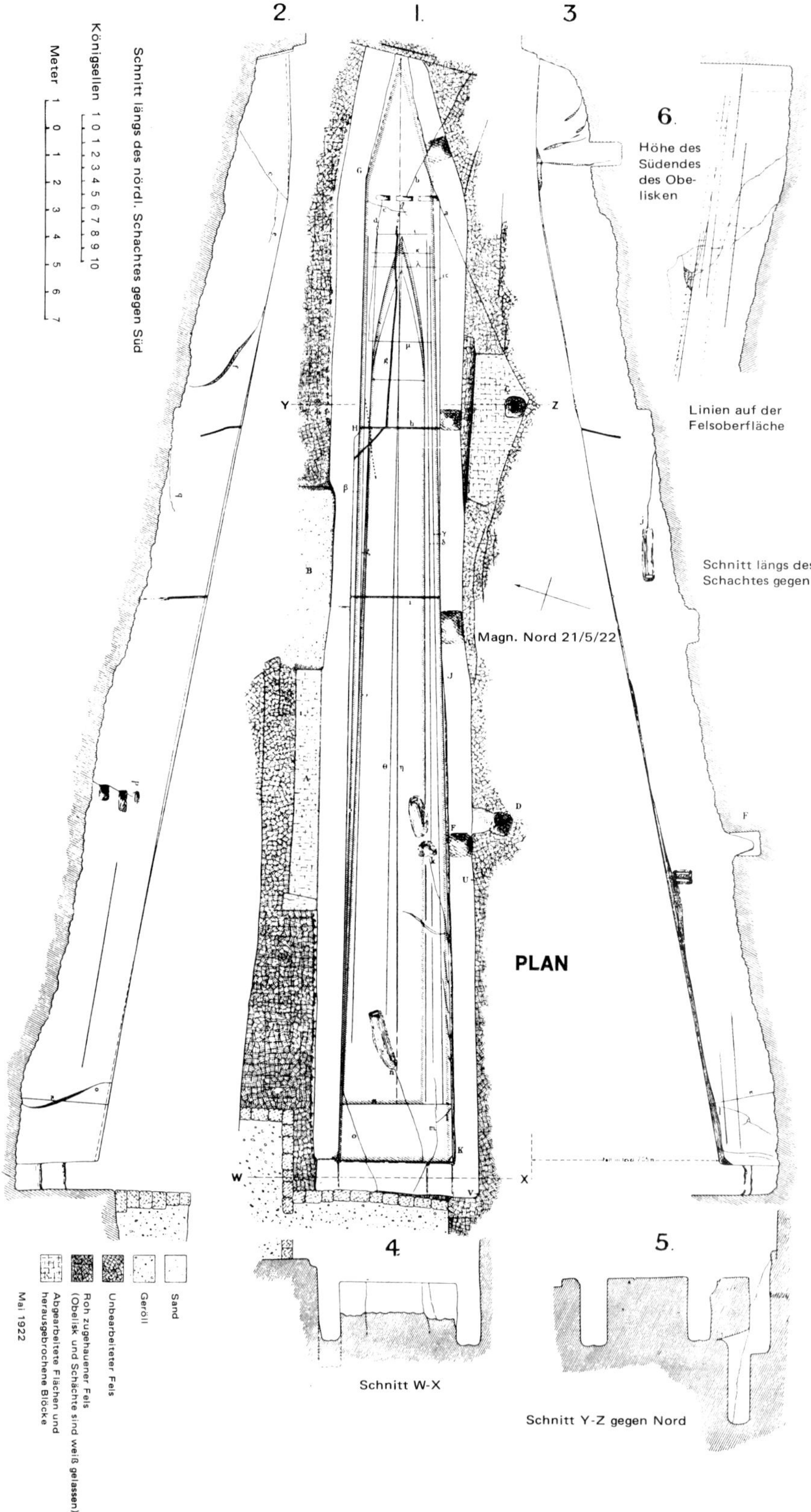

Abb. 10. Der unvollendete Obelisk von Aswan

der Mann sie unbewußt anwendet, könnte es durchaus sein, daß die alten Ägypter sie bereits in der gleichen Weise benutzt haben.

Wieviel Zeit die Arbeiter für den unvollendeten Obelisken (Abb. 10) bereits aufgewendet haben mögen, läßt sich heute nicht mehr sagen. In einer Inschrift am Sockel ihres in Karnak noch stehenden Obelisken erwähnt Königin Hatschepsut, daß er in 7 Monaten, von der Zeit der Herausarbeitung aus dem Fels des Steinbruches an gerechnet, fertig geworden sei. An anderer Stelle auf demselben Denkmal bittet die Königin den Leser, nicht zu behaupten, das sei Lüge. So haben auch wir keine Veranlassung, ihre Angaben anzuzweifeln. Engelbach betrachtet diese Zeitspanne für die Herausarbeitung des unvollendeten Obelisken ebenfalls als ungefähr angemessen[5].

Die Schwierigkeiten aber ließen nicht lange mehr auf sich warten: ein Gesteinsriß im Basisbereich des unvollendeten Obelisken scheint noch frühzeitig genug entdeckt worden zu sein. Immerhin mußte seinetwegen die ursprünglich vorgesehene Höhe um nicht weniger als 8,40 m reduziert werden. Dann traten weitere Sprünge zutage (siehe Abb. 10 a, b und c im oberen Drittel und j, k, l und m an der südlichen Seite), die man jedoch noch durch erneute Verkleinerungen des Obelisken korrigieren konnte. Erst als sich danach noch ein Riß (p), und zwar im Mittelteil des Schaftes zeigte, war jede weitere Arbeit sinnlos geworden und man mußte aufgeben – nach so langem, mühevollem Einsatz für alle Beteiligten, Aufseher wie Arbeiter, gewiß ein harter Schlag. Auch heute noch identifizieren sich bei archäologischen Ausgrabungen die dabei beschäftigten Leute mit ihrer Tätigkeit, sie sprechen von nichts anderem und betrachten große Funde stolz als ihr persönliches Verdienst.

Auch bei dem unvollendeten Obelisken hätte man ohne diese Ereignisse die Arbeit nach dem altbewährten Muster weitergeführt, indem man den Monolithen durch Abschlagen an seiner Unterseite aus dem Fels gelöst hätte. Dazu mußten Stollen in den Stein getrieben und so lange immer weiter mit Holzbalken abgestützt werden, bis auch diese Seite völlig freigelegt war. Dieser Arbeitsgang konnte gleichzeitig von jedem der zu beiden Seiten verlaufenden Gräben aus durchgeführt werden. In dem Steinbruch des unvollendeten Obelisken befindet sich übrigens an anderer Stelle eine Vertiefung, aus der nach der gleichen Methode ein kleinerer Obelisk herausgearbeitet worden sein muß.

In der Gegend um Aswan und dort besonders in den vier Steinbruchgebieten, aus denen die Blöcke für die großen Monumente gewonnen wurden, sind Keillöcher keine Seltenheit. Nach Engelbach sind sie zum Teil jedoch neueren Datums; andere wieder sollen aus einer Zeit stammen, die jedenfalls jünger als das ägyptische Altertum ist. Die alten Ägypter haben zwar, wie Engelbach selbst zugibt, im Bedarfsfall Keile benutzt; er bestreitet aber, daß sie damit, indem sie sie anfeuchteten, Obelisken aus dem Felsen gesprengt haben könnten. Da solche Keile eher die Tendenz zeigten, nach rückwärts aus ihren Löchern zu springen, würden sie für eine Sprengung keinesfalls den ausreichenden Druck erzeugt haben. Der deutsche Wissenschaftler Joseph Roeder wies vor nicht allzu langer Zeit darauf hin, daß Keile und Meißel aus Eisen zur Gewinnung und Bearbeitung von Steinblöcken erst in römischer Zeit Verwendung fanden[6]. Im alten Ägypten sei das Herausschlagen die einzige Methode zur Bewältigung solcher Aufgaben gewesen.

War ein Obelisk endlich von seinem Untergrund gelöst, so mußte er aus seinem Bett im Steinbruch auf eine Rampe gehoben werden, über die man ihn dann zum Nil hinunterbeförderte. Nach Engelbach wurden dazu neben ausreichendem Füllmaterial noch mehr als dreißig aus dicken Baumstämmen angefertigte Hebel in den rundherum führenden Graben eingesetzt. An den daran befestigten Tauen zogen dann mehrere tausend Leute den Koloß aus der Tiefe.

„Betätigte man diese Hebel abwechselnd von beiden Seiten des Obelisken aus, so konnte man ihn mittels der dadurch entstehenden geringfügigen Schaukelbewegung schrittweise anheben. Man mußte jedoch bei jedem Zug die darunterliegende Stützschicht der jeweiligen Höhe des Obelisken anpassen. Auf diese Weise gelang es, den Monolithen schließlich etwa 2,50 m über den Rand seines steinernen Bettes hinauszuheben, wodurch man die Felsen-

Abb. 11. Transport der Statue des Djehutihotep – nach einer Wandmalerei in dessen Grab in Berscha, rekonstruiert von Engelbach

masse, die noch vor ihm weggeschlagen werden mußte, auf ein Mindestmaß beschränken konnte.“[7]

War der Obelisk hoch genug angehoben und jedes Hindernis beseitigt, so konnte er die Rampe abwärts zum Nil gezogen werden. Nach Engelbachs Berechnungen waren dazu 6000 Mann erforderlich, die sich auf vierzig Seile von je 18,4 cm Durchmesser verteilten.

Im Grab des Distriktsgouverneurs Djehutihotep aus dem 19.Jh. v. Chr. bei Bersche gegenüber von Aschmunein (nahe Mellawi in Mittelägypten) findet sich unter den Wandmalereien eine Szene, die uns zeigt, wie man sich den Transport einer großen Sitzfigur

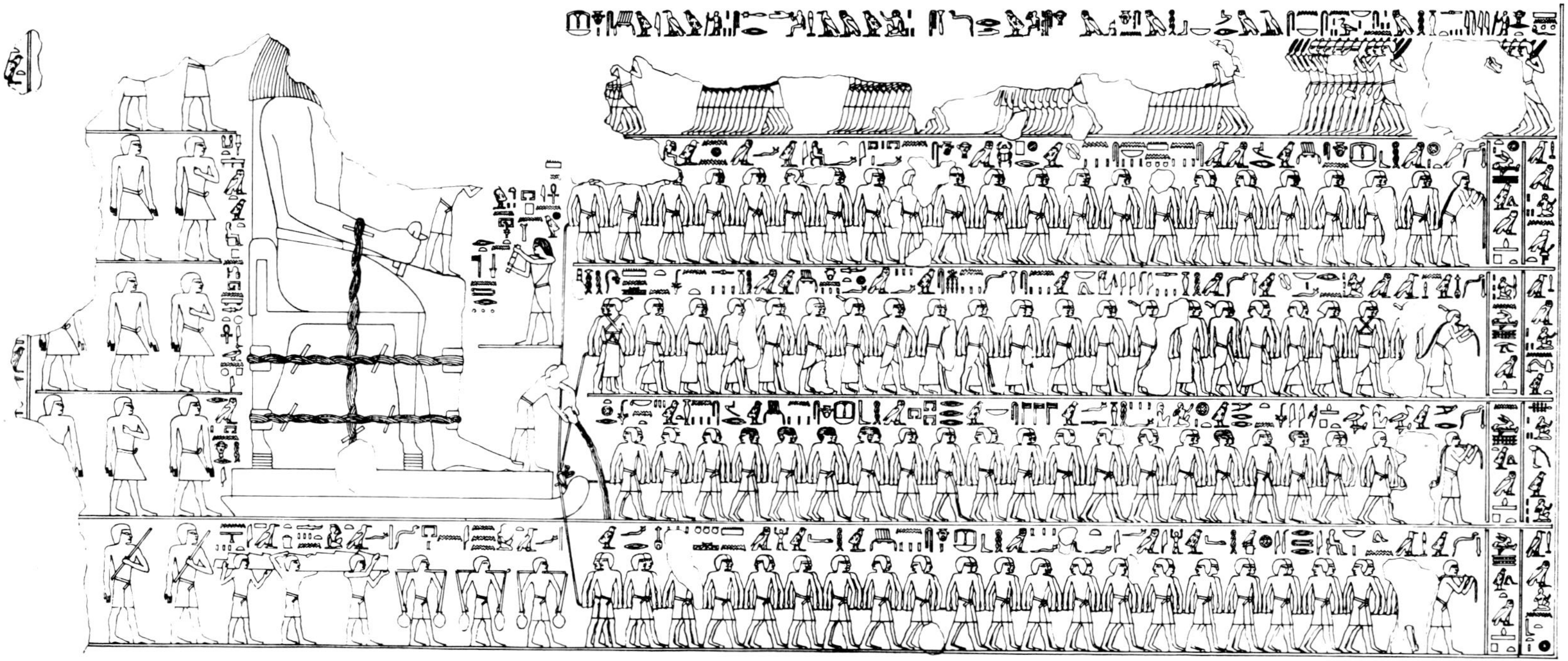

Abb. 12. Transport der Statue des Djehutihotep (Bild in seinem Grab in Berscha)

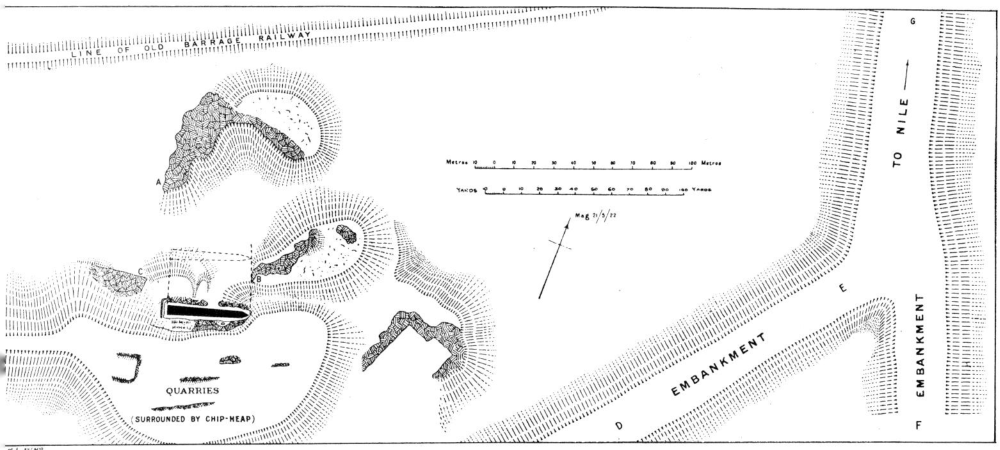

Abb. 13. Der unvollendete Obelisk und die Transportrampen

– in diesem Fall handelt es sich um die des Grabinhabers – vorzustellen hat (Abb. 11 und 12). Der etwa 60 Tonnen schwere Koloß ist auf einem Schlitten befestigt und wird von 172 Männern gezogen. Vorne auf dem Schlitten steht ein Mann und gießt aus einem Gefäß eine Flüssigkeit vor die Kufen, um deren Gleitfähigkeit zu erhöhen. Rollen sind unter dem Schlitten nicht zu erkennen. Manche Ägyptologen haben daraus den Schluß gezogen, daß den alten Ägyptern der Gebrauch von Rollen überhaupt fremd gewesen sei, und tatsächlich wurden auch nirgends solche gefunden. Ohne den Einsatz großer Rollen aber wären beispielsweise zum Transport des unvollendeten Obelisken wenigstens 11 000 Mann erforderlich gewesen – zu viele, um tatsächlich alle Platz zum Ziehen zu haben. Das Fehlen von Rollen bei allen bisherigen Funden ist dagegen eher damit erklärbar, daß in einem Land, in dem Holz so selten war wie in Ägypten, ein derartig kostbarer Gebrauchsartikel wie Rollen nicht einfach ungenutzt liegengelassen wurde[8].

In der Nähe des unvollendeten Obelisken entdeckte man zwei breite Rampen, über die einst schwere Blöcke zum Nil hinuntergezogen worden sind (Abb. 13). Vermutlich erfolgte der Transport zunächst über die Rampe D–E und dann weiter über F–G. Um die Jahrhundertwende waren diese Rampen noch beide sichtbar, während ihr Verlauf heute kaum mehr auszumachen ist. Ihr genauer Berührungspunkt mit dem Fluß ist noch weniger bekannt; wahrscheinlich liegt er im Stadtgebiet des heutigen Aswan. Für die Methode, die man anwandte, um Obelisken sicher auf ein Nilschiff zu verladen, hat sich bisher noch kein Hinweis gefunden. Nach Engelbach jedenfalls soll dazu das Transportschiff so nahe wie möglich an das Ufer gebracht worden sein, so daß man um es herum und darüber hinweg die Rampe aufschütten konnte. Der Obelisk wurde dann geradewegs auf das Schiff gezogen und durch Entfernung der Rampe in seine richtige Lage gebracht, wobei man im gleichen Verfahren auch das Schiff selbst wieder zu Wasser kommen ließ. Danach stand der Reise des Obelisken zu seinem Bestimmungsort nichts mehr im Wege.

Solche Fahrten, die gewöhnlich stattfanden, wenn die alljährliche Nilüberschwemmung das schwer beladene Schiff sicher dahintrug, müssen wie Feste begangen worden sein. Königin Hatschepsut hat in ihrem Totentempel in Deir el-Bahari im Westen von Theben auf einer Reihe von Reliefs den Transport eines Obeliskenpaares zu Schiff auf dem Nil von Elephantine nach Theben darstellen lassen (Abb. 14)[9]. Die Obelisken lagen dabei mit ihrer Standfläche gegeneinander, mit ihren Spitzen nach Bug und Heck weisend, auf einem einzigen Schiff von 60,95 m Länge. Drei Ketten von je neun Schleppern und einem weiteren Boot für den Lotsen zogen das Lastschiff. Auf drei Begleitbooten wurden religiöse Riten zelebriert. Mit Sicherheit haben Tausende von Menschen die Ufer gesäumt, um an dieser riesigen Schiffsprozession als Augenzeugen teilzunehmen.

Die Ankunft der Schiffe mit ihrer kostbaren Fracht in Theben bot Anlaß zu großen Festen mit weiteren religiösen Zeremonien. Entsprechende Szenen in Deir el-Bahari zeigen uns Soldaten, die im Laufschritt dahereilen und zum Gruß Zweige in den Händen emporhalten (Abb. 15). An einem für Hatschepsut, ihren Hof und die Bewohner Thebens gleichermaßen großen Tag wurden natürlich auch die Götter reichlich mit Opfern und Gaben be-

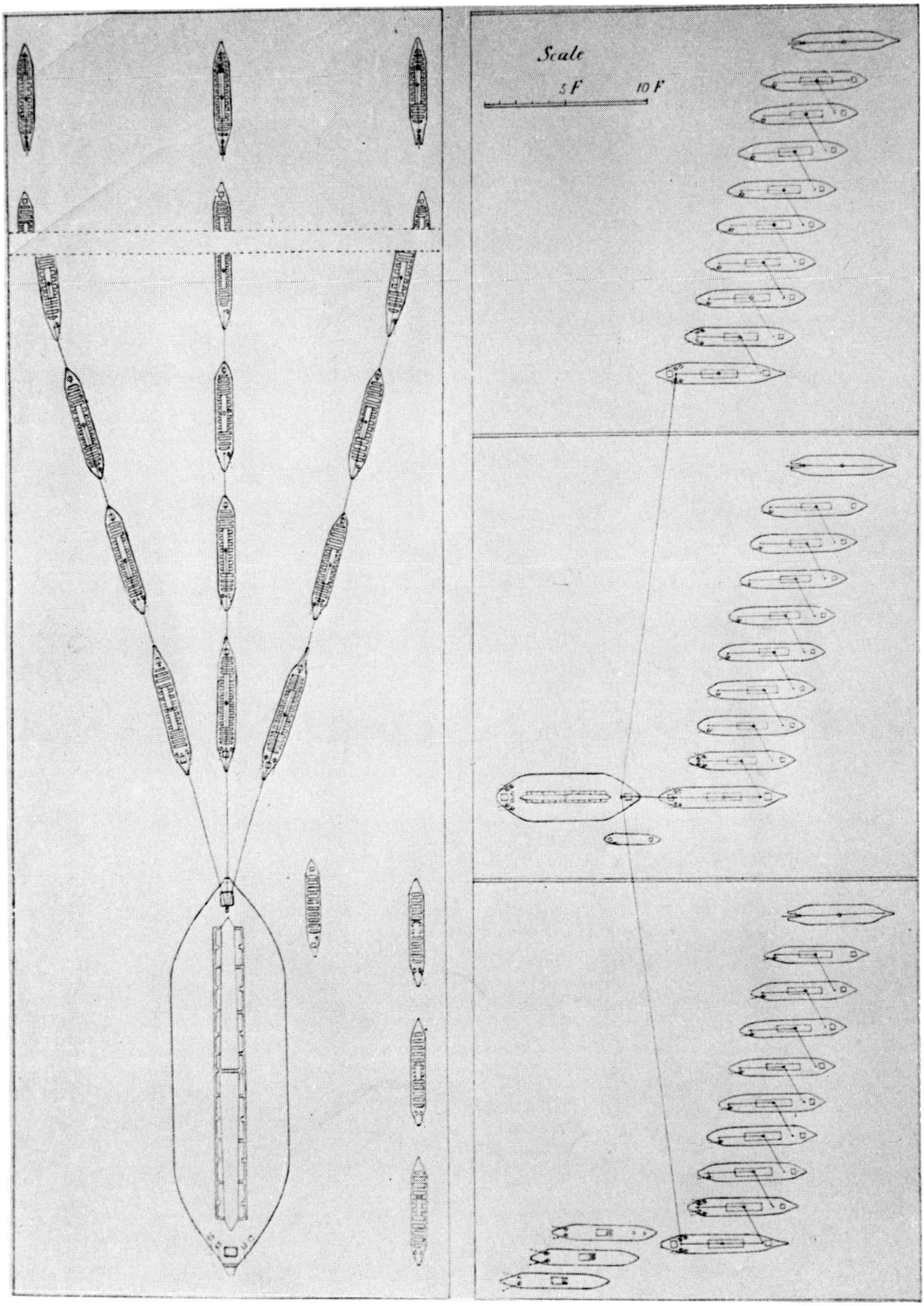

Abb. 14. Boote, die das Transportschiff des Obelisken ziehen. Zwei verschiedene Rekonstruktionsmöglichkeiten der Reliefs in Deir el-Bahari

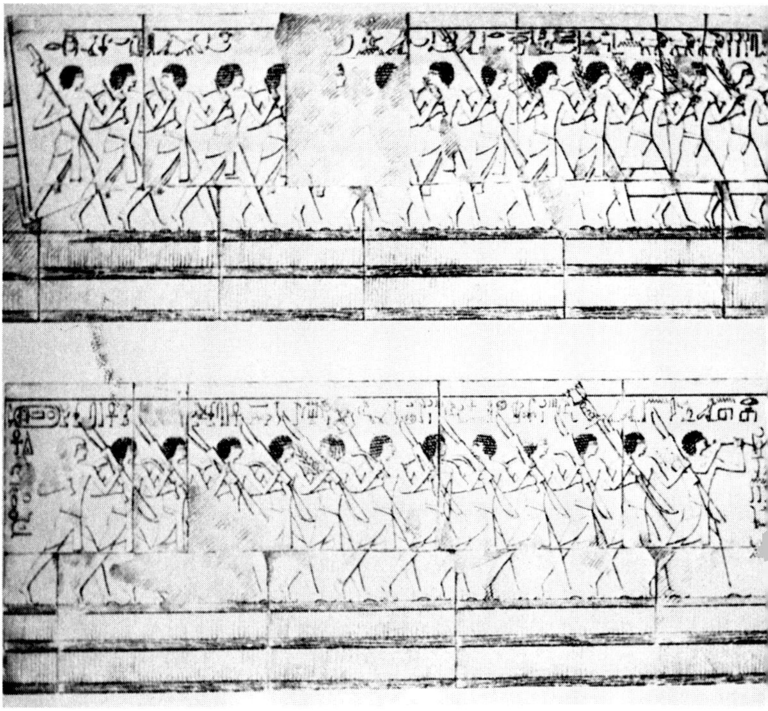

Abb. 15. Empfang der Obelisken der Hatschepsut in Theben (Deir el-Bahari)

dacht. Die nächste Szene in Deir el-Bahari zeigt bereits die Königin, wie sie ihre beiden Obelisken dem König der Götter, Amun-Re, weiht.

Ein äußerst schwieriges Problem galt es jedoch noch zu bewältigen: das Aufrichten der Obelisken auf ihren Sockeln an dem hierfür vorgesehenen Platz im Tempel zu Karnak. Dazu mußte zunächst wieder eine Rampe aus Erde oder Sand von der Landestelle am Nil bis hin zu diesem Ort aufgeschüttet werden, auf der die Obelisken an ihr Ziel gezogen werden konnten. Auf welche Weise dann aber die Ägypter die schwierige Aufgabe des eigentlichen Aufrichtens wirklich gemeistert haben, darüber gehen die Mei-

nungen der heutigen Ingenieure, Architekten und Archäologen beträchtlich auseinander, und fast jeder bietet für dieses Problem eine andere Lösung an. Am bemerkenswertesten sind darunter Engelbachs Vorschlag sowie eine in neuerer Zeit von dem französischen Archäologen Henri Chevrier entwickelte Hypothese.

Nach einer Aufzählung all der Schwierigkeiten, mit denen die alten Ägypter, die ja nur über primitive Möglichkeiten verfügten, bei der Aufrichtung eines Obelisken zu rechnen hatten, führt Engelbach weiter aus (Abb. 16):

„Eine technisch durchführbare und auch zu keiner unserer Feststellungen im Widerspruch stehende Tatsache ist, daß der

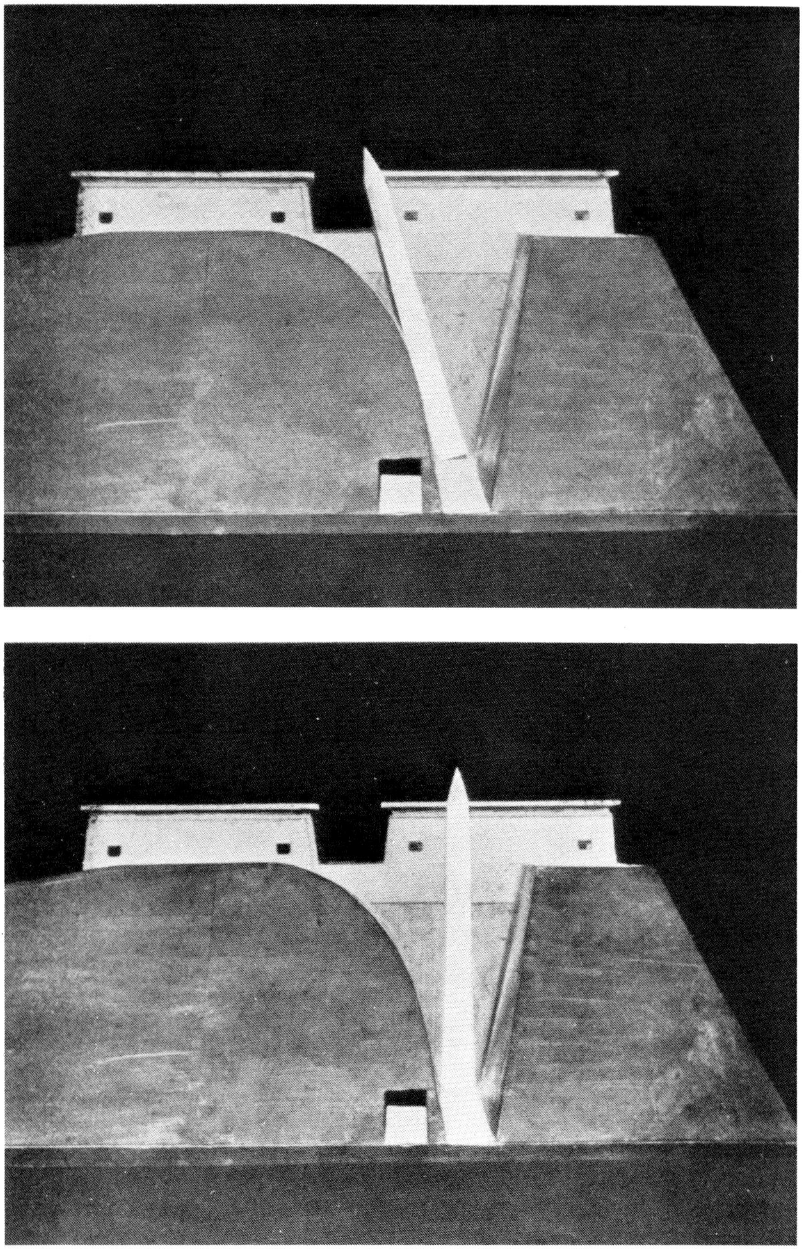

Abb. 16. Die Aufrichtung eines Obelisken, nach Engelbach

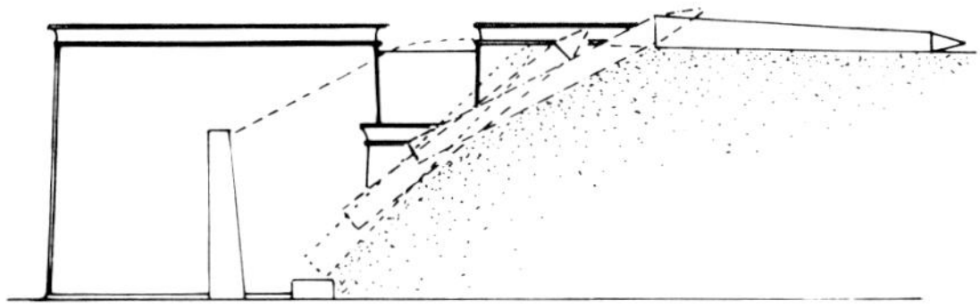

a - Herablassen des Obelisken in den Schacht

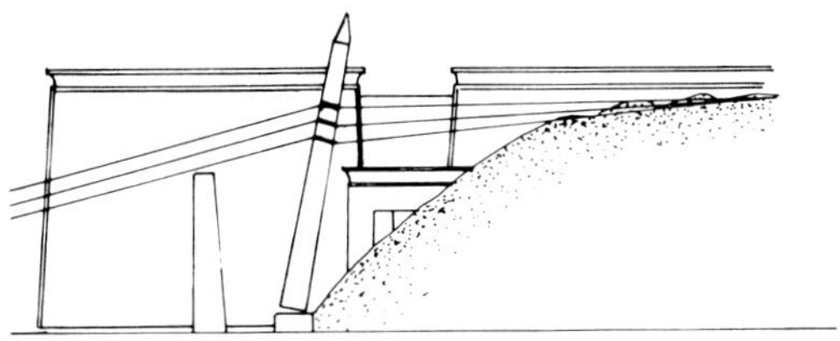

b - Der Obelisk kurz vor dem Aufsetzen

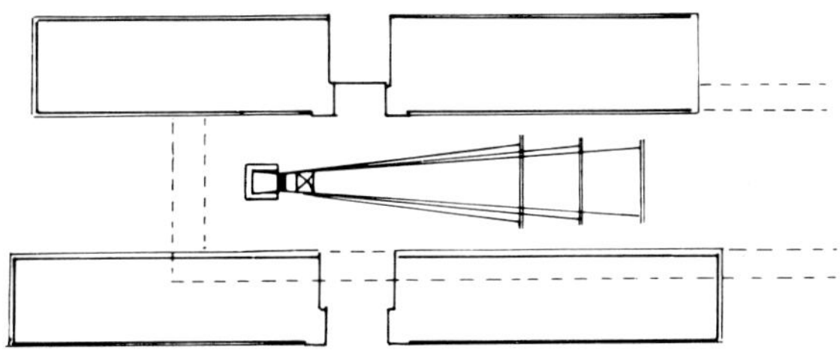

c - Aufstellung der Obelisken der Hatschepsut (Plan)

Abb. 17. Die Aufrichtung eines Obelisken (nach Chevrier)

Obelisk nicht über den Rand der Rampe hinabgelassen wurde, sondern daß man ihn in einen trichterförmigen Schacht hineingleiten ließ, den man im letzten Abschnitt der Rampe angelegt hatte. Das Hinablassen selbst wurde dadurch bewerkstelligt, daß man durch Stollen, die bis zum Fußpunkt des Trichters führten, allmählich den Sand, mit dem der Trichter gefüllt war, entfernte, wodurch man den Obelisken ganz langsam hineingleiten lassen konnte. Geht man von dieser Grundmethode aus, so ergibt sich alles andere von selbst: Der Schacht muß wie ein spitz zulaufender, viereckiger Trichter geformt sein – vergleichbar den Trichtern, die mancherorts zum Einfüllen des Öles an Tankstellen verwendet werden –, der oben ziemlich viel Raum läßt, an seinem unteren Ende aber kaum weiter sein darf, als die Basis des Obelisken mißt. Von der Rampe aus gleitet nun der Obelisk über die konvexe Form der Trichteröffnung im Sog des abgelassenen Sandes immer tiefer, bis er schließlich weich auf die untere Mauer des Trichters aufsetzt. Der Sand wird durch die Stollen an der Sohle des Trichters in Körben abtransportiert und irgendwo außerhalb der Rampe abgelagert."[10]

Chevrier lehnte diese Theorie Engelbachs ab, und zwar mit der Begründung, daß man den Obelisken nicht in den Trichter hätte hineingleiten lassen können, wenn dabei sein oberer, längerer Teil frei und ohne Halt in der Luft schweben mußte. Man riskierte den Bruch des Schaftes in dem Moment, wo der lange, obere Abschnitt nicht mehr die Abstützung durch den Sand hatte. Nach Chevrier (siehe Abb. 17) mußte deshalb eine Kammer gebaut und der Sand durch eine Bodenöffnung entfernt werden. Der Monolith konnte bei dieser Methode mit der Sandoberfläche in die Tiefe gleiten, bis er in einem Winkel von 34 Grad zum Stehen kam. Aus dieser Position ließ er sich dann mit starken Seilen endgültig in die Senkrechte ziehen[11]. Diese Modifizierung der Engelbachschen Theorie klingt überzeugend, umso mehr, als Chevrier sich während der vielen Jahre seiner Arbeit in den Tempelanlagen von Karnak eingehend mit der Frage beschäftigt hatte, nach welchem Verfahren die alten Ägypter wohl große Steinblöcke zu Bauwerken zusammengesetzt haben könnten.

Nicht immer glückte es den Ägyptern, einen Monolithen von solchem Gewicht und dabei gleichzeitig von solch schlanker Zerbrechlichkeit und Höhe auch tatsächlich in die geplante Position zu bringen. So kann man an dem Obelisken Tuthmosis' I. in Karnak eine leichte Neigung beobachten, aber bis heute hat sich noch kein Ingenieur bereit gefunden, diesen Fehler zu korrigieren, obwohl es sich hier um den kleinsten noch stehenden Obelisken Ägyptens handelt. Ich selbst erinnere mich noch sehr ge-

Abb. 18. Unvollendeter Obelisk Sethos' I. im Steinbruch von Gebel Simaân bei Aswan

nau daran, daß der Abbau und die Wiederaufstellung einer einzigen der zehn Säulen des Äthiopenkönigs Taharka (690 bis 664 v. Chr.) im 1. Hof des Amun-Tempels zu Karnak, deren Höhe mit 19,80 Meter vergleichsweise bescheiden anmutet, zwei volle Winterkampagnen in Anspruch nahm. Als die Arbeit endlich geschafft war, stand Chevrier wie ein Sieger auf der flaggengeschmückten Säule, während seine Leute von unten applaudierten[12].

Außer den technischen Problemen – von der Gewinnung des Steinblockes angefangen bis zur Aufrichtung des Obelisken an seinem Bestimmungsort – drängen sich noch weitere Fragen auf, die seine Dekoration betreffen: Zu welchem Zeitpunkt wurde sie angebracht? Und wie ging man dabei zu Werke? Der bereits erwähnte unvollendete Obelisk kann uns hier nicht mehr weiterhelfen, denn er zeigt noch keine Spur einer Dekoration. Auf der westlichen Nilseite gegenüber von Aswan gibt es jedoch noch einen kleineren Obelisken Sethos' I. (1318–1304 v. Chr.), der ebenfalls unvollendet im Steinbruch von Gebel Simaan (Abb. 18) liegengelassen wurde. Sein Pyramidion ist bereits teilweise dekoriert, allerdings nur auf drei Seiten. Diese Tatsache erlaubt uns den Schluß, daß in manchen Fällen mit der Arbeit am Dekor bereits im Steinbruch begonnen wurde. Wann und wo sie zu Ende geführt worden wäre, kann uns dieser Obelisk nicht mehr verraten, da es sich ja um ein unvollendetes Stück handelt.

Der Obelisk Tuthmosis' III., der heute in Rom die Piazza San Giovanni in Laterano ziert, und derjenige Sethos' I. auf der Piazza del Popolo, ebenfalls in Rom, weisen gewisse Gemeinsamkeiten auf: sie wurden beide von ihren königlichen Stiftern, die sie aus dem Steinbruch schlagen ließen, nur zu einem Teil mit Inschriften geschmückt, bezeichnenderweise jeder von ihnen nur auf dreien seiner vier Seiten. Die vollständige Beschriftung, so wie wir sie heute kennen, und die Aufrichtung besorgten die Nachfolger jener beiden Pharaonen.

Nach der Herausarbeitung aus dem Stein wurden die Obelisken zum Transport über die Rampen und zu Schiff auf einem Schlitten befestigt, auf dem man sie bis zu ihrer Aufrichtung an der vorgesehenen Stelle auch beließ. Dadurch lagen jedoch nur drei der vier Seiten für die Anbringung einer Inschrift frei. Die dazu nötigen Arbeiten konnten, wie wir gesehen haben, entweder noch im Steinbruch vorgenommen werden oder vielleicht auch später in einer königlichen Werkstatt. Es ist nicht wahrscheinlich, daß man die Dekoration aller vier Seiten bis nach der Aufrichtung verschoben hat. Die eine Seite aber, auf der der Obelisk mit seinem ganzen Gewicht ruhte, wurde tatsächlich erst nach diesem Zeitpunkt zugänglich.

Die vielbewunderte Glättung der Oberfläche erreichte man durch Behauen und nachfolgendes Abschleifen mit Dioritkugeln. Der britische Ägyptologe Sir Flinders Petrie (1853–1942) äußerte die Vermutung, daß man zur Überprüfung der Gleichmäßigkeit glatte, mit rotem Ocker bestrichene Platten gegen die Oberfläche gepreßt hatte: Dadurch kam jede Unebenheit mit der Farbe in Berührung und man konnte so gut erkennen, an welcher Stelle ein Nachschliff erforderlich war. Zu einer Zeit, als den Ägyptern Werkzeuge aus Eisen bei der Bearbeitung ihrer Obelisken viel bessere Dienste geleistet hätten, standen ihnen nur die für diese Zwecke ungeeigneten, viel zu weichen Bronzegeräte zur Verfügung. Nach Petries Meinung verwendeten sie deshalb bei der Anbringung der Inschriften Edelstein.

„Sehr schwierig ist die Frage zu entscheiden, ob das Material (Edelstein), das man zur Bearbeitung benutzte, als loses Pulver verwendet wurde, oder ob man es Zähnen gleich in ein Metallgerät einsetzte... Die ägyptischen Beispiele lassen sämtlich lange Riefen am Schliff der Oberfläche erkennen, die sowohl von gezähntem Werkzeug als auch von Bohrern herrühren können. Solche Riefen entstehen aber auch, wenn man loses Pulver verwendet. Bei genauer Untersuchung stellte man außerdem fest, daß die Riefen sich spiralig um einen Mittelpunkt zu drehen scheinen, was darauf schließen läßt, daß der Schliff von einem Punkt ausgehend ausgeführt wurde. Auf hartem Stein verwendete man für die großen Hieroglyphen als Werkzeug Kupferklingen, die mit Edelsteinen besetzt waren. Die Konturen der Schriftzeichen schnitt man erst mit der Hand ein und brach dann das zwischen diesen Linien stehengebliebene Verbindungsstück heraus. Danach wurde die dadurch entstandene Vertiefung in den Zeichen mit dem Hammer bearbeitet und zuletzt noch mit Schmirgel geglättet.“[13]

Geradezu verschwenderisch gingen die alten Ägypter bei der Ausschmückung ihrer Denkmäler mit Gold um. Der innere Sarkophag Tut'anchamuns (1361–1352 v. Chr.) besteht aus nicht weniger als 112 kg reinen Goldes. Türen, Säulen und Reliefs waren manchmal ganz mit dünnem Blattgold überzogen und auch die Pyramidien auf den Obelisken erhielten in der Regel eine Schicht von Gold[14]. Auf dem Sockel ihres noch in Karnak stehenden Obelisken rühmt Königin Hatschepsut: „Sie machte es als ihr Denkmal für ihren Vater Amun, den Herrn der Throne der Beiden Länder in Karnak, daß sie ihm zwei große Obelisken aus dau-

Abb. 19. Haremhab (der spätere König) wird mit goldenen Ketten belohnt

erhaftem Granit des Südens errichtete, deren Oberteil mit dem besten Feingold aller Wüstenländer versehen war". Ganz deutlich kann man bei den Obelisken sowohl der Hatschepsut als auch ihres Stiefsohnes Tuthmosis' III. an den Pyramidien selbst und noch bis in die oberen Teile der Schäfte fortlaufend Vertiefungen mit Löchern erkennen, die einst zur Befestigung von Goldplatten gedient haben. Im Grab eines gewissen Djehuti, der unter Königin Hatschepsut das Amt eines Schatzmeisters bekleidet hatte, finden wir folgende Beschreibung ihrer Obelisken: „... ihre Höhe beträgt 108 Ellen (1 Elle ist etwa 1/2 m) und sie sind vollständig mit Gold geschmückt, das die Beiden Länder mit seinen Strahlen erfüllt."

Die Aufrichtung eines Obelisken war für die Bevölkerung aller umliegenden Orte zweifellos ein Ereignis von außergewöhnlicher Bedeutung. Es ist nur natürlich, daß der Pharao aus diesem Anlaß persönlich anwesend war. Auch die Vornehmen seines Hofes fehlten dabei ebensowenig wie die hohen Beamten des Reiches, ganz zu schweigen von den vielen Tausenden, die an dem schwierigen Unternehmen selbst mitgewirkt hatten und nun, nach dessen erfolgreichem Abschluß, eine Belohnung erwarten durften (Abb. 19). Amenhotep, der Haushofmeister der Königin Hatschepsut, erhielt Silber und Gold, wobei sich das Gewicht des Silbers, das im alten Ägypten wegen seiner Seltenheit mehr galt als Gold, auf 50 *deben* (etwa 4,5 kg) belief. Humen, ein Beamter, der mit der Aufstellung von sechs Obelisken für Amenophis III. betraut war, wurde im „Haus der Belohnung" mit 20 Sklaven, 50 Aruren (= 18 Morgen) Landes und 2 *deben* Gold und Silber beschenkt. Bei solchen Anlässen beugte sich der Pharao manchmal aus dem „Erscheinungsfenster" seines Palastes, um unter dem Applaus der Menge die Verleihung von goldenen Halsketten an seine treuesten Beamten selbst vorzunehmen.

Leider ist aus dem alten Ägypten kein einziger Bericht über Herstellung, Transport oder Aufrichtung von Obelisken auf uns gekommen. Angaben über notwendige Vorarbeiten können wir jedoch vereinzelt erhalten gebliebenen Papyri entnehmen, etwa für eine Rampe, über das Anfüllen einer Kammer mit Sand oder über das Errichten eines kolossalen Monuments. So besitzen wir (im Papyrus Anastasi I des Britischen Museums) einen Text, bei dem es in Form einer Aufgabe, die ein Lehrer seinem Schüler stellt, um eine Rampe geht, wie man sie vielleicht für die Aufrichtung eines Obelisken angelegt haben mag. Gegeben sind ihre Ausmaße: Länge 730 Ellen (ca. 365 m), Breite 55 Ellen (ca. 27,5 m). Diese Rampe ist in 120 Kammern unterteilt, die bis zu einer Höhe von 60 Ellen (ca. 30 m) mit Schilfrohr und Holzbalken gefüllt sind. Zu errechnen hat der Schüler die Anzahl der Ziegel, die zum Bau dieser Kammern erforderlich sind (die richtige Antwort, die uns viele Erkenntnisse liefern könnte, ist leider nicht angegeben). In dem gleichen Schriftstück stellt der Lehrer eine weitere Aufgabe im Zusammenhang mit der Aufstellung einer Kolossalstatue: „Du hast ein Magazin zu entleeren, das mit Sand angefüllt ist unter der Statue deines königlichen Herrn, die vom Roten Gebirge (Gebel Ahmar bei Heliopolis) gebracht wurde. Es mißt am Boden in der Länge 30 Ellen und in der Breite 20 Ellen und es hat mehr als hundert (?) Kammern, die mit Sand vom Flußufer gefüllt sind.“ Es folgen die Ausmaße der Kammern und schließlich die Frage an den Schüler. Sie lautet: Wieviele Leute braucht man, um diesen Sand in sechs Stunden zu entfernen? Auch hier ist die Antwort nicht mit angegeben. Obwohl viele Passagen dieser beiden Texte unverständlich sind, besitzen wir in ihnen doch eine Bestätigung dafür, daß für Bauzwecke tatsächlich Rampen angelegt wurden und daß es im Zusammenhang damit auch Hohlräume gab, die mit Sand gefüllt wurden[15].

In dem erwähnten Papyrus hat der Schüler auch einmal zu berechnen, wieviele Leute erforderlich sind, um einen Obelisken von der Stelle zu bewegen, doch leider fehlen uns für diesen die Größenmaße. In einem anderen Fall, bei dem es um die Gewinnung großer Blöcke in den Steinbrüchen des Wadi Hammamat geht, besitzen wir konkrete Angaben über die Anzahl der dafür eingesetzten Leute und sogar deren Berufsbezeichnung. Demzufolge nahmen an dieser von Ramses IV. in die Ostwüste ausgesandten Expedition teil:

Expeditionsleiter (der Hohepriester Ramsesnacht)	1
Höhere Zivil- und Militärbeamte	9
Niedere Beamte	362
Ausgebildete Kunsthandwerker	10
Steinbrucharbeiter	130
Polizisten	50
Sklaven	2000
Soldaten	5000
Leute aus Tura	800
Umgekommene Leute (in der Summe nicht enthalten)	900
Summe Personen	8362

Diese Aufstellung zeigt, daß an solch einem Unternehmen eine riesige Anzahl von Menschen beteiligt war und daß man keineswegs nur Fachleute, sondern auch ein großes Potential an Hilfskräften benötigte. Die damit verbundenen Gefahren allerdings brachten es mit sich, daß viele Teilnehmer den Erfolg der Expedition mit ihrem Leben bezahlen mußten, worüber die Liste ebenfalls genauestens abrechnet.

Mancher Hinweis auf den technischen Unternehmungsgeist der alten Ägypter begegnet uns auch in der Literatur der Griechen und Römer. So berichtet der „Vater der Geschichtsschreibung", der weitgereiste Grieche Herodot (5. Jh. v. Chr.), von einem riesigen Schrein, der zur Aufnahme einer Statue bestimmt war und die Maße 10,5 m : 7,6 m : 4,4 m hatte. Er sei „von Elephantine gebracht worden und benötigte für die Fahrt nach Sais drei Jahre. Zweitausend Mann, alles Schiffsleute, waren für diesen Transport verantwortlich."[16] Sechshundert Jahre später berichtet Plinius d. Ä. von einem König „Rhamsesis", der befürchtete, die „Maschine", mit deren Hilfe ein Obelisk aufgestellt werden sollte, würde unter dem Gewicht des Monolithen zusammenbrechen. Der König habe deshalb den Befehl gegeben, seinen eigenen Sohn an der Spitze des Obelisken festzubinden, weil er glaubte, die Arbeiter dadurch zu mehr Vorsicht veranlassen zu können[17]. Der für seinen Humor bekannte Engelbach bemerkte zu dieser Geschichte, sie habe bestimmt Anklang gefunden bei solchen Leuten, die auch heute noch alles glauben, was ihnen ägyptische Dragomane so alles auftischen. Schon in jenen Tagen muß es demnach Besucher gegeben haben, die sich durch derartige Schauergeschichten in Begeisterung versetzen ließen. Nichtsdestoweniger brachte Engelbach auch hinsichtlich des königlichen Befehls seine Skepsis zum Ausdruck: „Sollte dieser Rhamsesis identisch sein mit Ramses II., so bedeutete für ihn der Verlust eines einzigen Sohnes nicht sehr viel, denn man weiß ja, daß er deren mehr als hundert besaß, von den Unmengen seiner Töchter ganz zu schweigen!“[18]

Kapitel 3

HELIOPOLIS UND MEMPHIS
Das Alte und das Mittlere Reich

Auf der ganzen Welt dürfen sich nur wenige Städte einer so alten Geschichte und einer so glanzvollen Vergangenheit rühmen wie Heliopolis und Memphis in Ägypten (Abb. 20). Bereits um das Jahr 3100 v. Chr. begründete der erste Pharao die Stadt Memphis als Sitz der Verwaltung seiner „Beiden Länder" (gemeint sind Ober- und Unterägypten), und diesen Rang konnte es über einen Zeitraum von mehr als acht Jahrhunderten aufrechterhalten. Ptah, der Stadtgott von Memphis (Abb. 21), galt als Erschaffer der Menschen und Schutzgott der Künste, und die große Verehrung, die man ihm bereits in allerfrühesten Zeiten entgegenbrachte, hielt über Jahrtausende hinweg bis zum Aufkommen des Christentums unvermindert an. Aus der politischen und religiösen Bedeutung von Memphis resultiert auch sein durch den Kult geprägter Name *Hi-ku-Ptah*, „Haus des Ka des Ptah". Die Griechen übernahmen dieses Wort als Bezeichnung für das ganze Land und machten daraus *Aigyptos*. Abgewandelt hat dieser Name dann in sämtliche Sprachen der Welt Eingang gefunden. Sogar Alexander d. Gr., der Ägypten ja im Jahre 332 v. Chr. erobert hatte, soll nach seinem Tode zunächst nach Memphis überführt worden sein. Bestattet wurde er dann aber möglicherweise doch in der von ihm begründeten hellenistischen Stadt Alexandria, die Memphis als Regierungssitz abgelöst hatte.

Heliopolis erlangte seine Bedeutung wahrscheinlich sogar in noch früherer Zeit als Memphis, und es blieb während der ganzen ägyptischen Geschichte, bis die Ptolemäerherrschaft (323 bis 30 v. Chr.) sich ihrem Ende zuneigte, wichtigstes religiöses und wissenschaftliches Zentrum des Landes. Seine gelehrte Priesterschaft zog berühmte ausländische Besucher an. Herodot beispielsweise

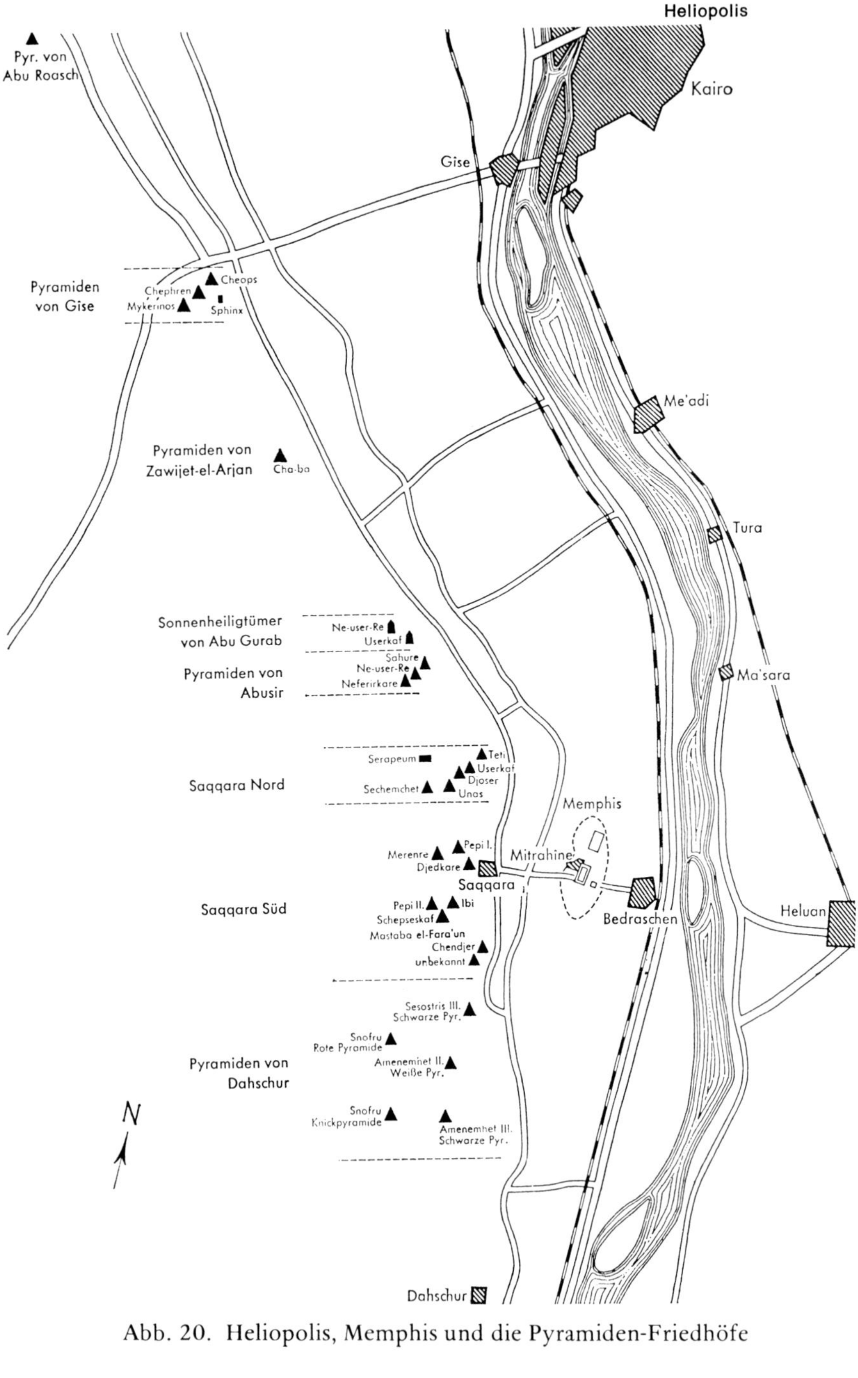

Abb. 20. Heliopolis, Memphis und die Pyramiden-Friedhöfe

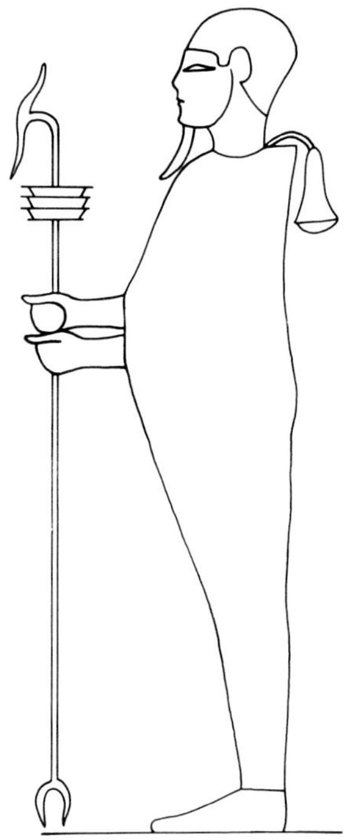

Abb. 21. Der Gott Ptah von Memphis

verdankte viele seiner Informationen heliopolitanischen Priestern. Der griechische Gesetzgeber Solon (640/35–ca.560 v. Chr.) wie auch sein Landsmann, der berühmte Naturwissenschaftler Pythagoras (6. Jh. v. Chr.), die beide bereits vor Herodot Heliopolis besucht hatten, profitierten ebenfalls von den Kenntnissen seiner Priesterschaft. Durch ihre Berichte formten sie auch das Bild, das man sich in Griechenland von Ägypten machte. So berichtet Plato (429–347 v. Chr.): „Wir Griechen sind geradezu Kinder im Vergleich zu diesem Volk, das auf zehnmal ältere Traditionen zurückblicken kann. Während in unserem Land keine der wertvollen Erinnerungen aus der Vergangenheit lange lebendig bleiben kann, erinnert sich Ägypten an das Wissen aus alten Zeiten und hütet es in alle Ewigkeit. Die Wände der Tempel sind mit Inschriften bedeckt und die Priester haben dieses göttliche Erbe stets vor Augen ... Die Generationen hören nicht auf, den nachfolgenden Generationen unverfälscht die heiligen Dinge zu vermitteln, wie Gesänge, Tänze, Rhythmen, Rituale, Musik und Malerei, die alle aus unvordenklichen Zeiten auf sie gekommen sind, als die Götter noch die Erde beherrschten im Dämmerlicht der Kultur."[1]

Bis vor nicht allzu langer Zeit war in Heliopolis noch kein einziger Obelisk gefunden worden, der zeitlich vor das Mittlere Reich zu datieren gewesen wäre, und man betrachtete die aus dieser Ära stammenden Beispiele oft als die ältesten echten Obelisken überhaupt. Nun ist die Ägyptologie aber eine Wissenschaft, in der sich durch einen einzigen glücklichen Fund feste Theorien über Nacht als falsch erweisen können. Ägyptologen haben sich deshalb angewöhnt, fast immer mit Einschränkungen zu sprechen und ihre Feststellungen durch ein „vielleicht" oder „möglicherweise" abzumildern. So war es mir selbst vor einigen Jahren vergönnt, durch die glückliche Entdeckung einer Inschrift den Beweis dafür zu liefern, daß es schon einige Jahrhunderte vor der Zeit des Mittleren Reiches Obelisken gegeben haben muß.

Diese Inschrift (Abb. 22) stammt von einem gewissen Sabni, der unter Phiops II. (2269–2185 v. Chr.) in der 6. Dynastie Gouverneur des Gebietes von Aswan war. Sabni rühmt hier, daß er nach Süden, in das nördliche Nubien gefahren sei, um zwei große Schiffe für den Transport von Obelisken nach Heliopolis bauen zu lassen. Er berichtet weiter, daß er seinen Auftrag erfolgreich ausgeführt und seine Arbeiter sämtlich sicher und ohne Verluste – nicht einmal eine einzige Sandale sei abhanden gekommen – zurückgebracht habe. Von den Obelisken, die Sabni hier erwähnt, ist freilich bis heute noch keine Spur gefunden worden, aber es ist unwahrscheinlich, daß er sich seines Erfolges bis in kleinste Einzelheiten so sehr gerühmt hätte, wenn die Obelisken nicht auch wirklich sicher an ihrem Bestimmungsort angekommen wären. Aller Wahrscheinlichkeit nach sind sie in den Steinbrüchen nahe bei Aswan gewonnen worden, und Sabni als Gouverneur dieses Gebietes war mit der Leitung des Unternehmens beauftragt[2].

Abb. 22. Die Inschrift des Sabni (Aswan)

In einer der Inschriften auf den Wänden der Sargkammer der Pyramide Phiops' I., des Vaters jenes Königs, dem Sabni gedient hatte, begegnet uns die Wendung *techenui en Rê*, die bisher mit „die beiden Pfeiler des Rê" übersetzt wurde, obwohl wir das Wort *techen*, wo es in Inschriften des Mittleren oder Neuen Reiches erscheint, mit „Obelisk" wiedergeben. Der Grund für diese unterschiedliche Übersetzung lag darin, daß in allen zeitgenössischen Texten, die wir bis dahin kannten, niemals Obelisken erwähnt wurden und wir andererseits auch keine Obelisken besaßen, die man in diese Zeit hätte datieren können. Meine Entdeckung der Inschrift des Sabni ermöglicht uns nun die korrekte Übersetzung „ die beiden Obelisken des Rê".

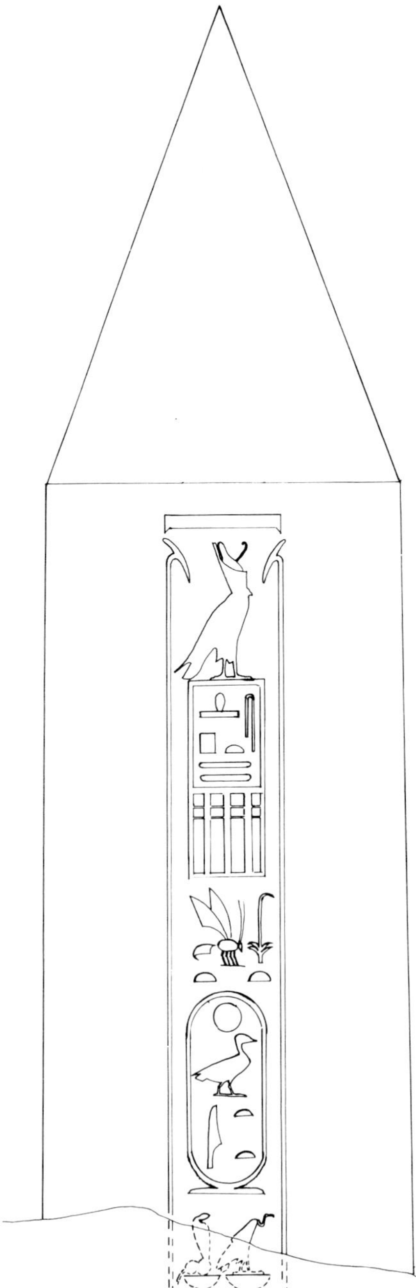

Abb. 23. Der Obelisk des Teti (Heliopolis)

Durch einen Zufallsfund im Dezember des Jahres 1972 wissen wir nun sogar mit Bestimmtheit, daß diese „beiden Obelisken des Re“, die in der Pyramide König Phiops' I. genannt werden, noch nicht einmal die ersten Denkmäler dieser Art sind, die im Alten Reich errichtet wurden. Als Muttawi Balbush, Oberinspektor der ägyptischen Altertümerverwaltung, Untersuchungen in der Gegend des einen noch stehenden Obelisken Sesostris' I. in Heliopolis vornahm, stieß er auf zwei große Quarzitblöcke, die beide den Namen des Königs Teti (2345–2333 v. Chr.), des Vaters Phiops' I., trugen (Abb. 23). Einer dieser Blöcke war ein Türsturz, der andere der obere Teil eines ehemals etwa 3 Meter hohen Obelisken, der nur noch auf einer Schaftseite zwei der Namen des Königs trug: „Horus Sehetep-taui, König von Ober- und Unterägypten, Sohn des Rê, Teti“. Weitere Namen des Königs und wahrscheinlich auch dazugehörige Beiworte sind heute nicht mehr vorhanden. Der Türsturz muß einst zu einer von Teti in Heliopolis erbauten Kapelle gehört haben, das Obeliskenfragment aber zu einem Obeliskenpaar, das vor dieser Kapelle aufgestellt war[3].

Im Augenblick gilt in der Wissenschaft dieser Obelisk des Pharao Teti als der älteste echte Obelisk eines Königs, was sich jedoch mit etwas Ausgräberglück schon morgen ändern kann. Bis heute sind uns aus der Zeit vor Teti jedoch nur obeliskenförmige Vorläufer dieser Denkmäler bekannt.

Eines der interessantesten Märchen aus dem alten Ägypten berichtet uns der Papyrus Westcar, der sich heute in Berlin befindet: Ein berühmter Zauberer wurde beauftragt, den Pharao Cheops (2591–2566 v. Chr.), den Erbauer der großen Pyramide von Giza, zu unterhalten. Um seine Fähigkeiten unter Beweis zu stellen, schlug der Zauberer einer Gans den Kopf ab, setzte ihn dann wieder mit dem Körper zusammen und erweckte das Tier zu neuem Leben. Danach sollte er die Zukunft vorhersagen. Er prophezeite, daß die Frau eines Priesters des Sonnengottes drei Kinder zur Welt bringen werde, deren Vater der Sonnengott selber sei. Diese Kinder würden der Reihe nach als Könige der 5.Dynastie Ägypten beherrschen[4]. Der erste Teil der Geschichte wür-

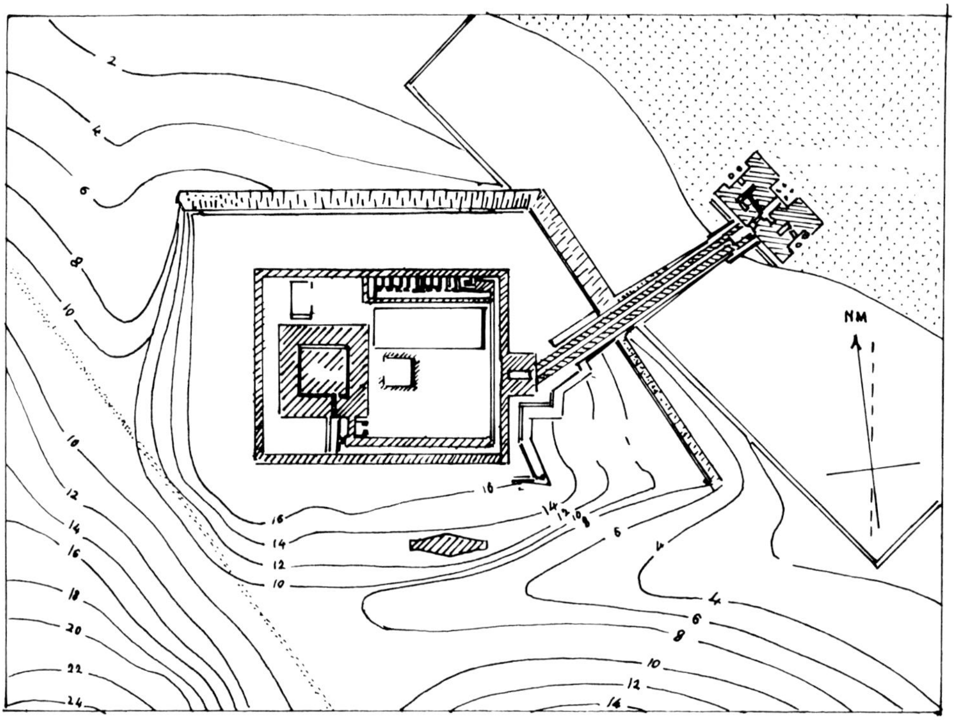

Abb. 24. Plan eines Sonnenheiligtums der 5. Dynastie

de, sofern er auf Wahrheit beruhte, den Zauberern der Cheopszeit große Fähigkeiten bescheinigen. Unglaubwürdig ist in jedem Fall die Prophezeiung. Die altägyptische Literatur ist zwar voll von Berichten über derartige Fälle: Sämtliche Prophezeiungen sind jedoch zeitlich erst nach dem angekündigten Ereignis niedergeschrieben worden – als Erklärung für historische Begebenheiten oder auch aus propagandistischen Gründen. In dem vorliegenden Fall will das Märchen hauptsächlich die besonders enge Bindung der Pharaonen der 5. Dynastie an den Sonnengott Rê dokumentieren.

Aber auch noch auf andere, weit augenfälligere Weise zeigten die Herrscher der 5. Dynastie ihre Beziehung zum Sonnengott:

Ganz in der Nähe ihrer eigenen Totentempel nördlich der bei Memphis gelegenen Nekropole Saqqâra auf dem Wüstenplateau von Abusir errichteten sie Sonnenheiligtümer[5], die heute allerdings nahezu völlig verschwunden sind. Durch systematische Grabungen gelang es jedoch einem deutschen Team unter Leitung von Ludwig Borchardt (1863–1938), den Grundriß einer solchen Anlage wieder freizulegen: das Sonnenheiligtum des Niuserrê (2449–2417 v. Chr.) (Abb. 24 u. 25).

Der Tempel selbst erhob sich am Rande des Wüstenplateaus und war vom Fruchtland aus durch einen Taltempel zugänglich, zu dem man zur Zeit der alljährlichen Nilüberschwemmung nur per Schiff gelangen konnte. Ein etwa hundert Meter langer, überdachter Aufweg führte von diesem Taltempel zum sog. Verehrungstempel empor, durch den man den von einer Mauer umgebenen eigentlichen Tempelbezirk betrat (80 m : 100 m). Dieses Temenos bestand in der Hauptsache aus einem überdachten Hof mit einem großen Altar und Schlachtplätzen für Opfertiere. Um

Abb. 25. Rekonstruktion eines Sonnenheiligtums der 5. Dynastie

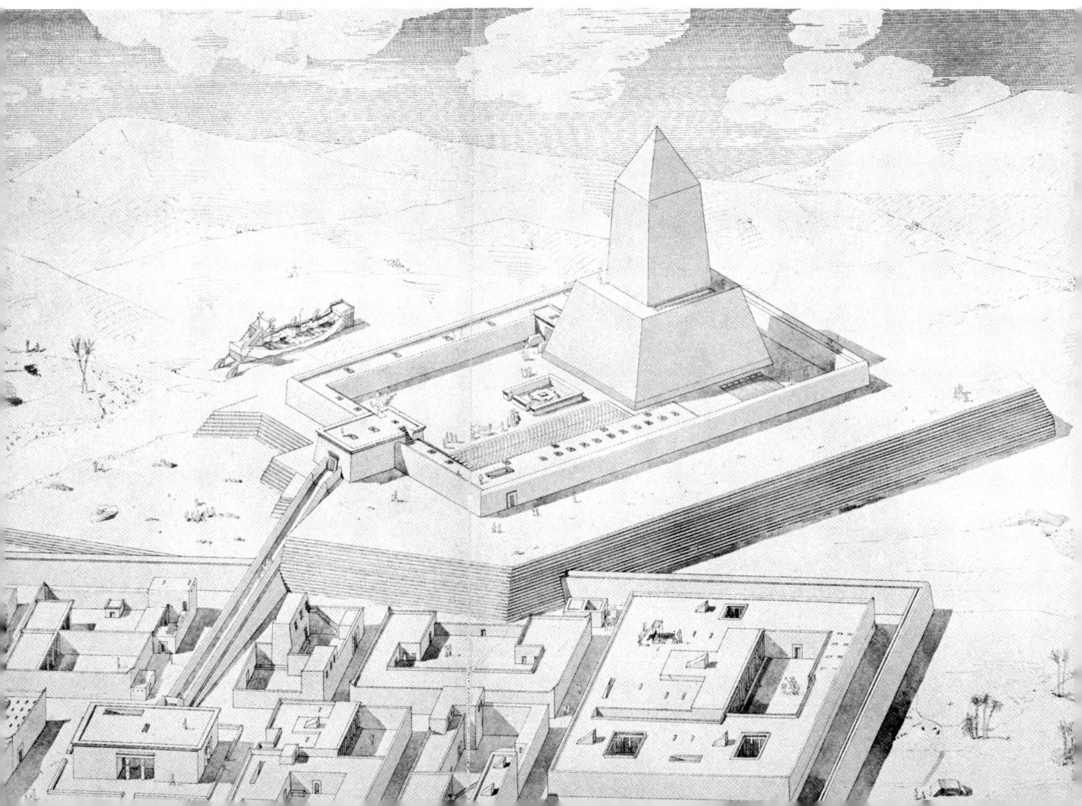

den Hof herum, entlang der Umfassungsmauer, gruppierten sich verschiedene Korridore und Lagerräume, sowie Kapellen, die mit besonders feinen Reliefs ausgeschmückt waren: Gaugottheiten, Nilgötter, Darstellungen der Jahreszeiten mit den jeweils typischen Pflanzen und Tieren, und noch eine Reihe anderer Szenen, die die Sonne als Quell allen Lebens verherrlichten. Daneben gab es Reliefs, die Szenen des königlichen Regierungsjubiläums zeigten.

Der gesamte innere Tempelbezirk aber wurde überragt und beherrscht von einem riesigen Steinbau in der Form eines Obelisken, dem ein hoher Pyramidenstumpf als Sockel diente. Im Gegensatz zu den späteren echten Obelisken, die Monolithen sind, bestand dieser noch aus zusammengefügten Steinblöcken. Seine Höhe allein würde, wenn er uns vollständig erhalten geblieben wäre, 36 Meter betragen haben, die Gesamthöhe dieses Bauwerkes aber bis zur Spitze seines Pyramidions sogar 56 Meter. Der ganze Tempel war, ebenso wie der „Obelisk", völlig mit weißem Kalkstein verkleidet, so daß die darauffallenden Sonnenstrahlen einst, weithin über das Niltal sichtbar, das Auge förmlich geblendet haben müssen: ein wahrhaft prachtvolles Konzept einer Tempelanlage, dessen Ausführung jedoch auf die Pharaonen der 5. Dynastie beschränkt bleiben sollte.

Im Verlauf der 5. Dynastie entwickelte sich noch ein anderer Obeliskentyp: Aus Sandstein gefertigt und zumeist klein und dünn, eignete er sich besonders zur paarweisen Aufstellung links und rechts von Grabeingängen. Beispiele dafür besitzen wir vor allem aus Memphis, Heliopolis und Giza. Stets ist hier nur die Vorderseite beschriftet, gewöhnlich mit den Namen und Titeln des Grabeigentümers. Unsere aus den Nekropolen von Memphis stammenden Funde gehörten zu den Gräbern berühmter Persönlichkeiten, die zur herrschenden Dynastie in verwandtschaftlichen Beziehungen standen oder hohe Ämter bekleideten. So trägt ein Obeliskenpaar den Namen des Schreibers der Phylen und Arbeitsmannschaften von Heliopolis, Scheschi (Abb. 26 re.); ein anderes gehörte zum Grab des Wezirs Ptahhotep; auf einem dritten steht der Name der Neit, einer Gemahlin König Phiops' II.

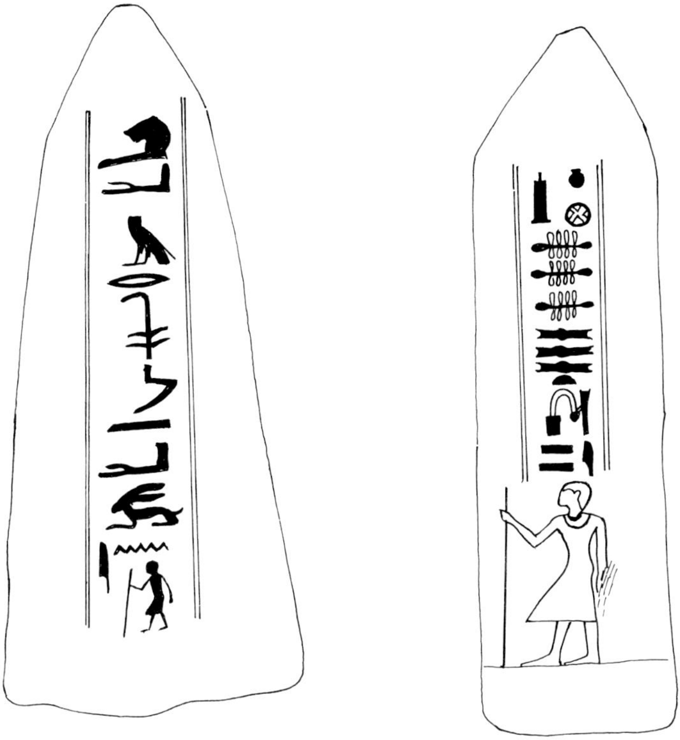

Abb. 26. Grabobelisken des Uni (links) und des Scheschi (rechts)

aus der 6. Dynastie. Ein weiteres Paar trägt die Inschrift: „Gouverneur und wirklicher Vorsteher des Südens, Uni“ (Abb. 26 li.). Derselbe Uni hinterließ uns außerdem noch eine lange Inschrift mit der Aufzählung seiner großen Taten im Dienste der ersten drei Könige der 6. Dynastie, sowie den Bericht über seine Beförderung von einem kleinen, unbedeutenden Posten auf die Stelle des für den gesamten Süden zuständigen Gouverneurs. Die vielleicht bedeutendste unter diesen Inschriften gehört dem „Einzigen Freund und Priester der Rituale, der geschützt wird von Anubis-auf-seinem-Berg, Chenu, mit dem Kosenamen Themi“[6]. Die Tatsache, daß an dieser Stelle der Totengott Anubis genannt wird, legt die Vermutung nahe, dieses und ähnliche Obeliskenpaare seien ihrer Bestimmung nach dem Toten- wie dem Sonnenkult gleichermaßen zugehörig. Bestätigen würde dies auch ein Obeliskenpaar kleineren Formats aus der 17. Dynastie (1650 bis 1570 v. Chr.), das Gebete an die Totengötter für das Wohlergehen des Königs Nubcheperre Antef im Jenseits trägt und einst am Eingang zu dessen Grab gestanden hatte.

Die 6. Dynastie endete mit der Regierung einer Königin, auf die eine Zeit innerer Wirren folgte, die sog. Erste Zwischenzeit, während der Ägypten keine Zentralregierung mehr besaß, sondern in eine Anzahl ziemlich selbständiger Gaue zerfallen war. Nach etwa eineinhalb Jahrhunderten (möglicherweise waren es aber auch nur 60 Jahre) fand dieses Chaos durch die Tatkraft eines Gaufürsten oder Distriktgouverneurs von Theben sein Ende, dem es gelang, das ganze Land wieder zu vereinigen. Seine Tat war der Auftakt des Mittleren Reiches, einer Epoche des Wohlstandes und Gedeihens, in der Großes geleistet wurde. Diese glückliche Zeit währte nahezu drei Jahrhunderte.

Sesostris I., der zweite König der Zwölften Dynastie, herrschte 45 Jahre lang über Ägypten und drückte während dieser Zeit dem Land seinen Stempel auf. In Heliopolis scheint er zu Ehren des Sonnengottes einen neuen Tempel errichtet zu haben: zu Beginn unseres Jahrhunderts entdeckte man jedenfalls zwei Blöcke daraus in Kairo, wiederverwendet in Bauten aus neuerer Zeit. Ein Obelisk noch in situ und aufrecht stehend ist als einziges Zeugnis von diesem Tempel bis heute geblieben.

Obwohl der Tempel selbst nahezu völlig zerstört ist, haben sich auf merkwürdige Weise Aufzeichnungen über das Datum seiner Erbauung und sogar ein detaillierter Plan erhalten. Ein ägyptischer Schreiber verwendete einst für seine Schreibübungen eine heute in Berlin befindliche Lederrolle, deren Erhaltungszustand aber leider sehr schlecht ist. Die eine Seite dieser Rolle zeigt die Kopie einer Weihinschrift, die Sesostris I. möglicherweise auf einer Stele an seinem Tempel in Heliopolis hatte anbringen lassen. Die Stele selbst jedoch, die den Originaltext trug, wurde niemals gefunden. Einzig diese Schreibübung brachte uns Kunde von dem

Beschluß des Königs, in seinem 3. Regierungsjahr (1968 v. Chr.) einen Tempel für den Gott Harachti errichten zu lassen[7]. Der Plan dieses Tempels wiederum ist uns auf mehreren Bruchstücken eines dünnen Steinplättchens erhalten, das auch die angefügten Erweiterungsbauten späterer Könige zeigt. Außerdem sind die Maße der einzelnen Tempelteile vermerkt und die Leute benannt, die mit der Ausführung des Baues betraut waren. Nach diesem Plan sind wir in der glücklichen Lage, die ursprüngliche Form und die Ausrichtung dieses Tempels von Heliopolis zu rekonstruieren: Der bis heute dort noch verbliebene Obelisk muß demnach ursprünglich an der rechten Seite seines Einganges gestanden haben[8].

Dieser Obelisk von Heliopolis ist der älteste echte Obelisk, der sich heute noch aufrecht in situ befindet (Abb. 27). Das Pendant, das zu ihm gehörte, ist im Mittelalter umgestürzt. Daß es sich auch hier um ein Paar gehandelt hat, können wir durch die Berichte verschiedener Autoren aus der Zeit nach Christi Geburt beweisen. Der älteste der Belege dürfte wohl ein Kommentar des Hl. Ephraim (4. Jh. n. Chr.) zu einem Kapitel des Propheten Jesaja sein, im dem von Teufelskult und Götzendienst in Heliopolis die Rede ist. Es heißt hier: „Es gibt dort zwei große Säulen, die Bewunderung erregen. Jede von ihnen hat eine Höhe von 60 Ellen und steht auf einem 10 Ellen hohen Sockel. Die Spitzen dieser beiden Säulen sind mit weißem Kupfer ummantelt, dessen Gewicht 1000 Pfund oder noch mehr beträgt. Auf diesen Säulen sind Bilder von Menschen und Tieren angebracht und sie enthalten in Hieroglyphenschrift heidnische Mysterien."[9]

Die Figuren, die damit gemeint sind, können sich nur auf der Kupferummantelung der Pyramidien befunden haben. Dies bestätigt uns auch der arabische Historiker Maqrizi (1364–1442). Nach seinem Bericht glänzten die Spitzen wie Gold und waren mit einer Szene geschmückt, die einen thronenden Mann vor einer aufgehenden Sonne zeigte. Jakut, ein anderer arabischer Geschichtsschreiber aus dem frühen 13. Jahrhundert, erwähnt ebenfalls die Obelisken und berichtet, daß der Volksmund sie Messalat Far'un, „Pharaos Nähnadeln" nannte.

Abb. 27. Der Obelisk Sesostris' I. in Heliopolis

Den ausführlichsten Bericht über dieses Obeliskenpaar aber verdanken wir dem arabischen Arzt Abd el-Latif, der im letzten Viertel des 12. Jahrhunderts ausgedehnte Reisen unternommen hatte. In seinem Tagebuch beschreibt er die Obelisken als viereckige Säulen von pyramidenartiger Gestalt und 100 Ellen Höhe, die auf einem Sockel von 10 Ellen im Geviert und 10 Ellen Höhe stünden. Die Spitze jeder dieser Säulen sei mit einem trichterförmigen Kupfermantel umgeben, der etwa 3 Ellen weit über das obere Ende des Schaftes hinunterreiche. Regen und das hohe Alter der Kolosse hätten das Kupfer aber oxydieren lassen, und das von der Spitze herablaufende Wasser habe den Schaft grün gefärbt. Die ganze Oberfläche beider Obelisken sei mit „Priester-Inschriften" – gemeint sind Hieroglyphen – bedeckt. Abd el-Latif fügt hinzu, daß einer der Obelisken jedoch umgestürzt sei und in zwei Teile zerbrochen auf der Erde liege.

Wenn auch Abd el-Latifs Größenangaben übertrieben sind, so zeugt seine Beschreibung doch von gewissenhafter Beobachtung aller Details. Wir dürfen also gewiß seiner Angabe Glauben schenken, wonach zu seiner Zeit der zweite Obelisk, zwar auseinandergebrochen auf dem Boden, aber doch immerhin noch vorhanden gewesen sei. Ein anderer arabischer Historiker, Muhammed Ibrahim Jaziri (1263–1338 n. Chr.), weiß zu berichten, daß dieser Obelisk am vierten Tag des moslemischen Fastenmonats Ramadan im Jahre 656 der Hedschra (= 1258 n. Chr.) umgestürzt sei und daß man Kupfer im Gewicht von umgerechnet 200 Zentnern von ihm abgenommen habe, was einen Wert von 10 000 Dinar darstellte. Da für den Sturz des Obelisken jedoch allgemein das Jahr 556 der Hedschra (= 1161 n. Chr.) angenommen wird, was durch den Bericht Abd el-Latifs seine Bestätigung erhält, dürfte sich Jaziri wohl um hundert Jahre geirrt haben. Aller Wahrscheinlichkeit nach ist der Obelisk von Bewohnern der Umgebung zu Fall gebracht worden, die unter ihm Schätze zu finden hofften[10].

Der andere, heute noch stehende Obelisk ist aus Rosengranit; seine Höhe beträgt 20,4 Meter, sein Gesamtgewicht 121 Tonnen. In jüngster Zeit mußte an seinem Standplatz eine geringfügige

Veränderung vorgenommen werden, da man festgestellt hatte, daß seine Basis und ein kleiner Teil seines Schaftes alljährlich für eine gewisse Zeit unter Wasser standen. Zur Zeit seiner Aufrichtung befand sich sein Standplatz zwar weit über dem Grundwasserspiegel, doch hat sich im Verlauf von vier Jahrtausenden das Bett des Nils – wie das Niveau des Landes überhaupt – so weit angehoben, daß der Obelisk, etwa um das Jahr 1950, in Gefahr war zusammenzubrechen. Unter der Leitung von Kamal el-Mallakh, damals Architekt der ägyptischen Altertümerverwaltung, setzte die Firma Krupp, Essen, die Basis des bedrohten Monuments um etwa zwei Meter höher, so daß die Gefahr des Umstürzens vorerst für weitere Jahrhunderte von ihm abgewendet sein dürfte.

Auf allen vier Seiten seines Schaftes trägt der Obelisk in jeweils einer einzigen Kolumne die gleiche Inschrift: „Horus, 'Lebend von der Schöpfung', König von Ober- und Unterägypten 'Cheperkarê', die Beiden Herrinnen 'Lebend von der Schöpfung', Sohn des Rê 'Sesostris', geliebt von den Mächten von Heliopolis, lebend in Ewigkeit, Goldhorus 'Lebend von der Schöpfung', der gute Gott 'Cheperkarê', beim ersten Mal des Jubiläums. Er tat es, um das Leben zu erhalten ewiglich." In dieser Inschrift sind sämtliche fünf Titel Sesostris' I. enthalten. Nach demselben Schema haben seit der 5. Dynastie fast alle Könige ihre Titulatur gebildet. Von ihren Namen kommt jedoch nur zweien wirkliche Bedeutung zu; sie sind deshalb in den Königsring (Kartusche) gesetzt: der Thronname als „König von Ober- und Unterägypten" – hier Cheperkarê – und der Eigenname des Königs als „Sohn des Rê" – hier Sesostris.

Der Inschrift dieses Obelisken können wir außerdem noch ein wichtiges Datum entnehmen: den Zeitpunkt seiner Errichtung. Da das erste Regierungsjubiläum eines Königs traditionsgemäß im 30. Jahr seiner Herrschaft begangen wurde und Sesostris I. im Jahre 1972 v. Chr. den Thron bestiegen hatte, ergibt sich daraus, daß der Obelisk anläßlich der Jubiläumsfeierlichkeiten im Jahre 1942 v. Chr. aufgerichtet worden sein muß.

Der englische Ägyptologe Sir Flinders Petrie stellte im März des

Jahres 1912 auf dem südöstlich an den Obelisken Sesostris' I. angrenzenden Gelände Untersuchungen an, in deren Verlauf etwa zwei Dutzend Obeliskenfragmente ans Tageslicht kamen. Einige von ihnen sind Teile ein und desselben Obelisken, der mit einer Inschrift Tuthmosis' III. geschmückt war, zu der später von Ramses II. noch Zusätze gemacht worden sind. Bei genaueren Vermessungen ergab sich, daß dieser Obelisk und der heute noch stehende von Sesostris I. die gleiche Größe gehabt haben müssen. Petrie schloß daraus, daß er möglicherweise Reste des fehlenden Obelisken gefunden habe, auf dem nur von Tuthmosis III. und Ramses II. Inschriften angebracht worden seien. Da aber Sesostris I. genügend Regierungsjahre zur Verfügung standen, um ein Obeliskenpaar mit seinen eigenen Namen zu versehen, halte ich diese Annahme Petries für ungerechtfertigt. Warum sollte nicht Tuthmosis III. über die bereits bekannten hinaus noch weitere Obelisken in Heliopolis gestiftet haben, deren Texte Ramses II. dann durch eigene Zusätze erweitern ließ? Die anderen Fragmente, die außerdem noch zum Vorschein gekommen waren, trugen Namensspuren, die sowohl auf Amenophis II. als auch auf Tuthmosis IV. passen würden, den Sohn bzw. Enkel Tuthmosis' III. Da jedoch der bereits erwähnte Plan des Tempels auf dem Steinplättchen während der Regierungszeit Amenophis' II. entstanden ist, dürfen wir wohl mit einer gewissen Berechtigung annehmen, daß die gefundenen Bruchstücke auch zu Obelisken gehören, die von diesem Pharao gestiftet worden sind[11].

Die Nachfolger Sesostris' I. auf dem Thron der Pharaonen während des Mittleren Reiches waren zwar als Herrscher sehr aktiv, aber es ist nichts darüber bekannt, ob sie in Memphis oder Heliopolis noch eine nennenswerte Bautätigkeit entwickelt haben. Die Blütezeit dieser Ära schwand dahin, und es folgte ihr, ebenso wie am Ende des Alten Reiches, der Niedergang: die Zweite Zwischenzeit (1786–1570 v. Chr.). In ihrem Verlauf wurden weite Teile Ägyptens von einer oder auch mehreren Gruppen asiatischer Eindringlinge, den Hyksos, in Besitz genommen, und das ganze Land zerfiel abermals für einen Zeitraum von etwa hundert Jahren in kleinere Herrschaftsbereiche.

Kapitel 4

THEBEN UND ANDERE STÄDTE
Die 18. Dynastie

Zahlreiche Autoren der klassischen Antike und der römischen Kaiserzeit haben uns Berichte über Ägypten, seine Religion und seine Kunstwerke hinterlassen. Einer der letzten unter ihnen, der römische Offizier Ammianus Marcellinus (4. Jh. n. Chr.), hat nicht nur selbst Reisen in das Land am Nil unternommen, wo er sich als großer Bewunderer von dessen Kunstschätzen zeigte, sondern er war sogar als Augenzeuge dabei, als vier Obelisken von dort nach Rom abtransportiert wurden. Nach seinem Besuch in Theben schrieb er mit Sachverstand über die Obelisken, die er in dieser Stadt gesehen hatte:

„In der Stadt Theben besichtigten wir neben vielen Kunstwerken und verschiedenen Bauten, die einst für die ägyptischen Götter errichtet worden waren, auch die Obelisken. Einige davon stehen noch aufrecht, andere liegen umgestürzt und teilweise zerborsten auf der Erde. Die alten Könige der Ägypter hatten sie einst zum Dank für einen Sieg oder eine andere glückliche Fügung aus dem Gestein der Berge in fernen Teilen der Welt herausgeschlagen und zu Ehren ihrer Götter aufstellen lassen, denen sie auch in feierlichen Inschriften geweiht wurden.“[1]

Was von dem berühmten alten Theben übriggeblieben ist, liegt jetzt zu einem Teil unter der heutigen, 60 000 Einwohner zählenden Stadt Luxor begraben; zu besichtigen sind nur noch die Ruinen, die diesen Ort umgeben, und diejenigen, die auf dem westlichen Nilufer liegen. Jeder Besucher, der zum ersten Mal nach „Theben“ kommt, ist zunächst von dessen ungeheurer Ausdehnung und von der Größe seiner antiken Monumente überwältigt. Wenn er sie dann im einzelnen eingehender betrachtet,

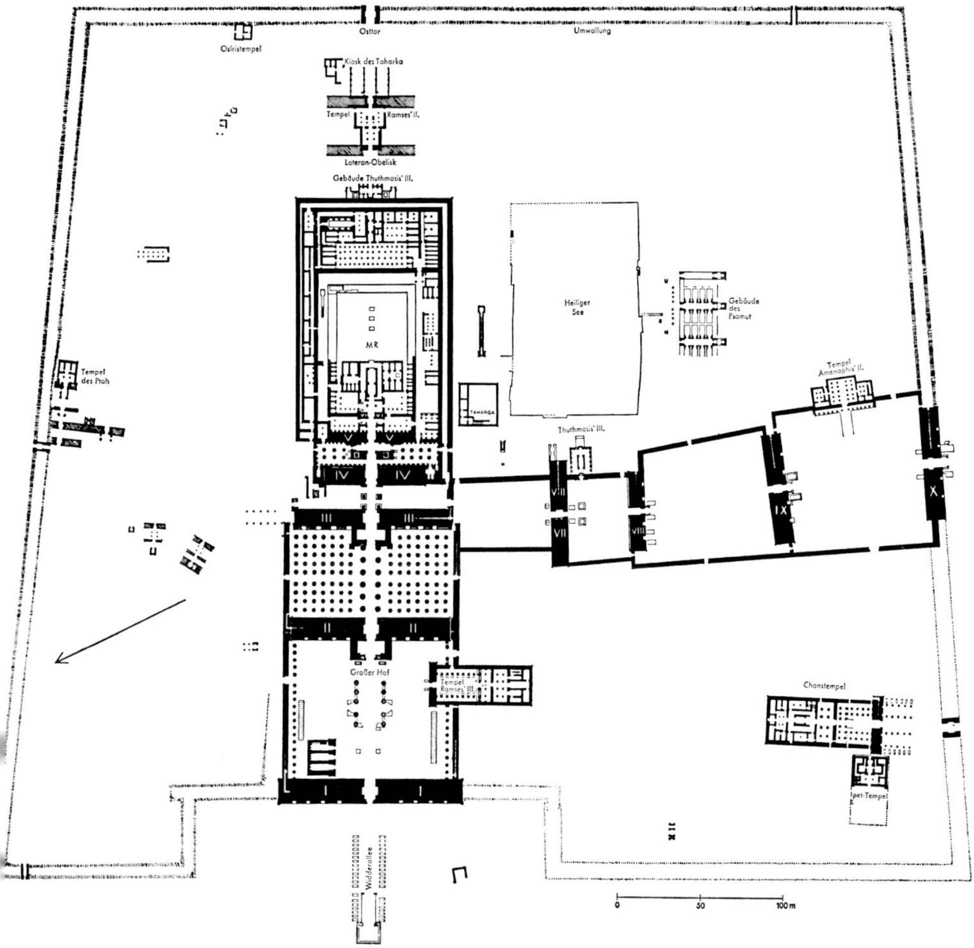

Abb. 28. Der Tempel von Karnak

dann nimmt ihn noch viel mehr deren einmalige Schönheit und Pracht gefangen.

Auf dem Ostufer des Nils lag das „Hunderttorige Theben", die Stadt des Lebens, und in ihrer Mitte (nördlich des heutigen Luxor) Karnak (Abb. 28, 29 u. 30), eine Fundgrube für Ägyptologen und alle Freunde der Kunst, wo sich in einem Gebiet von etwa 150 Morgen die Tempel der Götter aneinanderreihten. Zwei Jahrtausende lang konnte Karnak seinen Rang als Nationalheiligtum Ägyptens behaupten. Im Verlauf dieser Zeit fügten sich Tempel an Tempel, Altar neben Altar, wuchsen Pylone, Kolonnaden, Statuen und Obelisken empor – unendliche Mengen von Denkmälern, die die Pharaonen den Göttern aus Dankbarkeit für ihre Siege errichteten. All diese Tempel waren mit Darstellungen geschmückt, bei denen zwei Szenen immer wiederkehren: In der einen überreicht Gott Amun oder Amun-Rê dem König das Sichelschwert, mit dem er seine Feinde schlagen soll; die andere Szene zeigt den König, wie er dem Gott reiche Opfergaben und alle Gefangenen darbringt, die er mit sich nach Ägypten zurückführte.

Abb. 29. Luftaufnahme des Tempelbezirks von Karnak

Abb. 30. Blick auf den Karnak-Tempel mit seinen Obelisken vom Heiligen See aus

Im Süden des alten Theben (jetzt mitten in der Stadt Luxor gelegen) erhob sich der Luxortempel mit seinen majestätischen Pylonen, Kolonnaden und weiten Höfen. Dieser Tempel lockt heute von allen antiken Sehenswürdigkeiten Ägyptens die meisten Besucher an. Luxor war mit Karnak durch eine prachtvolle Allee von Widdersphingen verbunden, an der die königlichen Paläste, die Villen und auch die weniger bedeutenden Gebäude der Stadt Theben lagen. Falls davon noch irgendetwas übriggeblieben sein sollte, so ist es jetzt völlig überbaut und begraben unter den Wohnhäusern der nachfolgenden Generationen.

Auf dem westlichen Nilufer befand sich die Stadt der Toten. Entlang der grandiosen Kulisse der Wüstenberge liegen hier auf einer Strecke von mehr als drei Kilometern die königlichen Totentempel aufgereiht, und die Klippen und Täler hinter ihnen sind geradezu siebartig durchlöchert von den nach Hunderten zählenden Gräbern, von denen manche bis tief in die Felsen hinabreichen. Abgesondert davon nach Westen zu, in der majestätischen Einsamkeit des Wüstengebirges versteckt, haben sich die Herrscher der „Beiden Länder" und auch einige ihrer Würdenträger im „Tal der Könige" ihre mit unschätzbaren Kostbarkeiten ausgestatteten Gräber anlegen lassen. In südlicher Richtung dazu befindet sich das nicht weniger überwältigende „Tal der Königinnen": Dort ruhen die „Herrinnen der Beiden Länder" und einige der jung verstorbenen Prinzen in prachtvoll ausgemalten Felsenanlagen. Die gelbrote Berglandschaft zwischen diesen beiden Wüstentälern beherbergt die zahllosen Gräber, die sich dort in königlichen Diensten stehende Vornehme entweder selbst angelegt oder von ihren Herrschern als Gunstbeweis zum Geschenk erhalten haben. Wezire, Verwalter, Offiziere, Bildhauer, Schatzmeister, Priester und noch unzählige andere Sterbliche aus dem alten Ägypten zeigen sich in diesen ihren Gräbern ängstlich darauf bedacht, die Rolle, die sie zu ihren Lebzeiten gespielt hatten, durch entsprechende Darstellungen und Inschriften ins rechte Licht zu rücken. Diesem Bemühen verdanken wir unerschöpfliche Informationsquellen über die Geschichte Ägyptens und das tägliche Leben seiner Bewohner zur Zeit seiner höchsten Blüte. Aber selbst in dieser Totenstadt mangelte es keineswegs an Leben: Es gab hier nicht nur Ateliers und Werkstätten, in denen Grabausstattungen für die Verstorbenen angefertigt wurden, sondern auch Wohnhäuser für die Handwerker und sogar Paläste, von denen aus die Könige die Arbeiten überwachen konnten, die ihnen die Unsterblichkeit sichern sollten.

Während des Alten Reiches und der Ersten Zwischenzeit war Theben lediglich die Hauptstadt des 4. Gaues von Oberägypten gewesen. Als am Ende der Wirren die Beherrscher Thebens, wie bereits erwähnt, die Ordnung im ganzen Lande wiederherstellten, begann die Blütezeit des Mittleren Reiches. In der Zweiten Zwischenzeit, als Ägypten unter der Fremdherrschaft der Hyksos litt, ging abermals die Rettung des Landes von Theben aus. Amosis (1570–1546 v. Chr.), dem die endgültige Vertreibung der Hyksos gelang, wurde zum Begründer der 18. Dynastie, der ersten jener drei glanzvollen Dynastien, die das Neue Reich (1570 bis 1085 v. Chr.) bilden.

König Amosis und seine Nachfolger auf dem Thron der Pharaonen betrachteten sich als die alleinigen Herren der Welt. Sie führten ihre Kriege weit jenseits ihrer eigenen Landesgrenzen und kehrten daraus immer wieder siegreich nach Ägypten zurück. Durch jeden dieser Siege mehrte sich der Reichtum des Landes, und sie selbst waren bestrebt, ihre Hauptstadt mit Monumenten aller Art auszuschmücken. Auch die Großen ihres Landes setzten sich, soweit es in ihrer Macht lag, Statuen und Stelen. Dieses allgemeine Streben nach Prachtentfaltung ließ die Stadt Theben zum wichtigsten Kulturzentrum der damaligen Welt emporsteigen. Selbst noch zu einer Zeit, als sie bereits aufgehört hatte politische Hauptstadt zu sein, vermochte sie sich noch ihren Ruhm als religiöses Zentrum zu bewahren. Obwohl sie damals den Höhepunkt ihrer Blütezeit längst überschritten hatte, setzte kein Geringerer als Homer im 9. Gesang seiner Ilias dieser Stadt ein ewiges Denkmal:

„... und was das ägyptische Theben
Hegt, wo reich wie nirgends die Häuser strotzen von Schätzen –
Hunderttorig ist es, und aus jedwedem Tore
Ziehn zweihundert Männer zum Streit mit Rossen und Wagen
..."[2]

Die 18. Dynastie schuf auch die höchsten Obelisken überhaupt, von denen sich einige sogar noch an Ort und Stelle befinden. Viele wurden im Lauf der Jahrtausende zerstört, andere wiederum aus ihrer Heimat Ägypten verschleppt. Die Mehrzahl der Obelisken konnte man zur Zeit der Pharaonen in den beiden großen

Tempeln von Luxor und Karnak finden. Heute sind davon im ganzen nur noch drei übriggeblieben.

Tuthmosis I., der dritte König der 18. Dynastie, war der erste Stifter eines großen Obeliskenpaares in Theben. Unter ihm wie unter seiner Tochter Hatschepsut und seinem Enkel Tuthmosis III. erlebte Ägypten den Höhepunkt seiner Macht, der sich im Innern in reger Bautätigkeit und nach außen hin in vielen erfolgreichen Feldzügen dokumentierte. Tuthmosis I., ein großer Kriegsherr, zog sowohl gegen die Nubier im Süden Ägyptens als auch gegen die Völker in Asien zu Felde. Zu seinen größten Leistungen zählt die Überschreitung des Euphrat in Syrien mit seinem gesamten Heere. Mit der Errichtung großzügiger neuer Sakralbauten in seiner Hauptstadt Theben erwies er sich den Göttern seines Landes dankbar für ihre Hilfe.

Unsere Kenntnis der Bautätigkeit dieses Pharao stützt sich hauptsächlich auf die Grabinschriften des königlichen Beamten Ineni (Grab Nr. 81 hoch oben in der thebanischen Nekropole)[3]. Ineni berichtet zunächst, wie Tuthmosis I. nach dem Tode Amenophis' I. den Thron bestieg, und beschreibt dann seine eigene Laufbahn. Dabei rühmt er sich der Erbauung eines großen Pylons, geschmückt mit Flaggenmasten aus Libanon-Zedernholz, die mit Elektron (einer bernsteinfarbigen Gold-Silber-Legierung) verziert waren, sowie eines Torwegs mit einer Tür aus asiatischem Kupfer und Goldeinlagen. Ineni verdanken wir auch einen Bericht über den Transport und die Aufrichtung des Obeliskenpaares Tuthmosis' I.: „Ich erlebte die Errichtung zweier großer Obelisken ... ich erlebte das Zimmern des herrlichen Schiffes von 120 Ellen Länge und 40 Ellen Breite, um die beiden Obelisken zu transportieren, die in Frieden und unversehrt ankamen und in Karnak an Land gebracht wurden."

Einer dieser beiden Obelisken steht noch heute an seinem ursprünglichen Platz im Hof zwischen dem Dritten und Vierten Py-

Abb. 31. Der Obelisk Tuthmosis' I. im Tempel zu Karnak von der großen ▷ Säulenhalle aus gesehen

lon zu Karnak; von seinem Gegenstück findet man jetzt allerdings nur noch in der Nähe seines Sockels auf dem Boden liegende Bruchstücke (Abb. 31). Ihn hatte jedoch im vorigen Jahrhundert der englische Reisende Richard Pococke noch aufrecht stehend gesehen.

Das Material beider Obelisken ist Rosengranit. Der noch aufrecht stehende mißt 19,5 Meter und hat ein Gewicht von schätzungsweise 143 Tonnen. Trotz einer zu beobachtenden geringen Neigung besteht noch keine Gefahr für seine Standfestigkeit. Auf allen vier Seiten des Schaftes gleichlautend beginnt die mittlere, ursprünglich einzige Inschriftenkolumne mit den Namen des Königs. Auf der nach Westen gerichteten Seite wird dann berichtet, Tuthmosis I. „machte es als sein Denkmal für seinen Vater Amun, das Oberhaupt der Beiden Länder, daß er ihm zwei große Obelisken an den Pylonen des Tempels aufrichtete, deren Pyramidien mit Elektron [beschlagen] waren". Die Texte der drei übrigen Schaftseiten unterscheiden sich kaum von der ersten. Etwa 400 Jahre nach der Aufstellung dieses Obelisken fügte Ramses IV. (1166–1160 v. Chr.) auf jeder Schaftseite links und rechts von der Inschriftenreihe Tuthmosis' I. noch je eine Kolumne hinzu, die Ramses VI. wiederum dadurch usurpierte, daß er den Namen Ramses' IV. durch seinen eigenen ersetzen ließ. Die ramessidischen Texte enthalten jedoch nichts weiter als stereotype Aufzählungen königlicher Beinamen.

Tuthmosis I. folgte auf dem Thron sein Sohn Tuthmosis II. nach, der mit seiner Gemahlin und Halbschwester Hatschepsut etwa neun Jahre regierte. Sein Nachfolger war Tuthmosis III., der der Verbindung mit einer Nebenfrau entstammte. Zunächst führte Hatschepsut als Regentin für den jungen König die Regierungsgeschäfte, schon bald aber ließ sie sich selbst zum (männlichen) „König" ausrufen. Ihr Stiefsohn Tuthmosis III. durfte während der langen Zeit ihrer Regierung nur als Mitregent fungieren. Hatschepsut ließ sich sogar mit dem künstlichen Bart darstellen, der traditionsgemäß zu einem Pharao gehörte, und auch maskuline Pronomina wurden ihr gelegentlich zugeordnet. Nicht selten scheinen die Schreiber selbst in Verwirrung geraten zu sein: Noch nie war es vorgekommen, daß eine Königin sich zum Herrscher ausgerufen hatte, nachdem ihr königlicher Gemahl verstorben war und einen legitimen Thronfolger hinterlassen hatte. Um das Volk und insbesondere die Priesterschaft mit dieser ungewöhnlichen Situation zu versöhnen, ließ Hatschepsut gewaltige Bauten aufführen und rühmte sich möglichst lautstark öffentlich ihrer Taten, worin auch die hohen Beamten ihres Hofes sie nach Kräften unterstützten. An vielen Orten Ägyptens und Nubiens wurden auf Geheiß der Königin zu Ehren der lokalen Gottheiten Tempel errichtet, doch am reichsten entfaltete sie ihre Bautätigkeit in Theben.

Hatschepsut erweiterte den großen Tempel des Amun-Rê zu Karnak um ein hohes Sanktuar mit dazugehörigen Speicherräumen; nicht weit davon entfernt ließ sie zwei Obeliskenpaare aufstellen. Die meisten dieser Werke überdauerten den Tod der Königin und die Übernahme der Alleinregierung durch Tuthmosis III. nur um weniges. Zu irgendeinem Zeitpunkt, möglicherweise in den späteren Regierungsjahren dieses Königs, wurden alle erreichbaren Abbildungen der Hatschepsut mitsamt ihren Namen ausgekratzt und viele ihrer Denkmäler zerstört oder die Inschriften geändert. Dabei ersetzte man den Namen Hatschepsut häufig durch den von Tuthmosis I., II. oder III.

Nur einer der vier Obelisken der Königin ist heute in Karnak noch an seinem Platz zu finden; von einem zweiten, zerbrochenen blieben noch eine ganze Anzahl Fragmente erhalten. Das andere Obeliskenpaar ist bis auf wenige Bruchstücke verschwunden. Die Königin hatte es bereits zu Beginn ihrer Regierungszeit im östlichen Teil des Karnaktempels aufstellen lassen. Als Tuthmosis III. hier später seinen Festsaal errichten ließ, bezog er die Obelisken in die Umfassungsmauer seiner Tempelanlage mit ein, ließ jedoch Namen und Abbildungen der Hatschepsut davon entfernen. Teile der Schäfte befinden sich noch heute in Karnak, ebenso eines der Pyramidien. Auf dem zweiten Pyramidion, heute im Museum zu Kairo, wurden Darstellungen zweier Opfertische mit Blumen in die Lücke eingefügt, die durch die Entfernung des Bildes der Königin entstanden war. Die Hände des Gottes, die einst

Abb. 32. Amun krönt Königin Hatschepsut zum (männlichen) König. Darstellung am Pyramidion ihres umgestürzten Obelisken in Karnak (Namen und Figur des Gottes ausgekratzt und später wiederhergestellt)

die Gestalt der Hatschepsut umfaßten, halten jetzt ein Szepter und das Lebenszeichen.

Das erste Obeliskenpaar entstand, wie bereits erwähnt, anläßlich von Hatschepsuts Regierungsjubiläum. Es erhielt seinen Platz östlich der Obelisken ihres Vaters hinter dem Vierten Pylon zu beiden Seiten des „Erhabenen Tores 'Amun, groß-an-Ansehen' ". Dort zeigt sich die Schönheit des einzigen uns erhalten gebliebenen Obelisken dieser Königin noch heute so, wie sie vor Jahrtausenden war. Auch von seinem Gegenstück steht der untere Teil noch immer auf seinem Sockel; die Spitze aber liegt in der Nähe

Abb. 33. Hatschepsut opfernd (rechts) und von Amun-Rê umarmt (links)

des Heiligen Sees von Karnak auf der Erde, und man hat so die einst unerreichbar hoch angebrachten Reliefs unmittelbar vor Augen. Weitere Bruchstücke dieses Obelisken sind heute im wahrsten Sinne des Wortes in alle Welt verstreut: Zwei von ihnen gelangten 1875 in den Besitz des Museum of Fine Art in Boston, weitere Teile befinden sich in Liverpool und Glasgow in Großbritannien und eines davon geriet sogar nach Sidney in Australien.

Genauso wie sein zerborstener Partner besteht auch der noch aufrechte Hatschepsut-Obelisk aus Rosengranit. Seine Höhe beträgt 29,50 Meter, sein Gewicht 323 Tonnen. Die Obelisken der

Königin unterscheiden sich in mehrfacher Hinsicht von denen ihrer Vorgänger und Nachfolger. Abgesehen von der Dekoration des Pyramidions, die nichts Unübliches aufweist, findet man an der oberen Hälfte einer jeden der vier Schaftseiten links und rechts der herkömmlichen Inschriftenreihen abwärtslaufend je acht zusätzliche Szenen angeordnet. Jede dieser Darstellungen zeigt entweder Hatschepsut oder ihren Stiefsohn Tuthmosis III. in betender Haltung beziehungsweise beim Darbringen von Opfergaben vor Amun-Rê (Abb. 32 u. 33). Außer dem Pyramidion waren auch diese Szenen ursprünglich mit Elektron verziert, so daß einst die gesamte obere Obeliskenhälfte in der Sonne gefunkelt haben muß. Zu Schaden kamen die Obelisken jedoch nicht einmal so sehr bei dem Versuch, die Namen der Königin auszulöschen, als vielmehr später, als die Beauftragten des fanatischen Achenaten (1379–1362 v. Chr.) jede Darstellung des Amun-Rê mitsamt seinen Namen rücksichtslos verfolgten. Diese Schändung konnte durch Sethos I. nur teilweise wieder gutgemacht werden.

Auf der Basis des noch stehenden Obelisken ist eine waagerecht verlaufende, insgesamt 32 Zeilen umfassende Inschrift angebracht – 8 Zeilen auf jeder Seite (Abb. 34). Der Text handelt von den irdischen und himmlischen Geschehnissen zu der Zeit, als Hatschepsut diesen Obelisken sowie sein Gegenstück aufstellen ließ. Auch die Ergebenheit und Verehrung der Königin dem Gotte Amun-Re gegenüber kommt darin zum Ausdruck:

„Sie machte es als ihr Denkmal für ihren Vater Amun, den Herrn der Throne der Beiden Länder in Karnak, daß sie ihm zwei große Obelisken aus dauerhaftem Granit aus dem Süden errichtete, deren Oberteil mit dem besten Elektron aller Wüstenländer versehen ist und die man von beiden Seiten des Stromes aus sehen kann. Ihr Licht überflutet Ägypten, wenn die Sonne bei ihrem Aufgehen am Horizont des Himmels zwischen ihnen erscheint. Ich (die Königin) habe dies getan aus liebendem Herzen für meinen Vater Amun, als ich eingetreten war zu seinem geheimen, uranfänglichen Kultbild - - - Es gab keinen Schlaf für mich wegen seines Heiligtums, ich bin nicht abgewichen von dem, was er befahl - - - Ich habe die Stadt des Allherrn (Theben) nicht vernachlässigt, sondern mich ihr zugewandt, denn ich weiß, daß Karnak der Horizont (des Himmels) auf Erden ist, der erhabene Urhügel von Anfang an, das heilbringende Auge des Allherrn.

Ich saß in meinem Palast und gedachte des Schöpfers, mein Herz leitete mich, ihm zwei vergoldete Obelisken zu errichten, deren Spitzen sich mit dem Himmel vermischen sollten, in der erhabenen Pfeilerhalle zwischen den beiden großen Pylonen des Königs Tuthmosis' I. - - - Jeder (von ihnen) besteht aus einem einzigen Block von dauerhaftem Granit, nicht zusammengesetzt und ohne Flicken. Meine Majestät führte die Arbeit daran aus vom 1. Tag des 2. Wintermonats des Jahres 15 bis zum 30. Tag des 4. Sommermonats des Jahres 16, das macht 7 Monate der Ausführung im Steinbruch. Ich handelte für ihn in richtigem Sinn, wie es ein König für jeden Gott tut. Es war mein Wunsch, sie ihm zu machen, mit Elektron überzogen - - - Ich gab dafür Elektron erster Qualität, das ich sackweise wie Getreide nachwog. - - - Niemand, der dies hören wird, soll sagen, daß das, was ich gesagt habe, Übertreibung ist, sondern er soll sagen: 'Wie gleich sieht es (das Werk) ihr; wie richtig ist es gegenüber ihrem Vater (Amun).' Der Gott kennt es an mir, (nämlich) Amun, der Herr der Throne der Beiden Länder - - - Ich bin in Wahrheit seine Tochter, die ihn versieht."

Der andere Obeliskensockel trug eine ebenso lange, heute jedoch teilweise zerstörte Inschrift ähnlichen Inhalts. Die noch lesbaren Teile des Textes lassen immerhin noch erkennen, daß es sich hier um die Wohltaten handelt, die Amun-Rê der von ihm geliebten Königin gewährt, daß der Gott ihre Herrschaft über die Nachbarländer bestätigt und ihren Anspruch auf alles, was sie hervorbringen.

„Ich bin eine ausgezeichnete (Erbin), geliebt von seiner Majestät. Er gab mir das Königtum Ägyptens und der Wüste. Alle Länder sind vereint unter meinen Sohlen. Meine Südgrenze reicht bis an die Gestade von Punt, das Gottesland ist in meinem Griff. Die Ostgrenze reicht bis zu den Randgebieten Asiens, die Nomaden Asiens sind in meiner Faust. Die Westgrenze reicht bis Manu, ich

Abb. 34. Die Inschrift am Sockel des Hatschepsut-Obelisken

beherrsche Libyen - - - Man bringt mir Myrrhen aus Punt - - - alle herrlichen Wunder dieses Fremdlandes, sie werden meinem Palast auf einmal zugeleitet - - - Asien bringt mir Türkis aus dem Nomadenland. Ich habe Tribut aus Libyen geholt" (folgt Aufzählung).

Zwar wissen wir nicht, wo die Grenzen Ägyptens zu Hatschepsuts Zeiten verliefen, doch gilt als einer ihrer größten außenpolitischen Erfolge eine Expedition per Schiff in das ferne Land Punt zum Zwecke der Beschaffung von Weihrauch-Bäumen für den Terrassentempel der Königin in Deir el-Bahari.

Die Beamten, die teilhatten an Hatschepsuts glanzvoller Regierungszeit, fanden kein Ende des Lobens und Preisens ihrer Taten. Deshalb mußten viele von ihnen auch das Schicksal ihrer Königin teilen: Ihre Denkmäler wurden zerstört oder beschädigt, als man daranging, mehr oder weniger gewaltsam ihre und ihrer Herrin Namen darauf zu tilgen.

Für die Errichtung der beiden Obeliskenpaare Hatschepsuts zeichneten zwei der königlichen Haushofmeister verantwortlich. Die Arbeiten an dem zuerst aufgestellten Paar im Ostteil des Karnaktempels unterstanden mit Sicherheit der Oberaufsicht des Majordomus Senenmut, der die wichtigste Persönlichkeit in Hatschepsuts Regierungszeit war. Er entwarf auch den Plan zu ihrem prachtvollen Totentempel in Deir el-Bahari. Sein enges Verhältnis zum Hof und zur Königin selbst geht auch aus seinen Titeln hervor: Verwalter des königlichen Palastes, Oberaufseher der privaten Gemächer, der Bäder und Schlafräume. Er selbst rühmt in einer seiner Inschriften, die der Zerstörung entgangen ist: „Ich war der Größte der Großen im ganzen Land - - - die Abgaben des Südens und des Nordens waren unter meinem Siegel – es gab nichts, was ich nicht wußte von dem, was seit der Urzeit geschehen ist."[4]

In Aswan an den Felsen gegenüber von Elephantine hat Senenmut eine sehr wichtige Inschrift anbringen lassen (Abb. 35), die jedoch aus der Zeit stammt, als Hatschepsut sich noch nicht zum (männlichen) „König" hatte proklamieren lassen. Senenmut selber ist hier in ehrfurchtsvoller Haltung vor seiner Herrin darge-

Abb. 35.
Die Felsinschrift des
Senenmut bei Aswan

stellt; der darunter angebrachte Text erinnert an seine Ankunft in Aswan zur Aufnahme der Arbeiten für ein Obeliskenpaar zum Fest der „Myriaden Jahre“, womit das Krönungsfest gemeint sein könnte. Es handelt sich hier um die gleichen Obelisken, die Hatschepsut später, als sie bereits „König“ war, in den Reliefs ihres Totentempels in Deir el-Bahari abbilden ließ. Sie dürften deshalb wohl in die Anfangszeit ihrer Regierung zu datieren sein[5].

Abb. 36. Die Felsinschrift des Amenophis bei Aswan

Einzelheiten über dieses Obeliskenpaar, das ja niemand von uns gesehen hat, weil es zerstört wurde, können wir glücklicherweise dem Relief in Deir el-Bahari entnehmen: Danach trugen beide Monumente auf jeder Seite in einer einzigen senkrechten Kolumne eine Weihinschrift, die sich jedoch nicht von dem auch sonst hierbei üblichen Text unterscheidet. Wie nicht anders zu erwarten bringt Hatschepsut dieses Obeliskenpaar dem Amun-Re dar.

Der Majordomus, der die Herstellung des zweiten Obeliskenpaares der Königin zu überwachen hatte, das anläßlich ihres Regierungsjubiläums zwischen dem Vierten und Fünften Pylon des großen Tempels in Karnak errichtet wurde, hieß Amenhotep und war vermutlich der Amtsnachfolger des Senenmut. Im Gebiet von Aswan finden sich allein drei Felsinschriften, die er dort hat anbringen lassen (Abb. 36). Die eine bezeichnet ihn als „Oberpriester der Anukis" (der Göttin der Insel Seheil), in der zweiten führt er zusätzlich den Titel „Vorsteher der Arbeiten im Granithaus". In der dritten aber rühmt er sich, „der wirkliche Bekannte des Königs, der ihn liebt, der Aufseher der Arbeiten an den beiden großen Obelisken, der Oberpriester des Chnum, der Satis und der Anukis" zu sein. In allen drei Inschriften sind die meisten Zeichen ausgekratzt worden. Da aber glücklicherweise ihre Umrisse erhalten blieben, können wir sie noch entziffern, wenn auch etwas mühsam.

Eindeutig in die Regierungszeit der Hatschepsut zu datieren ist das thebanische Grab Nr. 73. Der Name des Inhabers wurde im ganzen Grab sehr sorgfältig ausgekratzt und völlig unlesbar gemacht, was auf dem aus Stuck bestehenden Untergrund keine Schwierigkeiten bereitete. In einer Szene dieser Anlage sieht man den seines Namens beraubten Grabinhaber vor zwei Obelisken und anderen Gegenständen stehen, hinter ihm zwei Reihen von Dienern. Die dazu gehörige Inschrift spricht vom Grabherrn als dem „Vorsteher der Arbeiten an den beiden großen Obelisken im Tempel des Amun"; er selbst berichtet, daß er dafür mit Gold und Silber beschenkt worden sei: „Das Silber betrug 50 *deben*" (ca. 4,5 kg) – eine wahrhaft großzügige Belohnung! Dieser Szene zufolge war der Grabinhaber also mit der Herstellung eines Obeliskenpaares für die Königin Hatschepsut beauftragt, aller Wahrscheinlichkeit nach im Gebiet von Aswan. Da hochgestellten Persönlichkeiten auf dortigen Inschriften die Titel von Priestern lokaler Gottheiten, vielleicht auch nur ehrenhalber, beigegeben wurden, neige ich zu der Annahme, daß der Herr des Grabes Nr. 73 in Theben kein anderer war als eben jener Amenhotep, dem die erwähnten Inschriften bei Aswan zugeordnet werden müssen. Daß die in seinem Grab dargestellten Obelisken identisch sind mit dem zweiten Obeliskenpaar der Hatschepsut, darf schon deshalb als gesichert gelten, weil ja ihre ersten beiden Obelisken bereits unter Senenmut angefertigt wurden[6].

Einige weitere Hinweise auf die Obelisken der Königin Hatschepsut sollen dem Leser hier nicht vorenthalten werden: Auf einem der Blöcke ihrer Kapelle aus rotem Quarzit in Karnak (Abb. 37) befindet sich eine Szene, in der die Königin dem Gott Amun-Rê zwei Obelisken darbringt: „Der König (so!) selbst er-

Abb. 37. Block aus rotem Quarzit vom Sanktuar der Hatschepsut in Karnak

richtete zwei große Obelisken für ihren Vater Amun-Re vor der erhabenen Säulenhalle, ganz umkleidet mit Elektron. Ihre Spitzen durchstoßen den Himmel, sie erhellen die Beiden Länder (Ägypten) so wie die Sonne ..." Es wird hier zwar nicht ausdrücklich gesagt, welches Obeliskenpaar gemeint ist, doch läßt die Erwähnung der „Säulenhalle" auf das zweite Paar, das ja tatsächlich in der Nähe der Säulenhalle Tuthmosis' I. errichtet wurde, schließen.

Einem gewissen Djehuti, der in der Regierungszeit der Hatschepsut das Amt eines Schatzmeisters bekleidet hatte, gehörte das Grab Nr. 11 in der thebanischen Nekropole. Es ist das Grab, in dem die sog. Northampton-Stele gefunden wurde[7]. Diese Stele enthält eine Aufzählung der verschiedenen Aufgaben, mit deren Ausführung Djehuti betraut war, darunter auch die Leitung der Arbeiten an einem Obeliskenpaar: „Ich war der oberste Befehlshaber, der Anordnungen gab. Ich leitete die Kunsthandwerker bei ihrer Arbeit an den beiden großen Obelisken, deren Höhe 108 Ellen (ca. 54 m) betrug und die gänzlich mit Elektron überzogen waren. Sie erfüllten Ägypten mit ihrem Leuchten." Welches Obeliskenpaar hier gemeint ist, geht aus dem Text nicht hervor; jedenfalls paßt die Beschreibung nicht auf das zweite, von dem wir ja noch ein Exemplar zum Vergleich besitzen. Da wir nichts über die Höhe der ersten beiden Obelisken wissen, könnte sich der Text auf sie beziehen. Nach Engelbach scheidet aber auch diese Möglichkeit aus, da es Obelisken von dieser Höhe aus rein technischen Gründen gar nicht gegeben haben kann. Aller Wahrscheinlichkeit nach beruht demzufolge die Größenangabe auf einem Irrtum.

Als Hatschepsut starb, war ihr Mitregent und Nachfolger, Tuthmosis III., bereits ein erwachsener Mann, der nicht zögerte, sogleich seine Fähigkeiten als Feldherr, Verwalter und Bauherr unter Beweis zu stellen. Er straffte die zentrale Verwaltung und erreichte dadurch innenpolitisch größere Stabilität. Dies wiederum versetzte ihn in die Lage, sich feindliche Länder durch Kriege zu unterwerfen. Die Kriegsbeute gab ihm die Mittel an die Hand, noch zahlreichere und prachtvollere Bauten aufzuführen als alle seine Vorgänger. In Karnak allein ließ er sieben Obelisken und noch weitere zwei in Heliopolis aufstellen, von denen sich jedoch heute keiner mehr an seinem ursprünglichen Platz befindet. Anlaß zu ihrer Errichtung dürften die ersten fünf Thronjubiläen Tuthmosis' III. gewesen sein, die er in seinem 30., 34., 37., 40. und 43. Regierungsjahr beging. Zwei dieser Obelisken (nach der darunter stehenden Zahl sind damit jedoch zwei Obeliskenpaare gemeint) finden wir in einer Szene in Karnak dargestellt: Sie zeigt den König, wie er Amun-Rê Schätze als Gaben darbringt zur Verherrlichung der Feldzüge, in denen ihm der Gott Erfolg beschieden hatte.

Das für das erste Regierungsjubiläum Tuthmosis' III. bestimmte Obeliskenpaar scheint unter der Oberaufsicht des Puimrê angefertigt worden zu sein, eines hohen Beamten, der nacheinander in den Diensten Hatschepsuts und Tuthmosis' III. (Abb. 38) gestanden hat. Einer Szene in Puimrês ausgedehnter Grabanlage (Nr. 39

in der thebanischen Nekropole) kommt besondere Bedeutung zu; sie zeigt sitzend den Grabinhaber und ihm gegenüber zwei Reihen Untergebener sowie ein Obeliskenpaar[8]. Die dazugehörige Inschrift lautet: „Besichtigung der großen, herrlichen Denkmäler, die der König von Ober- und Unterägypten, der Herr der Beiden Länder Mencheperre (Tuthmosis III.) für seinen Vater Amun von Karnak aus Silber, Gold und kostbaren Steinen jeglicher Art errichten ließ, durch den Fürsten und Grafen, den geliebten Gottesvater Puimre.“ Die Untergebenen werden bezeichnet als „Aufseher der Handwerker des Tempels des Amun, des Herrn von Karnak“ und „Aufseher der Arbeiten ...“ desselben Tempels. Inhaltlich unterscheiden sich die Inschriften auf den Obelisken nicht von den üblichen Texten solcher Denkmäler. Die ganze Szene trägt die Überschrift: „Einführung der Beamten und Vorsteher der Arbeiten, die zu diesem Fürsten sagen: ‘Alle Herzen freuen sich wegen jeder Arbeit, die Du entstehen ließest, indem Du sie (die Obelisken) aufstelltest’.“

Nicht weniger als sechs der Obelisken Tuthmosis’ III. wurden unter der Leitung des Ersten Königlichen Herolds Jamunedjeh angefertigt, der eine Inschrift an den Felsen der Insel Seheil bei Aswan anbringen ließ, vielleicht ganz in der Nähe der Stelle, wo die Obelisken aus dem Fels gearbeitet wurden. In seinem Grab (Nr. 84 in der thebanischen Nekropole) rühmt sich Jamunedjeh, daß er Zeuge der Errichtung zweier Obeliskenpaare zu Ehren des Amun und eines weiteren Paares zu Ehren des Atum, des Herrn von Heliopolis, gewesen sei[9]. Da feststeht, daß das dem Atum geweihte Obeliskenpaar in Heliopolis anläßlich des dritten Regierungsjubiläums des Pharao aufgerichtet wurde, können die beiden dem Amun in Karnak gestifteten Paare nur für die Feier des ersten und zweiten oder des zweiten und vierten Thronjubiläums bestimmt gewesen sein.

Noch ein weiterer Beamter Tuthmosis’ III., Mencheperreseneb, Hoherpriester des Amun und Aufseher der Arbeiten in den Kapellen des Amun, behauptet von sich, an der Errichtung von Obelisken seines königlichen Herrn teilgenommen zu haben[10]. In seinem Grab (Nr. 86) befindet sich eine Szene, in der er dargestellt

Abb. 38. Puimrê und die Obelisken Tuthmosis' III.

ist beim „Besichtigen der Werkstätten des Amun-Tempels und des Dienstes der Handwerker ..." In dem dazugehörigen Text heißt es: „Ich erlebte, wie Seine Majestät Obelisken und zahlreiche Flaggenmasten aufstellte." Dies war zweifellos nur einem Mann möglich, der wie Mencheperreseneb die doppelte Funktion eines Oberaufsehers der Arbeiten im Tempel und eines Hohenpriesters innehatte.

Von den drei Obeliskenpaaren, die Tuthmosis III. in Karnak aufstellen ließ, erhielt ein Paar seinen Platz südlich des Siebten Pylons. Der obere Teil des einen dieser beiden Monumente befindet sich jetzt in Istanbul, von seinem Partner sind in Karnak nur noch Bruchstücke erhalten. Ein zweites Paar stand einst westlich der Obelisken Tuthmosis' I., des Großvaters Tuthmosis' III. Ihre beiden Sockel kamen in jüngster Zeit bei einer Ausgrabung unter den Fundamenten des Dritten Pylons zum Vorschein. Beim Bau dieses Pylons muß Amenophis III., der Urenkel Tuthmosis' III., die Obelisken abgebrochen und das Material anderweitig wiederverwendet haben. Von dem dritten Obeliskenpaar kennen wir nicht einmal den ursprünglichen Standplatz und es wurde auch nie eine Spur von ihnen gefunden.

Der siebente und letzte der von Tuthmosis III. in Karnak errichteten Obelisken, ein Einzelstück, ist mit einer Höhe von 36 Metern der größte Obelisk überhaupt, der uns erhalten geblieben ist. Im östlichen Teil des großen Karnaktempels befindet sich heute nur noch sein Fundament. Der Sockel ist spurlos verschwunden, der Schaft aber war bereits in der Antike nach Rom überführt worden – dort schmückt er heute die Piazza San Giovanni in Laterano.

Auf diesem Obelisken erwähnt Tuthmosis III. ausdrücklich, daß er als Einzelexemplar aufgestellt wurde, anstelle eines Paares wie bisher üblich. Ob es von Anfang an in der Absicht des Königs gelegen hat, ihm kein Gegenstück zu geben?

Der bereits besprochene unvollendete Obelisk in Aswan verrät uns kein Datum und nichts von seiner Geschichte. Engelbach schrieb dazu: „Für eine Datierung des Obelisken findet sich so gut wie kein Anhaltspunkt. Da er ein mißlungenes Stück war, lag es in niemandes Interesse, sich auch noch die Mühe zu machen, dies schriftlich zu vermerken. Er könnte in die Zeit der Hatschepsut zu datieren sein (d.h. etwa um 1500 v. Chr.), denn damals fertigte man in der Regel große Obelisken an. Außerdem hat der Umriß eines kleineren Obelisken, der auf die Oberfläche des großen unvollendeten aufgezeichnet ist – die Linien treten besonders deutlich unmittelbar nach Sonnenaufgang hervor – beinahe exakt die Ausmaße des als Lateran-Obelisk in Rom bekannten Werkes Tuthmosis' III., auf den ja als Mitregent und Nachfolger der Hatschepsut ebenfalls eine solche Datierung passen würde. Dieser Schluß soll aber nur mit allem Vorbehalt gezogen werden."[11]

Die Theorie Engelbachs scheint von einer Inschrift her Unterstützung zu erhalten, die am Zugang zu dem Steinbruch des unvollendeten Obelisken angebracht ist – kaum 150 Meter von diesem entfernt[12]. Verfasser der Inschrift war ein gewisser Min, Vorsteher der Onurispriester, von dem wir durch sein Grab – Nr. 109 in der thebanischen Nekropole – wissen, daß er zur Zeit Tuthmosis' III. gelebt hat. Mins Inschrift ist räumlich weit entfernt von jeder anderen der zahlreichen Inschriften dieser Gegend angebracht, aber sie befindet sich zu nahe bei dem unvollendeten Obelisken, um nicht die Vermutung aufkommen zu lassen, Min habe eine Zeitlang hier zu tun gehabt. Er scheint jedoch nicht bei den ersten Arbeiten, die hier stattgefunden haben, eingesetzt gewesen zu sein. Spezielle Beleuchtungsverhältnisse lassen nämlich unter seiner Inschrift klar die Spuren einer anderen, älteren zum Vorschein kommen, von der man jedoch leider absolut nichts mehr entziffern kann. An dieser Stelle ertappt man sich bei dem Gedanken, es könnte sich womöglich hier um einen Text handeln, der unter Hatschepsut angebracht, später aber ausgetilgt wurde, wie es mit vielen Inschriften der Gefolgsleute dieser Königin geschehen ist. Träfe dieser Schluß zu, so wäre der hier genannte Min mit dem Auftrag hierhergeschickt worden, aus dem fehlerhaften Obeliskenriesen einen kleineren herauszuschneiden, der größenmäßig als Pendant zu Tuthmosis' III. Einzelstück gepaßt hätte. In diesem Falle könnte Min vielleicht auch den Auftrag zur Fertigung des sogenannten „Lateranobelisken" gehabt haben.

Nach langer, glanzvoller Regierungszeit, wie Ägypten sie nur selten erleben durfte, starb Tuthmosis III. und hinterließ den Thron der Pharaonen seinem Sohn Amenophis II. Dieser, selbst ebenfalls ein großer Kriegsheld und Bauherr, stand aber zeit seines Lebens im Schatten der Erfolge seines Vaters. In Heliopolis ließ er einen Tempel errichten, vor dessen Eingang offenbar auch Obelisken aufgestellt wurden; doch sind davon heute nur noch Bruchstücke erhalten. Außerdem tragen viele der auf der Insel Elephantine gefundenen Blöcke seinen Namen und bei Ausgrabungen war hier sogar ein Obeliskenpaar aus Granit zum Vorschein gekommen. Das eine dieser etwa 2,20 Meter hohen Stücke machte im Jahre 1838 der damalige Vizekönig von Ägypten, Mohammed Ali, dem vierten Herzog von Northumberland, Lord Algernon, zum Geschenk. Der Obelisk befindet sich heute in Alnwick Castle bei Durham in England. Der obere Teil seines Gegenstücks wurde in dem Dorf auf der Nordseite von Elephantine wiederentdeckt, wo man ihn als Türschwelle in ein Haus eingesetzt hatte. Von dort ließ man ihn 1920 entfernen und in das Museum zu Kairo bringen. Beide Obelisken sind nur jeweils auf einer ihrer Seiten mit Inschriften versehen; der von Alnwick Castle zeigt noch den Opfergaben darbringenden König und dazu den Text: „Er (Amenophis II.) tat es als sein Denkmal für seinen Vater Chnum-Rê, daß er ihm zwei Obelisken für den Altar des Rê machte ..."

Der Sohn und Nachfolger Amenophis' II., Tuthmosis IV., betätigte sich ebenfalls als Bauherr auf der Insel Elephantine. Auch er scheint hier zwei Obelisken errichtet zu haben, obwohl davon nur ein einziges, unteres Stück erhalten ist. Es wurde ebenfalls auf der Insel Elephantine gefunden und nach Kairo ins Museum gebracht. Genauso wie die Obelisken Amenophis' II. ist auch dieses Stück nur auf einer Seite beschriftet: „Er (Tuthmosis IV.) tat es als sein Denkmal für seinen Vater Chnum-Rê, daß er ihm zwei Obelisken für den Altar des Rê machte." Dieses Obeliskenpaar könnte, ebenso wie das Amenophis' II., sehr gut in einer Kapelle für den Sonnengott gestanden haben, in der der „Altar des Rê“ den kultischen Mittelpunkt bildete[13].

Nach Tuthmosis IV. bestieg Amenophis III. den Thron der Pharaonen. Dank seinen Vorgängern, die Ägyptens Stellung unter seinen Nachbarn unerschütterliche Festigkeit verschafft hatten, konnte sich das Land unter seiner Regierung nun dem Genuß einer langen Friedenszeit hingeben. In einer von Wohlstand und zunehmender Verfeinerung geprägten Epoche fehlte es Amenophis III. nicht an Muße, sich an vielen Plätzen Ägyptens und Nubiens der Errichtung seiner von höchster Eleganz und Feinheit der Bearbeitung ausgezeichneten Tempelbauten zu widmen. Sein Hauptinteresse aber galt der Ausschmückung Thebens, das unter seinen Händen zur prachtvollsten Stadt der damaligen Welt wurde.

Kein Obelisk Amenophis' III. ist bis in unsere Tage stehend erhalten geblieben. Im Norden Karnaks, vor dem Tempel des Kriegsgottes Month (oder Month-Rê), finden sich jedoch noch heute zwei Sockel und Teile der Obelisken, die dieser prachtliebende Herrscher einst dort hatte aufstellen lassen. Entsprechend den Maßen dieser Fragmente müssen die Obelisken einmal eine Höhe von wenigstens 19 Metern gehabt haben. Leider sind ihre Inschriften zu sehr zerstört, als daß man sie noch entziffern könnte; es besteht aber kein Zweifel, daß sie des Pharao Verehrung für den Gott Month bekundeten.

Auch Amenophis III. unterließ es mit Sicherheit nicht, Amun-Rê zu Ehren, dem er ganz besondere Ergebenheit entgegenbrachte, ebenfalls Obelisken zu weihen. An dem von ihm errichteten Dritten Pylon in Karnak ließ dieser Pharao eine Liste seiner Bauwerke anbringen, und zwar einschließlich der Obelisken, die er gestiftet hatte. Auch auf der riesigen Stele, die er in seinem Totentempel in Theben hatte aufstellen lassen, erwähnt er solche Denkmäler. Einen Hinweis auf deren Standplatz aber suchen wir leider vergeblich.

Kurz vor 1950 hatte ich das Glück, an einer kleinen Felseninsel im Nil östlich des Aswan-Museums von Elephantine eine vierzehn Zeilen umfassende Inschrift (Abb. 39) zu entdecken[14]. Sie stammt von einem Aufseher der Bauleute des Amun namens Humen, der sie zur Erinnerung an seine Arbeit angebracht hat:

„Ich leitete (die Arbeit an) sechs Obelisken für den König, und Seine Majestät gab mir zwei Ladungen (?) Gold und Silber. Ich wurde im Haus der Belohnung mit 20 Leuten und 50 Aruren Ackerland (1 Arure = 2735 qm) belehnt. - - - Ich war ein wachsamer Leiter, der nicht schlief und nicht faul war bei dem, was ihm übertragen war, einer, den der König in ein wichtiges Amt einsetzte, damit er für ihn große Arbeiten leite, weil er (ihm) vertraute. Er kehrte zurück und hatte (seinen Auftrag) ausgeführt. Dieses Land hatte (zwar) viele Wissende und Anführer, aber es gab keinen, der ihn erreichte an Fähigkeit – der Vorsteher der Bauleute, Humen."

Da Humen Aufseher der „Arbeiten des Gottes Amun" war, dürften die sechs Obelisken, mit deren Herstellung ihn der König betraut hatte, mit Sicherheit für die Tempel Thebens und dort in erster Linie für den großen Tempel des Amun-Re in Karnak bestimmt gewesen sein. Soweit es die Arbeit an sich betrifft, ist der Bericht des Humen absolut glaubwürdig: Daß niemand unter den Experten des Landes es ihm an Tüchtigkeit gleichgetan hätte, ist aber zweifellos reine Großsprecherei.

In dieser Inschrift wird nirgends ein Königsname genannt, doch der Name des Gottes Amun begegnet uns zweimal: in beiden Fällen ist er jedoch ausgekratzt. Da die Inschrift ohne Zweifel vor der Regierungszeit des Pharao Achenaten entstanden ist, geht höchstwahrscheinlich die Zerstörung des Namens Amun zu dessen Lasten. Mit einer gewissen Berechtigung dürfen wir davon ausgehen, daß Humen mit der Anfertigung der Obelisken für den Pharao Amenophis III. betraut war, umso mehr, als wir die Beamten alle mit Namen kennen, die solche Aufgaben für seine Vorgänger ausgeführt hatten. Da die Bautätigkeit dieses Herrschers bei weitem alles vorher Dagewesene übertraf, klingt es auch nicht unglaubhaft, daß er sechs Obelisken auf einmal in Auftrag gegeben haben soll.

Amenophis IV., Sohn und Nachfolger Amenophis' III., änderte bereits im Laufe seiner ersten Regierungsjahre seinen Namen von

Abb. 39. Felsinschrift des Humen bei Aswan, mit Bericht über die Anfertigung von sechs Obelisken

Amenhotep, „Amun ist gnädig", in Achenaten, „Nützlich für Aten", womit sich bereits die Haltung abzeichnet, die er Theben und seinen Göttern gegenüber einzunehmen gedachte. Seine ersten Regierungsjahre verbrachte er noch in Amuns heiliger Stadt Theben, die er dann aber verließ, um nach Amarna in Mittelägypten überzusiedeln. Dort widmete er sein Leben der Anbetung seines neuen Gottes Aten, der sich in der Sonnenscheibe symboli-

sierte. Als Antwort auf den Protest der Amuns-Priesterschaft ließ Achenaten ihren Gott ächten und befahl, daß Amuns Name und seine Bilder ausgetilgt werden müßten, wo immer man sie fand. Der König beließ es keineswegs bei der leeren Drohung, sondern schickte Leute aus in alle Tempel und Gräber, die seinen Befehl in die Tat umzusetzen hatten. Nicht einmal Graffiti (kleine private Inschriften, z.B. von Besuchern an Grab-, Tempel- oder Felswänden) blieben von dem Haß des Königs verschont. Da der Name Amuns aber zehntausendfach geschrieben stand, war seine

Abb. 40. Neferhotep
im Tempel von Karnak

Austilgung keine leichte Aufgabe. Die Sendboten Achenatens bestiegen sogar gewissenhaft sämtliche Obelisken in Theben, deren es zu dieser Zeit immerhin eine ganze Anzahl gab, um Namen und Bilder des in Ungnade gefallenen Gottes mit Hammer und Meißel zu vernichten.

Obwohl Achenatens neue Religion nach Ursprung und Inhalt solar zu nennen war – spielten doch Benben-Stein und Pyramidion in ihr eine wichtige Rolle –, kennen wir aus seiner Regierungszeit nur ein einziges Obeliskenbruchstück, das erst in neuerer Zeit bei Ausgrabungen im Ersten Hof des Tempels des Amun-Rê zu Karnak zum Vorschein kam. Von der Inschrift ist leider zu wenig erhalten, als daß wir uns eine Vorstellung von ihrem Inhalt machen könnten. Zweifellos war der Obelisk aber Aten geweiht, dem göttlichen Symbol, dessen Kult Achenaten sein Leben gewidmet hatte.

Achenatens Nachfolger Semenchkarê, Tut'anchamun und Aja waren als Herrscher nicht sehr bedeutend. Es ist auch nirgends ein Obelisk zum Vorschein gekommen, der einen ihrer Namen getragen hätte. In diese Zeit, wahrscheinlich in die Regierung des Aja, ist das Grab Nr. 49 der thebanischen Nekropole zu datieren, das Neferhotep, dem obersten Schreiber des Amun, gehörte[15]. Eine interessante Szene im Innern zeigt uns den Schreiber und seine Gemahlin im großen Tempel des Amun-Rê (Abb. 40). Man möchte annehmen, daß das hier abgebildete Bauwerk die östliche Fassade des Tempels mit dem Einzelobelisken Tuthmosis' III.[16] wiedergebe. Da in der Darstellung jedoch eindeutig Pylonen zu erkennen sind, die dort gar nicht vorkommen, muß der Künstler den Dritten Pylon abgebildet haben, der zu jener Zeit die Tempelfront bildete, dazu allerdings nur einen der vielen Obelisken, die sich dahinter bis zum Vierten Pylon, dem Eingang zum inneren Tempel, erhoben. Daraus läßt sich der Schluß ziehen, daß Neferhotep ebenso wie seiner Gemahlin der Zugang zu diesem Allerheiligsten nicht gestattet war, sondern daß er lediglich in der davorliegenden Säulenhalle einen Blumenstrauß aus den Händen des Priesters in Empfang nehmen durfte.

Als Folge der religiösen Erhebung Achenatens und seiner Anhänger war die staatliche Macht Ägyptens ernstlich ins Wanken geraten und zunächst war keiner der Nachfolger dieses Königs fähig, die Lage zu meistern. So blieb es Haremhab (1348–1320 vor Chr.), dem letzten Herrscher der 18. Dynastie, vorbehalten, die Ordnung im Lande wiederherzustellen. In Karnak errichtete er verschiedene Bauwerke, darunter den Neunten und Zehnten Pylon, benützte dazu aber Steinblöcke, die er aus Bauten seiner Vorgänger, insbesondere denen des verhaßten Achenaten, entnehmen ließ. Auch einige kleinere Obelisken Haremhabs sind zum

Vorschein gekommen: Zwei Fragmente wurden in der sog. Cachette von Karnak gefunden, einer Grube, in die man sie zusammen mit Hunderten von Statuen und Bruchstücken aus den überfüllten Tempelhallen geworfen hatte. Ein drittes Obeliskenstück wurde wiederverbaut im östlichen Teil des großen Tempels entdeckt und ein viertes Fragment tauchte bei einem Kunsthändler auf[17]. In neuerer Zeit schließlich förderten Ausgrabungen des französisch-ägyptischen Centers noch ein weiteres Bruchstück zutage. Alle Inschriften dieser Obeliskenteile enthalten lediglich konventionelle Texte von geringer Bedeutung.

Kapitel 5

PIRAMESSE UND ANDERE STÄDTE
Die Zeit der Ramessiden und ihrer Nachfolger

Die Ramessidenkönige der 19. und 20. Dynastie entstammten dem östlichen Teil des Nildeltas (Abb. 41). Ramses I. (1320 bis 1318 v. Chr.), der Begründer der 19. Dynastie, war bereits ein betagter Mann, als er den Thron bestieg. So währte denn auch seine Regierungszeit nur ein Jahr und wenige Monate. Sethos I., sein Sohn und Nachfolger, bewies in den mehr als zehn Jahren seiner Herrschaft eine Vorliebe für die nahe seinem Geburtsort gelegene Stadt Avaris. Hier errichtete er seinem Schutzgott Seth, der bis zu dieser Zeit nicht viele Anhänger hatte, ein Heiligtum und ließ für sich selbst nicht weit davon entfernt einen Palast erbauen, in dem er einen Teil des Jahres residierte.

Die Bedeutung von Avaris war einige Jahrhunderte zuvor schon einmal groß gewesen, als die Hyksos es nach ihrer Eroberung Ägyptens zu ihrer Residenz machten – eine Vormachtstellung, die diese Stadt noch für den Rest der Zweiten Zwischenzeit beibehalten konnte. Während der Befreiungskriege der Ägypter gegen die Fremdherrschaft bis zur endgültigen Vertreibung der Hyksos hatte Avaris schwer zu leiden. Etwas von seiner einstigen Bedeutung gewann es erst wieder unter Sethos I. zurück. Seine wirkliche Vormachtstellung aber erlangte Avaris, als Sethos' I. Sohn und Nachfolger Ramses II. den Thron bestieg: Unter ihm wurde es mit dem neuen Namen Piramesse-Meramun, „Haus (= Besitz) des Ramses geliebt von Amun" zur Hauptstadt Ägyptens. Ramses II. ließ hier prachtvolle Paläste errichten, die mit allem ausgeschmückt wurden, was ägyptische Kunstfertigkeit vermochte. Um diese Paläste herum gruppierten sich die Villen der Mitglieder der königlichen Familie und der hohen Beamten des Hofes. In den einzelnen Stadtteilen schossen Kasernen und

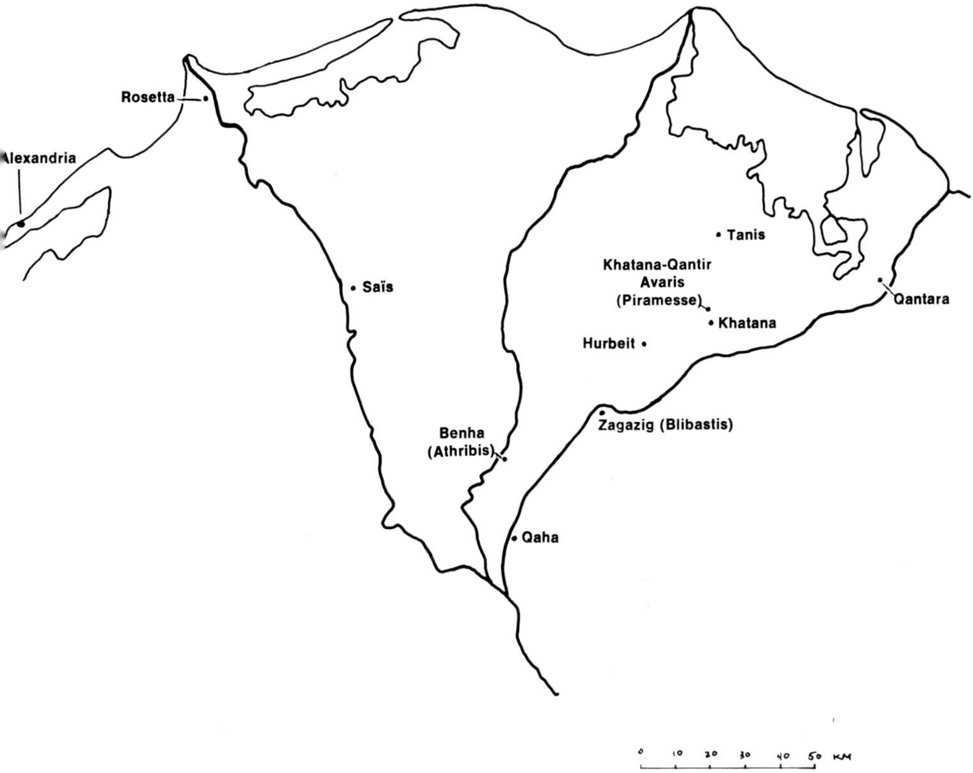

Abb. 41. Karte des Nildeltas

Werkstätten aus dem Boden, an Zahl nur von den Tempeln für die Götter noch übertroffen. In Piramesse hatten nicht nur die großen Reichsgötter Ägyptens, sondern auch die Lokalgötter der einzelnen Gaue des Landes und sogar Götter fremder Völker ihre Kultstätten. Ramses II. setzte alles daran, seine neue Hauptstadt den großen ägyptischen Städten, insbesondere aber Theben, ebenbürtig zu machen.

Die uns erhaltenen Beschreibungen der Stadt Piramesse rühmen ihre Schönheit, ihre Größe und ihren Reichtum. So berichtet ein gewisser Pebesa, ein Schreiber, in einem Brief an seinen Vorgesetzten:

„[Piramesse], die Residenz, wo man angenehm lebt. Ihre Umgebung ist fruchtbar, sie ist täglich mit Nahrung versorgt. In ihren Teichen gibt es Fische und an ihren Wassern Vögel, ihre Wiesen sind grün von Kräutern - - - (Es gibt dort) Granatäpfel, Äpfel und Oliven, Feigen aus den Gärten und Süßwein vom (Weingut) 'Stier von Ägypten', der süßer ist als Honig. - - - Ihre Schiffe fahren ab und landen, so daß dort jeden Tag Lebensmittel vorhanden sind. Fröhlichkeit wohnt darin und niemand sagt 'Hätte ich doch!' Den kleinen Leuten geht es dort wie den Vornehmen. Kommt, laßt uns ihre Feste des Himmels (Mondfeste) und ihre Kalenderfeste begehen - - - - - - Lebe glücklich und frei, ohne wegzugehen, Ramses-Miamun, Du Göttlicher!"[1]

Es ist erstaunlich, daß eine Stadt von der Bedeutung Piramesses, die mehr als zwei Jahrhunderte lang Hauptstadt Ägyptens war, sich heute nicht mehr mit Bestimmtheit lokalisieren läßt. Lange Zeit vermutete man sie in den ausgedehnten Ruinen von Tanis im Delta[2], dessen Monumente jedoch zu einem großen Teil aus anderen Städten verschleppt und hier wiederverwendet worden sind. Im Delta haben Steine Seltenheitswert, und viele Blökke gehörten aus diesem Grunde im Laufe der Zeit nacheinander zu mehreren Bauwerken. Da Steinbrüche unendlich weit entfernt lagen, schlachtete man lieber die Bauten älterer Städte aus, als daß man sich die Mühe machte, neue Blöcke zu beschaffen. In den Ruinen von Tanis (Abb. 42) finden sich auch Denkmäler, die einst zu Bauwerken von Piramesse gehört hatten, und das ist einer der Gründe, weshalb es der Stadt des Ramses nun an Ruinen fehlt, die sie identifizierbar machen könnten. Die Stelle, an der heute von der Mehrzahl der Gelehrten das alte Piramesse vermutet wird, liegt – teilweise überdeckt von einem unbedeutenden Dorf namens Qantir – etwa 30 Kilometer südlich von Tanis[3]. Obwohl dort erst wenige Gegenstände und Blöcke zum Vorschein gekommen sind, deutet doch alles unmißverständlich darauf hin, daß hier einst Paläste Ramses' II. und seiner Nachfolger gestanden haben. An diesem Platz finden sich zudem Spuren der Tempel, die den verschiedenen Göttern in Piramesse geweiht waren. Unser Verdacht scheint sich jedoch zu bestätigen, daß in Qantir

Abb. 42. Die Ruinen von Tanis mit dem umgestürzten Obelisken Ramses' II.

ramessidische Denkmäler als Steinbruch benutzt und die gewonnenen Blöcke zur Verschönerung späterer Stadtgründungen, insbesondere von Tanis, wiederverwendet wurden.

Von den annähernd achthundert Felsinschriften in der Gegend von Aswan sind etwa zehn in Stelenform angelegt. Ihre Texte haben in der Hauptsache Kriegszüge gegen den Süden zum Inhalt. Zwei dieser Stelen aus dem Jahre 9 Sethos' I., die sich in der Nähe des unvollendeten Obelisken befinden, sprechen von der Bautätigkeit dieses Pharao[4]: die eine beschränkt ihren Bericht auf die Anfertigung hoher Statuen, die andere erwähnt darüber hinaus sogar noch Obelisken. Diese zweite Stele zeigt Sethos I., wie er Weihrauch vor den lokalen Gottheiten von Aswan, Chnum, Satet und Anukis, abbrennt. Unter dieser Szene ist eine zehnzeilige Inschrift angebracht, von der sieben Zeilen auf Datierung, Königsnamen und verschiedene Lobsprüche gehen. Die drei letzten Zeilen befassen sich mit der geleisteten Arbeit: „Seine Majestät (ihm sei Leben, Heil, Gesundheit!) befahl, viele Werkstätten einzurichten, um sehr große Obelisken und große wunderbare Statuen auf den Namen Seiner Majestät (Leben, Heil, Gesundheit!) herzustellen." Im Jahr 9 seiner Regierung hatte Sethos I. die Feldzüge gegen seine Nachbarn beendet und die meisten seiner Bauwerke bereits errichtet; er konnte nun darangehen, sie mit Statuen und Obelisken zu verschönern.

Auf dem Aswan gegenüberliegenden Nilufer zwischen den antiken Felsgräbern der Qubbet el-Hawa und dem St. Simeonskloster befindet sich ein ausgedehnter Quarzit-Bruch, der an verschiedenen Stellen deutliche Spuren einstigen Abbaues aufweist, wofür auch die zahlreichen zum Fluß hinunterführenden Rampen eine Bestätigung liefern. Am Ausgangspunkt einer solchen mehr als zehn Meter breiten Rampe liegt noch der obere Teil eines Obelisken mit seinem Pyramidion[5]. Drei Seiten des Schaftes sind teil-

Abb. 43. Modell des Torwegs zum Tempel von Heliopolis (vor der Restaurierung). Weihgabe Sethos' I. (Gorringe Coll., Charles Edwin Wilbour Fund, Dept. of Egyptian Art, The Brooklyn Museum, Brooklyn, N.Y.)

Abb. 44. Wiederherstellung des Modells des Torwegs zum Tempel Sethos' I. (Gorringe Coll., Charles Edwin Wilbour Fund, Dept. of Egyptian Art, The Brooklyn Museum, Brooklyn, N.Y.)

weise bereits dekoriert, die vierte ist gerade erst geglättet. Auf jeder der dekorierten Seiten sieht man Sethos I. kniend einem der solaren Götter Opfergaben darbringen: einmal dem falkenköpfigen Harachti, der aufgehenden Sonne, dann Atum mit der Doppelkrone, der die untergehende Sonne symbolisiert; auf der dritten Seite war aller Wahrscheinlichkeit nach Schu dargestellt, der Luftgott und Sohn des Re. Der Obelisk war also vermutlich für Heliopolis bestimmt.

Obwohl keines seiner Monumente dort erhalten geblieben ist, fehlt es dennoch nicht an Hinweisen für Sethos' I. Bautätigkeit in Heliopolis, das ihm sehr am Herzen lag. Deshalb ist auch für uns heute ein Modell von besonderer Bedeutung, das ein dem Tempel von Heliopolis angefügtes Tor darstellt (Abb. 43 u. 44). Dieses Modell soll 1875 in den Ruinen von Tell el-Jahudija gefunden worden sein, etwa dreißig Kilometer nordwestlich von Heliopolis. Später erwarb es Major Henry H. Gorringe (1841 bis 1885), der den Abtransport und die Wiederaufrichtung des New Yorker Obelisken zu besorgen hatte. Heute befindet es sich im Besitz des Brooklyn Museums in New York.

Erhalten ist von diesem Modell nur die Grundfläche, die in der Länge 112 cm, in der Breite 87,5 cm und in der Höhe 28 cm mißt. Auf seiner Oberfläche erkennt man eine Rampe mit Trittstufen sowie einige Vertiefungen, in die einst verschiedene Bauteile des Tempels eingesetzt waren. An den Seiten angebrachte Reliefs zeigen Sethos I., der den solaren Göttern Rê-Harachti, Chepri und Atum Opfergaben darbringt. Auf der rechten Seite befindet sich auch eine Inschrift, die Auskunft gibt über die Bestimmung des Bauwerks, dem dieses Modell Vorbild war: „Der gute Gott [Sethos I.], der Denkmäler macht für seinen Vater Rê-Harachti, indem er einen Tempel aus schönem Quarzit erbaute mit einem doppelten Pylon aus weißem Kalkstein, Torflügeln aus Bronze, zwei Flaggenmasten aus *mesdet* und zwei Obelisken aus Basalt, der in Heliopolis, dem Horizont des Himmels, eingerichtet wurde. Die Mächte von Heliopolis jubeln bei (seinem) Anblick."[6]

Bernard Bothmer, Curator des Departments für ägyptische und klassische Kunst am Brooklyn Museum, gab den Anstoß zur Rekonstruktion dieses Modells, der Ägyptologe Alexander Badawy, ein Experte auf dem Gebiet der altägyptischen Architektur, setzte den Gedanken in die Tat um. So entstand nach den Vertiefungen der Grundfläche, den Angaben der an der Seite angebrachten Inschrift und Badawys detaillierter Kenntnis der altägyptischen Baukunst die Wiederherstellung dieses Modells mit Flaggenmasten vor einem Pylon, mit einem Sphingenpaar, Statuen und Obelisken.

Da in Heliopolis nicht einmal mehr Spuren erhalten geblieben sind, gibt uns nur dieses ziemlich große Modell, wahrscheinlich das einzige in seiner Art, Auskunft über das wichtige Bauwerk, als dessen Vorbild es den Architekten Sethos' I. gedient hatte. Möglicherweise aber kennen wir sogar das Schicksal dieses Monumentes. In der Römerzeit nämlich wurden mehrere Bauwerke Sethos' I. abgebrochen und nach Alexandria verschleppt. So befindet sich heute noch ein Türpfosten dieses Pharao aus Sandstein im dortigen Museum und ein großer Block mit seinem Namen dient als Sockel der sog. Pompejus-Säule. Dieser Block hatte einst in Heliopolis möglicherweise die Basis eines Obelisken gebildet und war später zum Zwecke der Wiederverwendung nach Alexandria gebracht worden.

Sethos I. ernannte mit großer Wahrscheinlichkeit einige Zeit vor seinem Tode seinen Sohn Ramses II. zu seinem Mitregenten. Daß dieser 67 Jahre lang in Ägypten herrschte, wissen wir mit voller Sicherheit, und jeder seiner Nachfolger wünschte sich sehnlichst eine ebenso lange Regierung. Während dieser Zeit unternahm Ramses II. auch einige Kriegszüge, die ihn aber bei weitem nicht so berühmt gemacht haben wie seine Bauten. In ganz Ägypten findet sich wohl kaum ein kultisch oder strategisch bedeutender Ort, an dem Ramses II. sich nicht als Bauherr betätigt hätte. Auch Obelisken errichtete er mehr als jeder andere König, die jedoch an Höhe die seiner Vorgänger aus der 18. Dynastie nicht erreichten. Einer dieser Obelisken befindet sich heute in einem Park in Kairo, einige weitere sind im Besitz des Ägyptischen Museums. Andere liegen, so wie sie umgestürzt sind, auf der Erde, und wieder andere wurden aus Ägypten abtransportiert: An seinem ursprünglichen Standplatz vor dem Tempel von Luxor steht heute nur noch ein einziger.

Allein in Heliopolis hat Ramses II. mindestens zwei Obeliskenpaare errichten lassen, die jedoch alle bereits von den römischen Kaisern zur Verschönerung ihrer Hauptstadt nach Rom geholt wurden. Drei dieser Obelisken befinden sich heute noch dort, der vierte steht jetzt in Florenz.

Im Jahre 1927 entdeckte der deutsche Ägyptologe Siegfried Schott (1897–1971) den Quarzit-Sockel eines Obelisken Ramses' II. in den Ruinen von Athribis, einer Stadt im Delta, deren besondere Bedeutung auf religiösem Gebiet lag[7]. Nach langwierigen Untersuchungen gelang es Schott auch, den Sockel des dazugehörigen zweiten Obelisken ausfindig zu machen sowie ein Fragment des Schaftes aus grauem Granit, der einmal auf einem dieser Sockel gestanden hatte. Der zweite Sockel und der Obeliskenteil waren aus den Ruinen von Athribis verschleppt und in Fustat, der von den Arabern nach ihrer Eroberung Ägyptens im 7. Jahrhundert n. Chr. begründeten Hauptstadt, wiederverwendet worden. Bei seiner fortgesetzten Suche stieß Schott in den Sammlungen der Staatlichen Museen in Berlin noch auf ein weiteres Fragment. Den sehr bruchstückhaften Inschriften auf den Schaftseiten dieser Obelisken kann man jedoch leider kaum mehr etwas entnehmen. Die Darstellungen auf den Sockeln, die sich inzwischen im Kairener Museum wieder zusammengefunden haben, zeigen Ramses II., wie er außer lokalen Gottheiten auch zwei solaren Göttern, Harachti und Atum, Opfer darbringt.

Bei Ausgrabungen in den Ruinen der Deltastadt Tanis kamen allein 23 Obelisken oder deren Teile zum Vorschein, die alle, bis auf eine einzige Ausnahme, den Namen Ramses' II. tragen[8]. Diese Tatsache bedeutet aber nicht, daß sie deshalb auch alle unter Ramses II. angefertigt worden sind: Manche von ihnen weisen tatsächlich Spuren älterer Inschriften auf. Nach Ansicht des französischen Ägyptologen Pierre Montet (1885–1966), der mehr als

Abb. 45. Der Obelisk Ramses' II. auf der Insel Zamalek (Kairo) ▷

25 Jahre lang die Ausgrabungen in Tanis geleitet und dabei auch eingehende Studien an Obelisken vorgenommen hatte, gehörten einst zu dem großen Tempel von Tanis allein fünf Obeliskenpaare: Vor den ersten beiden Pylonen stand je ein Paar, vor dem Eingang des Dritten Pylons sogar deren zwei; das fünfte Paar hat man an der Rückseite des Tempels entdeckt, wo die Monolithen als Sockelblöcke für die Grundmauern wiederverwendet waren. Die übrigen, außerdem noch zum Vorschein gekommenen Obelisken haben keine Beziehung zueinander. Da viele von ihnen über Denkmälern späterer Epochen lagen und einige tatsächlich als Fundamente wiederverwendet worden sind, liegt es auf der Hand, daß sie nicht von Anfang an für eine Aufstellung in Tanis bestimmt waren. Sie können sehr wohl einmal Ramses' II. Residenz Piramesse oder auch eine andere Stadt geschmückt haben.

Der Informationswert, den die Inschriften dieser Obelisken für uns besitzen, ist leider sehr gering; sie berichten viel zu allgemein von der Tapferkeit des Königs und den Siegen über seine Feinde, ohne irgendeine Bezugnahme auf ein tatsächliches Ereignis. Nirgends wird auch ein Anlaß für die Errichtung der Obelisken genannt, obwohl die Tatsache, daß Ramses II. nicht weniger als dreizehn Regierungsjubiläen feiern konnte, allein schon Grund genug für die Aufstellung einer ganzen Reihe von Obelisken gewesen wäre.

Es war im Jahre 1958, als man feststellte, daß ausgerechnet Kairo im Gegensatz zu vielen anderen großen Städten der Welt nicht ein einziges Denkmal aus pharaonischer Zeit, sei es in einem Park oder auf einem seiner Plätze, aufzuweisen hatte. So beschloß man, eine Kolossalstatue Ramses' II. aus Memphis und einen seiner Obelisken aus Tanis nach Kairo übersiedeln zu lassen. Die Monumentalplastik erhielt als neuen Standort den Platz vor dem Bahnhof zugewiesen, wo täglich Zehntausende an ihr vorübergehen. Der Obelisk (Abb. 45) wurde am Nilufer in einem kleinen Park der Insel Zamalek, gegenüber von den großen Hotels der Stadt, wiedererrichtet. In der Folgezeit gruppierte man um den Obelisken herum noch weitere Denkmäler aus Tanis. Obwohl er selbst über 13,50 Meter hoch ist und dazu noch auf einem ziemlich hohen modernen Sockel steht, wirkt er jetzt zwischen den Stämmen der Palmen in seiner Umgebung beinahe klein und verloren, in Konkurrenz mit dem Minarett der nahen Moschee und dem sog. Turm von Kairo. Falls es in der Absicht der Verantwortlichen gelegen haben sollte, diesen Obelisken zu einem Schattendasein zu verdammen, so ist ihnen das tatsächlich gelungen – ganz im Gegensatz zu den ägyptischen Obelisken in anderen Ländern, wo man sie so plazierte, daß sie sich als architektonische Höhepunkte und prachtvoller Blickfang förmlich aus ihrer Umgebung herausheben. So trifft leider auf diesen Obelisken in Kairo das Bibelwort zu: „Der Prophet gilt nichts in seinem Vaterland" (Matth. 13:57).

Auf jeder seiner vier Seiten trägt der Kairener Obelisk eine einreihige Hieroglypheninschrift, in der Ramses II. gerühmt wird, und zwar auf der Westseite als „der König, der Sohn des Ptah, der sich seiner Stärke freut, der einen großen Leichenhaufen errichtete im Land der Nomaden", auf der Südseite als derjenige, „der alle Länder ergreift mit Siegeskraft, der das Land Ägypten wiederum einrichtet so wie zur Urzeit", auf der Ostseite als „der Month (Kriegsgott) unter den Königen, der Hunderttausende angreift, der stark ist wie (der Gott) Seth, wenn er sich ins Kampfgewühl stürzt" und auf der Nordseite schließlich als „der König, der alle Länder schlägt, der das Land der Nubier zugrunde richtete ..." Dies etwa ist auch der Tenor aller übrigen Inschriften auf den von Ramses II. in Piramesse gestifteten Obelisken[9].

In der alten Hauptstadt Theben ließ Ramses II. jedoch die größten seiner Obelisken aufstellen. Dem Luxortempel fügte er einen weiten Hof hinzu, dessen Abschluß ein hoher Pylon bildet. An dessen Vorderfront zu beiden Seiten des Eingangs ließ der König sechs ihn selbst verkörpernde Kolossalstatuen sowie ein Obeliskenpaar aufstellen (Abb. 46). An der Wand im Innern dieses Hofes findet sich die Darstellung einer Prozession, die sich auf einen Tempeleingang zu bewegt: die genaue Abbildung dieses selben, von Ramses II. hier erbauten Pylons; es fehlen auch nicht die sechs Statuen, die beiden Obelisken und die im alten Ägypten zu solchen Bauten gehörigen Flaggenmasten (Abb. 47). In der Pro-

Abb. 47. Relief Ramses' II. mit Abbildung des Eingangs zum Luxor-Tempel

zession erkennt man dreizehn von den Söhnen des Pharao sowie einige hohe Beamte. Fette Stiere werden als Opfertiere mitgeführt. An dem Fest nehmen auch die Hauptgemahlin des Königs und einige seiner Töchter teil. Die Anwesenheit so vieler königlicher Prinzen und Prinzessinnen nimmt nicht wunder, besaß doch dieser Pharao bekanntlich mehr als 150 Söhne und Töchter.

◁ Abb. 46. Der Zugang zum Tempel von Luxor mit dem Obelisken, den Kolossalstatuen Ramses' II. und der Sphinxallee

Nur einer der beiden Obelisken, die Ramses II. vor dem Luxortempel hatte aufstellen lassen, befindet sich bis zum heutigen Tage noch an dieser Stelle (Abb. 48). Sein Pendant wurde nach Paris gebracht, wo es jetzt den glanzvollen Mittelpunkt der Place de la Concorde bildet. Beide Obelisken sind aus Rosengranit, der noch in Luxor befindliche aber ist mit seinen 25 Metern und 254 Tonnen etwas größer und gewichtiger als sein Bruder in der Ferne. Er steht auf einem hohen Sockel, über dem sowohl an der Vorder- wie an der Rückseite seines Schaftes je vier große Pavianfiguren betend ihre Hände zur Sonne erheben. An jeder Seite des Obelisken befindet sich ganz zuoberst eine Darstellung des Königs, der dem Gott Amun-Rê Opfer darbringt, darunter ist die Inschrift angebracht, und zwar in drei Kolumnen, von denen jede mehr als zur Hälfte aus der königlichen Titulatur besteht. Der Text auf der Vorderseite – die nördliche des Obelisken – setzt sich ausschließlich aus Phrasen zusammen, die auf kein tatsächliches Ereignis Bezug nehmen. Die mittlere Kolumne enthält die übliche Weihinschrift, die Reihe rechts davon nennt Ramses II. „statuenreich und groß an Denkmälern im südlichen Opet (Luxor) ... der Denkmäler in Theben errichtet für seinen Vater Amun-Rê, der seine Schönheit schuf". Die linke Kolumne preist den Pharao als „Herrscher mit zahlreichen Jubiläen wie (der Gott) Tatenen ... der große Denkmäler machte in Karnak für seinen Vater Amun-Rê, der ihn auf seinen Thron gesetzt hat".

Leider ist über den Beamten, der mit der Aufstellung dieses Obeliskenpaares vor dem Luxortempel beauftragt war, nichts bekannt. Da wir aber recht genaue Informationen über den Werdegang eines Mannes besitzen, der für ein anderes, jetzt nur noch in Bruchstücken vorhandenes Obeliskenpaar Ramses' II. verantwortlich zeichnete, das einst in Karnak stand, so wollen wir uns stellvertretend von ihm seine Lebensgeschichte erzählen lassen. Sein Name ist Bakenchons und es ist ihm gelungen, aus einer ziemlich unbedeutenden Stellung in allerhöchste Staatsämter emporzusteigen:

„Ich will euch kennen lassen mein Verhalten, während ich auf Erden war in allen Ämtern, die ich ausübte, seitdem ich geboren

Abb. 48. Der noch stehende Obelisk Ramses' II.
am Luxor-Tempel
mit den Pavian-Figuren am Sockel

wurde. Ich verbrachte vier Jahre als (Schul)kind, ich verlebte elf Jahre als Jüngling, der Aufseher des Marstalls des Königs Men ... (Ramses I. oder Sethos I.) war. Vier Jahre war ich einfacher Priester des Amun, zwölf Jahre Gottesvater des Amun, 15 Jahre lang Dritter und 12 Jahre Zweiter Prophet des Amun. (Der Gott) war mir gnädig, denn er erkannte mich wegen meiner Charaktereigenschaften und er ließ mich Hoherpriester des Amun sein während (nunmehr) 27 Jahren."[10]

Bakenchons erwähnt auch seine Arbeiten für den großen Tempel von Karnak: „Ich habe für ihn (den König Ramses II.) die Gotteshalle 'Ramses-Miamun, der die Bitten erhört' am oberen Tor des Amun-Tempels erbaut. Ich habe in ihr Obelisken aus Granit aufgestellt, deren Schönheit sich dem Himmel nähert ..." Diese von Bakenchons erbaute „Gotteshalle" befindet sich im östlichen Teil des großen Amuntempels von Karnak, ganz nahe bei dem Einzelobelisken Tuthmosis' III. Hier war der Pharao identisch mit dem Gott Amun, und an das Bild dieses Gottkönigs konnte sich auch das einfache Volk mit seinen Bitten wenden. Heute steht kein einziger Obelisk Ramses' II. mehr in Karnak, doch fand man außerhalb der Umfassungsmauer am östlichen Zugang zwei Sockel und einige Obeliskenfragmente, von denen eines den Namen Ramses' II. trägt. Es ist nicht auszuschließen, daß sie zu den von Bakenchons errichteten Denkmälern gehört haben[11].

Ebenfalls von Ramses II. wurden die beiden berühmten, monumentalen Felsentempel von Abu Simbel an der südlichen Grenze Ägyptens angelegt. Auf sie richtete sich in jüngster Zeit das Interesse der gesamten Welt, als sie um etwa 62 Meter nach oben versetzt werden mußten, wollte man sie nicht für immer in den Fluten des aufgestauten Nils hinter dem neuen Aswan-Staudamm versinken lassen. An der Nordseite des großen Tempels, knapp vor dessen Terrasse, ließ Ramses II. eine kleine, in ihrer Art ungewöhnliche Kapelle in den Felsen schlagen: Ihre östliche Fassade ist nämlich als Schein-Pylon gebildet, dem in der Mitte, also zwischen den beiden Türmen, der Zugang fehlt. Nur von der Terrasse aus kann man durch eine Tür in das Innere dieser nach oben offe-

Abb. 49. Naos mit Pavian-Figuren und zwei kleinen Obelisken aus Abu Simbel (Kairo, Ägyptisches Museum)

nen Kapelle gelangen. An den Wänden waren Reliefszenen aus dem Kult des Sonnengottes angebracht. Im Innern befand sich ein Heiligtum mit den Figuren eines Skarabäus und eines Pavians. Auf einem hohen Altar standen aufgerichtet in anbetender Haltung noch vier weitere Paviane. Die nördliche Seite dieses Altars wurde an den Ecken flankiert von je einem Obelisken, von denen der östliche den Pharao mit Harachti, der aufgehenden Sonne, gleichsetzt, während die Inschrift des westlichen ihn als „geliebt von Atum", der untergehenden Sonne, bezeichnet (Abb. 49).

Aus der Zeit der folgenden Ramessidenkönige kennen wir lediglich drei Obelisken, von denen einer Merneptah, dem Sohn und Nachfolger Ramses' II. gehört. Von diesem Obelisken existieren nur noch zwei Fragmente aus Rosengranit, die irgendwann während des Mittelalters an ihren Fundort, die Stadt Qaha im südlichen Nildelta, geraten sein müssen, die sonst keinerlei Spuren aus pharaonischer Zeit bewahrt hat. Der Obelisk trug auf jeder seiner Seiten einst zwei Inschriftreihen, welche die Namen des Merneptah und einige übliche Formeln enthielten. Von größter Wichtigkeit ist nur ein Epithet des Königs, das einen Hinweis auf den vermutlich ursprünglichen Standort des Obelisken gibt: „Der Heliopolis neubegründete für den, der ihn erschuf".

Sethos II., Merneptahs Sohn und Ramses' II. Enkel, stiftete zwei kleine Obelisken aus Quarzit, von denen der eine noch auf seinem Sockel am Kai vor dem Ersten Pylon des großen Amun-Tempels zu Karnak steht, während der andere völlig verschwunden ist. Die Inschriften des noch vorhandenen Exemplars bestehen fast ausschließlich aus dem immer wiederkehrenden Namen Sethos' II. Verglichen mit den Obelisken, die die Vorgänger dieses Herrschers gestiftet haben, wirkt er klein und uninteressant.

Ramses IV., der dritte König der 20. Dynastie, weihte den letzten uns aus der Ramessidenzeit bekannten Obelisken (Abb. 50). Das Material ist auch hier wieder Quarzit, doch ist uns nur das oberste Stück in einer Länge von 1,56 m erhalten geblieben. Dieses Fragment war bei seiner Entdeckung in einem Gebäude in Kairo verbaut, von wo es 1887 ins Museum verbracht wurde. Auf jeder seiner vier Seiten trägt es eine Inschrift, die in zwei Kolumnen große Elogen auf den König enthält, der als „geliebt von den Gottheiten von Heliopolis" bezeichnet wird. Eine der Inschriften, wahrscheinlich die für die Vorderseite bestimmte, verrät uns auch den Namen des Obelisken: „Heqamarê (Ramses IV.) machte es

Abb. 50. Der Obelisk Ramses' IV. (Kairo, Ägyptisches Museum)

als sein Denkmal für seinen Vater Rê, daß er ihm einen großen Obelisken errichtete, dessen Name 'Ramses, der die Götter(bilder) herstellt' ist."[12] Es war üblich, großen Statuen und Obelisken auch Namen zu geben; vor seiner Zerstörung kann dieser Obelisk aber kaum höher als zweieinhalb Meter gewesen sein, entgegen der Behauptung des Königs also keineswegs ein „großer Obelisk". Nicht ausgeschlossen werden darf allerdings die Möglichkeit, daß er ursprünglich nur für ein Modell, ähnlich dem Sethos' I., bestimmt war.

Nach der Ramessidenzeit war Ägypten meist in kleinere Herrschaftsbereiche aufgeteilt, die häufig von fremden Machthabern regiert wurden. Während der 21. Dynastie (1085–945 v. Chr.) residierte die legitime Königsfamilie in Tanis im Nordosten des Deltas, zur gleichen Zeit aber lag in Oberägypten die Macht in den Händen der Hohenpriester des Amun. Die Könige der 22. u. 23. Dynastie waren Abkömmlinge libyscher Söldner, die vielleicht ebenfalls in Tanis residiert haben und sicher auch dort bestattet worden sind. Obwohl während ihrer Regierungszeit noch manches Bedeutsame geschah, war nicht zu übersehen, daß Ägypten sich im Stadium des Niederganges befand. Die 24. Dynastie übte ihre Macht nur noch in der Gegend von Sais aus und auch dort konnte sie sich nur für sechs Jahre behaupten. Sie wurde von den aus dem Sudan einbrechenden Kuschiten abgelöst, welche die 25. Dynastie bildeten. Da die eigentliche Hauptstadt dieser Könige weit entfernt im Süden lag, wählten sie sich Memphis zu ihrem zweiten Regierungssitz. Es ist nicht undenkbar, daß diese kuschitischen Eroberer zum Teil Nachkommen ägyptischer Siedler in Nubien waren, denn sie errichteten den ägyptischen Göttern Tempel und verehrten sie, als wären es ihre eigenen.

Der Kuschitenherrschaft machten schließlich die Assyrer ein Ende, als sie 671 v. Chr. mit ihrem Heer in Ägypten einfielen. Dem letzten Aufflackern eines Feuers vergleichbar, gelang einem Geschlecht aus der Stadt Sais im Westdelta noch einmal die Herstellung der Einheit und Unabhängigkeit Ägyptens, dem sie damit für kurze Zeit etwas von seinem alten Glanz wiedergaben. Nach ihrem Herkunftsort „Saiten" genannt, versuchten diese Könige der 26. Dynastie auf dem Gebiet der Kunst und der Literatur wieder an alte Traditionen anzuknüpfen. Sie gestalteten ihre Geburtsstadt durch ihre rege Bautätigkeit zu einer würdigen Hauptstadt der „Beiden Länder" aus, errichteten aber auch Monumente in anderen Teilen Ägyptens, besonders in den religiösen Zentren Heliopolis und Theben.

Psametik II., der dritte König dieser Dynastie, stiftete in Heliopolis ein Obeliskenpaar, von dem wiederum nur ein Einzelstück erhalten geblieben ist. Es befindet sich heute in Rom, wohin es bereits Kaiser Augustus hatte bringen lassen. Ein weiteres Obeliskenpaar weihte Apries, der Nachfolger Psametiks II., in den

Haupttempel der Stadt Sais, deren Schutzgöttin Neith war. Da neben ihr in dieser Stadt aber auch Kulte der solaren Götter bestanden, konnte Sais mit Recht die Errichtung von Obelisken für sich „beanspruchen". Irgendwann im Laufe der Geschichte aber wurde auch dieses Monolithenpaar nach Italien verschleppt. In Urbino konstruierte man sich aus mehreren Bruchstücken des einen von ihnen ein zusammenhängendes Obeliskenstück; mit dem weit besser erhaltenen aber schmückte sich wieder die Stadt Rom.

Der nächste König, Amasis, erbaute in Abydos einen Tempel, vor dessen Eingang ein wahrscheinlich ebenfalls von ihm gestiftetes Obeliskenpaar stand. In der nördlich von Abydos gelegenen Stadt Minscha in Oberägypten kam bei Ausgrabungen ein Fragment von einem dieser Monumente zum Vorschein[13]. Der oberste Gott von Abydos war der Totengott Osiris, doch wurden hier neben ihm auch noch eine Reihe solarer Götter verehrt. Die Bestätigung erbringt der Obelisk des Amasis, der den König gleichzeitig als „geliebt von Osiris, Ptah-Sokaris-Osiris und von dem Sonnengott Harachti" bezeichnet. Das Fragment dieses Obelisken ist ein Granitstück von 1,15 m Höhe, der ganze Obelisk muß wenigstens zweieinhalb Meter gemessen haben.

Die Saiten-Dynastie endete mit der Invasion der Perser in Ägypten, die die 27. Dynastie (525–404 v. Chr.) bilden. Auf diese folgte für nur sechs Jahre die 28. Dynastie, repräsentiert lediglich von einem einzigen König, der wiederum aus der Stadt Sais stammte. Die 29. Dynastie vermochte sich ebenfalls nur achtzehn Jahre lang zu halten. Sie herrschte von der Deltastadt Mendes aus.

Für kurze Zeit gelang es den Königen der 30. Dynastie, die Kräfte Ägyptens noch einmal zum Leben zu erwecken. Nektanebos, der letzte von ihnen, errichtete sogar drei Obelisken. Von einem davon besitzen wir ein Mittelstück, das Berichten zufolge in der Gegend von Zagazig, einer Stadt im Ostdelta, zum Vorschein gekommen ist: Sein Material ist Rosengranit, seine Größe 1,96 m, und es trägt auf jeder Seite eine Inschriftreihe. Der König nennt sich hier geliebt vom „Falken, der zufrieden ist im Leben" und außerdem geliebt von Osiris in dreien seiner Erscheinungsformen: dem „großen Stier, Herrn von Horbeit", dem „Mnevis in Horbeit" und der „lebenden Seele seiner heiligen Barke"[14]. Horbeit war die Hauptstadt des 11. unterägyptischen Gaues. Dort hatte Horus in seiner Falkengestalt einen Kult; außerdem hielt man einen heiligen Stier, den Mnevis, der höchste Verehrung genoß. Im Jahre 1954 fand man bei Ausgrabungen in Abu Jassin, zwischen Horbeit und Zagazig, einen ausgedehnten Friedhof mit gewaltigen Sarkophagen, in denen die Mumien der Mnevis-Stiere beigesetzt worden waren. Der Obelisk des Nektanebos müßte einst, seinen Inschriften nach zu schließen, in Horbeit selbst oder vielleicht bei dem Mnevis-Friedhof von Abu Jassin gestanden haben.

Die andern beiden Obelisken des Nektanebos gehörten einmal als ein Paar zusammen; wir besitzen davon heute aber nur noch drei Bruchstücke. Zwei der Fragmente wurden einmal während des 18. Jhs. von Reisenden entdeckt. Die Gelehrten, die am Ende des Jahrhunderts Napoleon Bonaparte auf seinem erfolglosen Feldzug nach Ägypten begleiteten, nahmen diese Stücke schließlich an sich. Gemäß dem Kapitulationsvertrag, welcher der Anwesenheit der Franzosen in Ägypten ein Ende setzte, gerieten die Fragmente dann gleichzeitig mit dem berühmten Stein von Rosette in britische Hände. Das dritte Teilstück dieses Obeliskenpaares gelangte in noch späterer Zeit in den Besitz des Museums von Kairo. Es ist nicht ausgeschlossen, daß man es seinerzeit als Baumaterial wiederverwendet in einem Kairener Gebäude entdeckt hat. Dieses Fragment erwies sich dann jedenfalls als passend zu einem der Bruchstücke des Britischen Museums.

Das Material dieser von Nektanebos gestifteten Obelisken ist Schist; ihre Höhe muß ursprünglich 5,50 Meter betragen haben. Jeder trug auf zweien seiner Seiten, und zwar auf den sich jeweils gegenüberliegenden, Weihinschriften: „König Nektanebos machte es als sein Denkmal für seinen Vater Thoth, den Herrn von Hermupolis (Aschmunein), daß er ihm einen großen Obelisken errichtete ..." Auf den übrigen Seiten der Obeliskenschäfte wird noch weiter Bezug genommen auf Thoth, den Gott von Aschmunein und seiner Umgebung[15]. Hermupolis war die Hauptstadt des

15. oberägyptischen Gaues und einer der wichtigsten Kultorte Ägyptens. Sein Hauptgott Thoth ist der Schutzgott der Schreiber und der Gott der Wissenschaft. Die Griechen setzten ihn mit ihrem Hermes gleich, dessen Stadt bei ihnen den Namen Hermupolis, „Stadt des Hermes", erhielt. Vor dem Neuen Reich erfahren wir kaum etwas von Aschmunein, denn seine Blütezeit begann erst danach. Da die Spuren seiner einstigen Größe in der Hauptsache noch unausgegraben unter der Oberfläche schlummern, wird der Besucher vergeblich nach ihnen Ausschau halten. Der deutsche Ägyptologe Günther Roeder (1881–1966) widmete den Ausgrabungen von Aschmunein ein ganzes Jahrzehnt. Es gelang ihm schließlich, die Fassade eines Tempels zu rekonstruieren, wie er sich zu Nektanebos' Zeit präsentiert haben könnte (Abbildung 31)[16].

Nektanebos war der letzte Herrscher auf dem Thron der Pharaonen, der seiner Abstammung nach als Ägypter zu bezeichnen ist, auch wenn seine Nachfolger sich noch mit Vorliebe mit der alten Königstitulatur schmückten. Zehn Jahre mußten nach ihm die Ägypter dann noch einmal die grausame Herrschaft der Perser über sich ergehen lassen, und als im Jahre 332 v. Chr. Alexander der Große in ihrem Land erschien, begrüßten sie ihn begeistert als ihren Erretter. Nach seinem frühen Tode wurde Ägypten von einer langen Reihe griechischer „Pharaonen" regiert, in deren Familie alle männlichen Mitglieder den Namen Ptolemaios trugen. Unter diesen Ptolemäern durfte das Land sich wieder eines zunehmenden Wohlstandes erfreuen und der Ruhm seiner neuen Hauptstadt Alexandria als Mittelpunkt griechischer Kultur durchdrang die ganze klassische Welt. In dem Bestreben, mit ihren ägyptischen Untertanen in gutem Einvernehmen zu stehen, ließen die Ptolemäer an vielen alten Kultstätten neue Tempel errichten. In Dendera, Edfu und Philae entstanden auf diese Weise bedeutende Heiligtümer und sogar einige kleine Obelisken sind damals aufgestellt worden.

Zu Beginn unseres Jahrhunderts bescherte uns der Zufall den Fund einer großen Anzahl aramäischer Papyri, die aus einer jüdischen Kolonie auf der Insel Elephantine zur Zeit des 5. vorchristlichen Jahrhunderts stammen. Diese Entdeckung rief alsbald eine französische Ausgräberexpedition auf den Plan, die aber anstelle reicher Papyrusfunde auf einen Friedhof stieß, in dem Widder, die heiligen Tiere des Ortsgottes Chnum, bestattet waren. Neben einem der Gräber in dieser Anlage wurde sogar eine Kapelle mit einem Opfertisch und vier Obelisken gefunden[17], doch konnte man nirgends auch nur die Spur einer Inschrift entdecken. Zumindest aber die Obelisken scheinen ursprünglich mit einer bemalten oder beschriebenen Stuckschicht überzogen gewesen zu sein; diese ist dann wohl im Laufe der Zeit gesprungen und abgefallen und der Text somit für uns jetzt verloren.

Der Name des Erbauers dieser Kapelle ist nicht überliefert. In Anbetracht der Nähe des Widderfriedhofes, der mit Sicherheit in die Ptolemäerzeit zu datieren ist, und aufgrund der Form der Obelisken und des Opfertisches dürfen wir wahrscheinlich die ganze Kapelle und ihre Ausstattung ebenfalls dieser Epoche zurechnen. Von der Kapelle selbst findet sich auf der ganzen Insel Elephantine heute keine Spur mehr; der Opfertisch und zwei der Obelisken sind ins Museum nach Kairo gekommen, ein dritter befindet sich im Metropolitan Museum of Art in New York. Der vierte Obelisk scheint in Stücke zerbrochen und auf der Insel verblieben zu sein. Die verschwundene Kapelle könnte eine Ähnlichkeit mit den Kapellen gehabt haben, die einst von Amenophis II. und Tuthmosis IV. auf Elephantine errichtet worden waren, deren Kultzentren ebenfalls „Obelisken des Altars des Rê" gebildet hatten.

Im Nil etwa acht Kilometer südlich von Elephantine liegt die Insel Philae, der man einmal den Beinamen „Perle von Ägypten" verliehen hatte. Als gegen Ende des 19. Jhs. der Plan zur Errichtung eines Staudammes entstand, bedeutete dies für die Insel alljährlich eine mehrmonatige Überflutung. Die Wissenschaftler fürchteten, Philae könnte dadurch für immer verlorengehen, und empörten sich über den „verfluchten Damm". Im Jahre 1902 war dann der erste Aswan-Staudamm vollendet; er wurde jedoch im Jahre 1912 und dann noch einmal 1934 zu größerer Höhe aufgemauert. Die Fluten des Stausees aber, in denen bei jeder Erhöhung des Dammes die Tempel der Insel tiefer versanken, konnten deren Standfestigkeit nichts anhaben. Die ständige Feuchtigkeit brachte lediglich – leider – die schönen Farben ihrer Bemalung zum Verschwinden. Inzwischen ist durch den Bau eines neuen, zweiten Staudammes die Lage der Insel Philae völlig unhaltbar geworden: Zwischen dem neuen und dem alten Damm wäre sie nicht nur zeitweilig, sondern für immer bis zur halben Höhe ihrer Tempel überflutet worden. Deshalb faßte man an verantwortlicher Stelle den kühnen Beschluß, die gesamte Anlage von Philae abzutragen und die Tempel Block für Block genauestens auf der Nachbarinsel Agilkia wiederzuerrichten, die ihnen mit ihrem höheren Niveau ganzjährig Sicherheit vor den Fluten des Stausees garantiert. Wenn die entsprechenden Pläne realisiert sind, geht uns die „Perle Ägyptens" nicht nur nicht allmählich verloren, sondern sie bleibt uns an anderer Stelle in getreuest restauriertem Zustand noch weit besser erhalten. (Das Unternehmen „Salvage of Philae Monuments" ist inzwischen im März 1980 zu seinem glücklichen Abschluß gekommen. – Anm. d. Übers.)

Die Tempelanlagen der Insel Philae stammen größtenteils aus der griechisch-römischen Zeit Ägyptens. Der Haupttempel wurde von Ptolemaios II. (285–246 v. Chr.) errichtet, mit seiner Ausgestaltung befaßten sich aber auch noch die Nachfolger dieses Königs. Der englische Gelehrte W. J. Bankes, der ausgedehnte Reisen in den Vorderen Orient unternahm, stieß im Jahre 1815 bei Grabungen auf der Insel Philae vor dem Haupttempel unter anderem auf einen vollständig erhaltenen Granitobelisken von 6,70 Metern Höhe und einem Gewicht von etwa sechs Tonnen. Auf ihm waren die Namen Ptolemaios' VIII. (145–116 v. Chr.), seiner Schwester Kleopatra und seiner Gemahlin, die ebenfalls Kleopatra hieß, verzeichnet. Im Jahre 1819 heuerte Bankes den sich als Ausgräber betätigenden italienischen Athleten Giovanni Belzoni an: Mit dessen Hilfe wurde dann der Obelisk von der Insel Philae abtransportiert und erhielt einige Zeit später als seine neue Heimat den Bankes'schen Landsitz in England zugewiesen. Als man dann auch noch die untere Hälfte des Gegenstücks zu diesem Obelisken fand, beließ man sie zunächst einige Zeit an ihrem Fundort; später aber wurde auch sie auf Bankes' Besitzung nach England überführt[18].

Die hieroglyphischen Inschriften dieses Obelisken unterscheiden sich inhaltlich in keiner Weise von sehr viel älteren Texten. Natürlich wird Isis, die oberste Göttin von Philae, darin genannt, und aus diesem Grunde darf auch Osiris nicht fehlen nebst einigen der Sonnengötter. Der König wird bezeichnet als „Horus, der junge, der jubelt auf dem Thron seines Vaters, heiliges Abbild des Götterkönigs, erwählt von Atum selbst, der Herr der Beiden Länder, Ptolemaios VIII., der wohltätige Gott (= Euergetes), geliebt von Amun-Re, dem König der Götter, dem Herrn der Throne der Beiden Länder, der in Karnak herrscht, der die in den Bezirken des Horus (die Bewohner Ägyptens) gedeihen läßt, dem guten Schutz in den Tempeln von Ober- und Unterägypten, der großen Sonne, die den Himmel, die Erde, die Unterwelt, das Wasser, die Berge und die, die in Ägypten sind, umkreist, dem großen Gott, dem Herrn der Reinen Stätte (Abaton), der alle Kraft und alle Siege gibt auf dem Thron des Horus an der Spitze der Lebenden ewiglich."

Wirklich interessant sind jedoch drei Inschriften in griechischer Sprache an den Basen der Obelisken: In der ersten wenden sich die Priester von Philae mit einer Klage an Ptolemaios VIII., seine Schwester und seine Gemahlin:

„Die Reisenden, die Philae besuchen, Generale und Inspektoren, Befehlshaber der Thebais, königliche Beamte, Schreiber, Oberste der Polizei und all die anderen Beamten, die im Dienste der Regierung stehen, bewaffnete Wachen, die in ihrem Gefolge sind, und alles, was sie außerdem noch an Dienern mit sich führen, zwingen uns, die Kosten für ihren Aufenthalt, solange sie hier sind, zu übernehmen. Aus diesem Grunde verarmt der Tempel immer mehr und wir laufen Gefahr, gar nichts mehr zu besitzen ... Wir flehen Euch an, Ihr großen Götter, wollet bitte einen Befehl geben, damit wir nicht weiter von solchem Kummer gequält werden ... und daß uns Euer Schiedsspruch schriftlich gegeben werde."

Die zweite Inschrift ist eine Kopie des Briefes, in dem der König, seine Gemahlin und seine Schwester den Priestern all das bewilligen, worum sie gebeten haben. Der dritte griechische Text ist die Kopie eines Briefes an die örtlichen Behörden und betrifft die Ausführung der Anordnungen: „Es ist gut, wenn ihr entsprechende Vorkehrungen trefft, daß niemand unter irgendeinem Vorwand die Priester beunruhigen möge im Hinblick auf die Gründe, die sie im Detail dargelegt haben."

Es scheint sich hier um eingewurzelte Gepflogenheiten gehandelt zu haben, die sich in Ägypten bis auf den heutigen Tag noch nicht haben ausrotten lassen. In ganz Ägypten nämlich beklagen sich die Bürgermeister der Ortschaften auch jetzt noch häufig über die Auflagen, die ihnen von den Regierungsbeamten gemacht werden. Um ihre Verpflichtungen niedrig zu halten, widersetzen sie sich grundsätzlich dem Bau aller neuen Straßen, die ihre Ortschaften berühren.

Zu Unrecht hält man meist den berühmten Stein von Rosette für den alleinigen Schlüssel, der zur Entzifferung der Hieroglyphenschrift geführt hat. In Wirklichkeit nämlich spielen die Bankes'schen Obelisken dabei eine ebenso wichtige Rolle. Der Rosette-Stein trägt die Kopien eines zu Ehren Ptolemaios' V. erlassenen Beschlusses in, wie wir es modern ausdrücken würden, dreifacher Ausfertigung: zweimal in ägyptischer Sprache, davon einmal in Hieroglyphenschrift und einmal Demotisch, die dritte „Ausfertigung" in griechischer Sprache und Schrift. Daraus konnte man sofort die hieroglyphische Form des Namens „Ptolemaios" isolieren. Schon bald nach seiner Auffindung der Obelisken von Philae sandte Bankes Abschriften der darauf angebrachten griechischen und ägyptischen Texte an verschiedene Gelehrte, wobei er auf die bis dahin unbekannte hieroglyphische Schreibung des Namens Kleopatra hinwies. Nahm man diese nun zu den bereits von anderen Denkmälern her bekannten hieroglyphischen Schreibungen der Namen „Alexander" und „Berenike" hinzu, so verfügte man beim Vergleich der hieroglyphischen Zeichen und ihrer Anordnung mit den Buchstaben, die allen vier Namen gemeinsam sind, bereits über 17 Zeichen, die man mit Buchstaben des Alphabets wiedergeben konnte (Abb. 51).

Nicht gut sprang das Schicksal mit den Stätten um, die einstmals der Aufstellung von Obelisken für würdig befunden worden waren. Als einziges Denkmal, das den Ort bezeichnet, an dem man einst im altehrwürdigen, heiligen Heliopolis den Sonnengott verehrte, ist der Obelisk Sesostris' I. stehengeblieben – bei ihm treffen sich jetzt die Jungen der Umgebung zum Fußballspielen. Piramesse wurde so sehr aller seiner Denkmäler beraubt, daß man es nicht einmal mehr mit absoluter Sicherheit zu identifizieren vermag. Des Schicksals von Memphis aber wird bereits im Alten

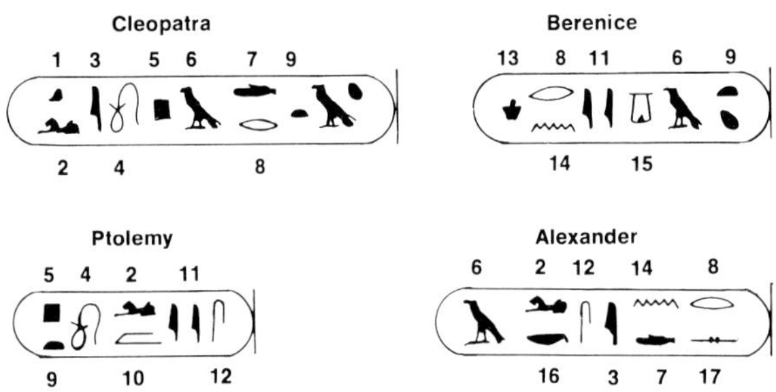

Abb. 51. Kleopatra Berenike Ptolemaios Alexander
Erklärung der Hieroglyphen:
1 und 16 = k; 2 = l; 3 = i; 4 = o; 5 = p; 6 = a; 7 = d; 8 = r; 9 = t;
10 = m; 11 = j; 12 und 17 = s; 13 = b; 14 = n; 15 = g

Testament, nämlich in der Prophezeiung des Jeremias, Erwähnung getan (Jeremia 46:19): „Noph (Memphis) wird wüst und verbrannt werden, niemand wird darinnen wohnen." Und Nahum konnte für Ninive keine wirksamere Drohung finden als den Hinweis auf den Fall von Theben:

„Bist du (Ninive) besser als No-Amon (Theben), das an den Strömen lag, rings von Wasser umgeben, dessen Bollwerk ein Meer und dessen Mauer Wasser war? Kusch war seine Stärke und das endlose Ägypten, Put und die Libyer waren seine Helfer. Doch auch es mußte in die Verbannung, mußte wandern in die Gefangenschaft. Auch seine Kinder wurden zerschmettert an den Ecken aller Straßen; über seine Edlen warf man das Los, und all seine Großen wurden in Ketten geschlagen." (Nahum 3:8-10)

Kapitel 6

ROM UND ISTANBUL

Rom, die Ewige Stadt, darf sich mit Fug und Recht mit einer ganzen Anzahl von Beinamen schmücken, einer davon aber paßt vor allen anderen: „Rom, die Stadt der Obelisken" (Abb. 54, 55). Nur acht Obelisken blieben für den „Rest der Welt" noch übrig, Rom allein hingegen besitzt deren dreizehn – und es gab eine Zeit, da waren es noch weit mehr (Abb. 52). Damit sind jedoch, soweit es die Obelisken betrifft, Roms Superlative noch keineswegs erschöpft, denn es nennt nicht nur die meisten, sondern unter diesen auch noch den höchsten Obelisken sein eigen. Sie alle sind aus Ägypten herbeigeschafft worden, doch einige von ihnen erhielten erst in Rom ihr heutiges Aussehen. So tragen nur sieben die Inschriften ihrer pharaonischen Stifter; zwei Obelisken wurden von römischen Kaisern mit Texten dekoriert, ein weiterer erhielt später eine pseudo-ägyptische Aufschrift, und die übrigen weisen nicht einmal die Spur eines Textes auf[1].

Ägypten wurde zu Beginn der römischen Besetzung keineswegs vernachlässigt, wenn Rom das Land auch in erster Linie als seine Kornkammer ausbeutete. Die Römer wußten sehr wohl, welch hohe Kultur an den Ufern des Nils beheimatet war, und stellten ihr Interesse an dem Land und seinem Wohlergehen auch unter Beweis. Wo sie den Göttern Heiligtümer errichteten oder leergebliebene Tempelwände dekorierten, hielten sie sich so streng, wie sie es vermochten, an den Stil der alten Ägypter. Man findet heute noch Darstellungen von Augustus und Tiberius in pharaonischem Habitus und ihre Namen sind genauso wie die der altägyptischen Herrscher in den Königsring geschrieben.

Als sich die pharaonische Epoche allmählich ihrem Ende zuneigte, trat die osirianische Triade – Osiris, der Gott des Todes, seine Gemahlin Isis und beider Sohn Horus – ihren Siegeszug

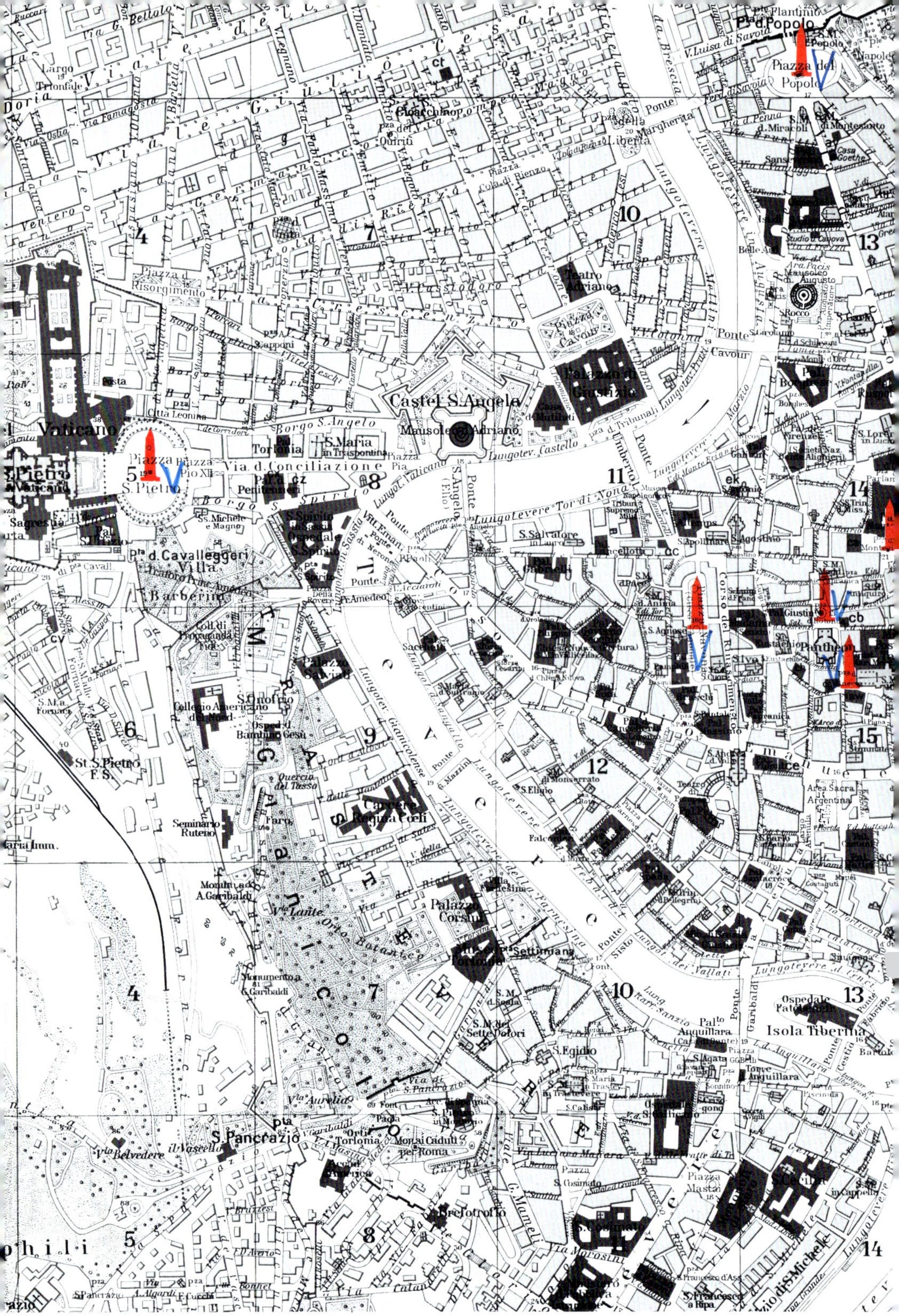
Piazza del Popolo
Vaticano
Piazza S. Pietro
Castel S. Angelo
Mausoleo d'Adriano
Palazzo di Giustizia
Piazza Cavour
Teatro Adriano
Via d. Conciliazione
Lungotevere
Villa Barberini
Collegio Americano del Nord
S. Onofrio
Palazzo Salviati
Carcere Regina Coeli
Palazzo Corsini
Orto Botanico
Monumento a G. Garibaldi
Via Aurelia
S. Pancrazio
Isola Tiberina
Pantheon
Mausoleo d. Augusto
Ara Pacis
Area Sacra Argentina
S. Cecilia
S. Michele
Piazza Mastai
Ponte Sisto
Ponte Cavour
Ponte Margherita
Seminario Ruteno
Ospedale Fatebenefratelli
Brefotrofio
Gianicolo
Trastevere

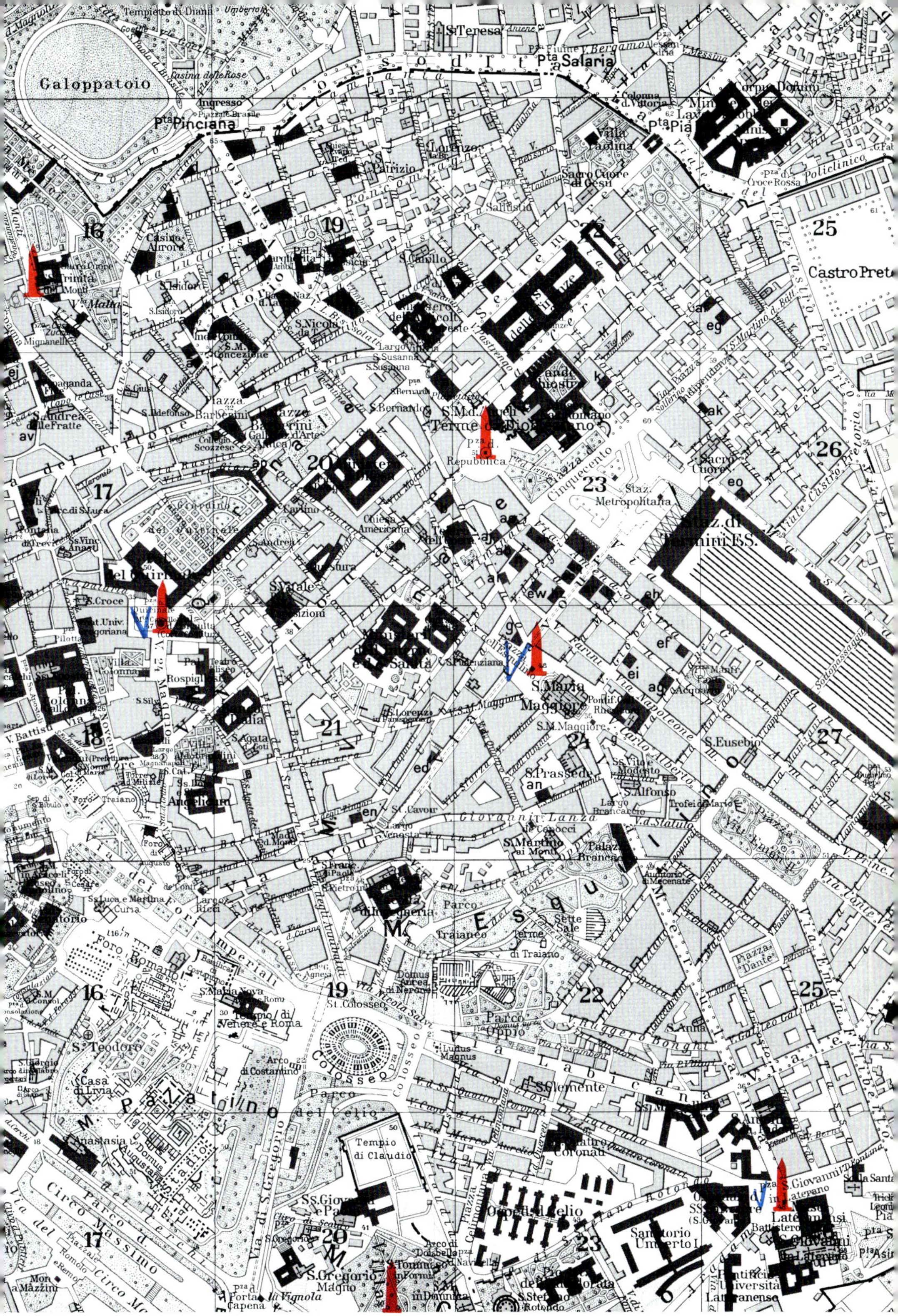

Abb. 52. Plan von Rom mit eingezeichneten Obelisken

über Ägypten hinaus durch die ganze klassische Welt an. Osiris, der vom Tode Auferstandene, gab den Menschen jenen Hoffnungsschimmer, an den sich besonders Arme und politisch Unterdrückte klammerten. Er verkörperte das Gute und durch ihn wurde das Böse als dessen verabscheuungswürdiger Gegensatz sichtbar: dadurch nahm im Volk die Schar seiner Anhänger immer mehr zu. Im gleichen Maße gewann auch der Kult der Isis an Boden, denn die Zauberkünste dieser Göttin hatten ja die Wiederauferstehung des Osiris bewirkt; mit ihrer Hilfe schließlich gelang es dann auch beider Sohn Horus, den Tod seines Vaters zu rächen.

Nach der Eingliederung Ägyptens in das Römische Weltreich konnte der Isiskult dann auch in Europa Fuß fassen. Mancherorts offenbarte sich uns seine einstige Existenz erst dadurch, daß man Gegenstände ägyptischen Ursprungs entdeckte, durch deren Aufstellung bei kultischen Handlungen sich die Gläubigen einst den Isismysterien näher gefühlt hatten. In Rom erwuchs daraus möglicherweise auch das steigende Interesse an den ägyptischen Obelisken.

Der Obelisk, der sich heute auf der Piazza San Giovanni in Laterano erhebt (der Einfachheit halber „Lateran-Obelisk" genannt), der größte noch existierende Obelisk überhaupt, besteht aus Rosengranit, der mit Sicherheit aus Aswan stammt, vielleicht sogar aus demselben Steinbruch, in dem der unvollendete Obelisk liegt (Abb. 53). Mit großer Wahrscheinlichkeit hat ein gewisser Min, der Ortsvorsteher von Thinis und Oberster der Onurispriesterschaft war, als Beauftragter Tuthmosis' III. die Arbeiten für den Lateran-Obelisken überwacht. Bei einem Gewicht von 455 Tonnen beträgt seine heutige Höhe noch immer 32,18 Meter, obwohl im 16. Jh., bei seiner Wiederaufstellung, ein Stück abgeschlagen worden war.

Das Pyramidion dieses Obelisken, das einst ebenso wie der obere Teil des Schaftes mit Gold überzogen war, ist beschädigt. Es

Abb. 53. Der Obelisk auf dem Platz vor dem Lateran in Rom ▷

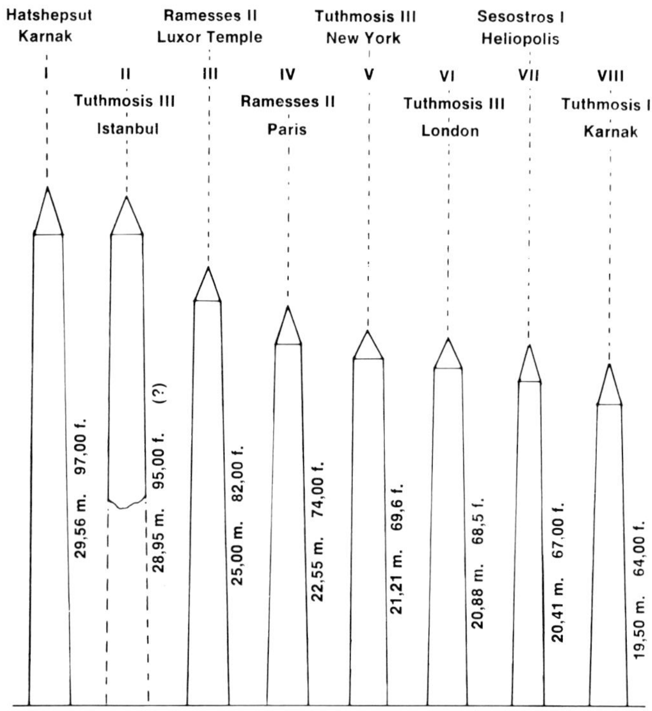

Abb. 54. Größenvergleich der bekanntesten Obelisken außerhalb von Rom

zeigt auf seinen vier Seiten den König, der von Amun-Re beziehungsweise von Amun-Atum gesegnet wird. Darunter, am oberen Ende des Schaftes, sehen wir eine weitere Darstellung des Pharao, diesmal in opfernder Haltung vor den Göttern. Diese Szene ist nach Art eines Rahmens von einer rechteckigen Begrenzungslinie eingefaßt. Die jeweils mittlere der von hier aus senkrecht nach unten führenden Inschriftenreihen nennt die Namen Tuthmosis' III., gefolgt von den auf die Errichtung des Obelisken Bezug nehmenden, feststehenden Wendungen: „Er (Tuthmosis III.) machte es als sein Denkmal für seinen Vater Amun, den Herrn der Throne der Beiden Länder, daß er ihm einen einzelnen Obelisken im oberen Hof des Tempels im Bezirk von Karnak errichtete, als erste Aufstellung eines Einzelobelisken in Theben."

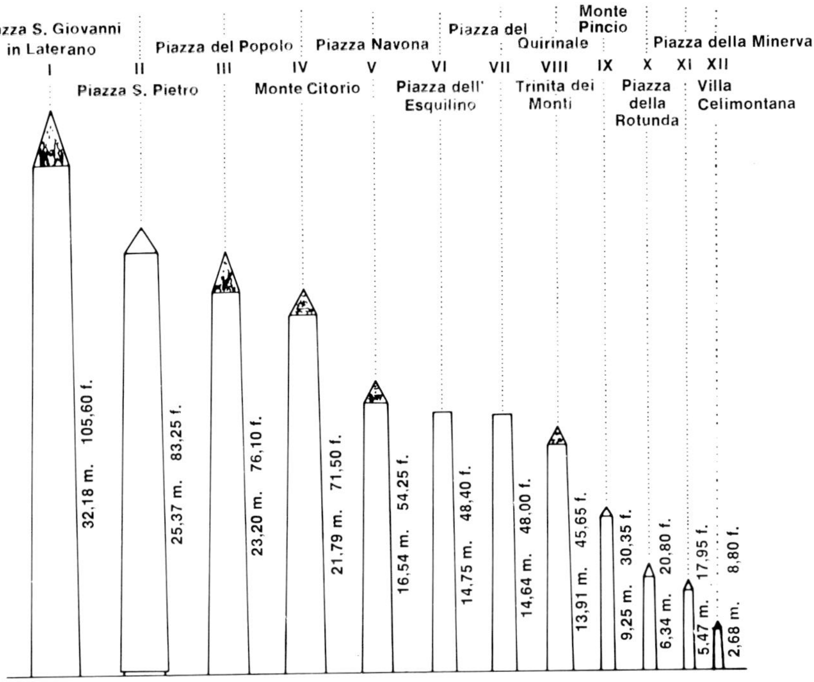

Abb. 55. Größenvergleich von zwölf der dreizehn Obelisken in Rom

Tuthmosis IV., der Enkel des Stifters des Lateran-Obelisken, fügte dann diesen mittleren Inschriftenreihen seines Großvaters auf allen vier Seiten des Schaftes noch jeweils die beiden äußeren Textreihen hinzu. Aus einer dieser Kolumnen erfahren wir, daß der Obelisk fünfunddreißig Jahre lang bei den Handwerkern der zum Tempel gehörenden Werkstätten auf der Seite liegengelassen worden war. Weiter wird gesagt, daß Tuthmosis IV., der Karnak durch eine Reihe von Bauwerken ausschmückte, auch diesen Obelisken am Oberen Tor, auf der östlichen Seite des Tempelbezirks von Karnak, habe aufrichten lassen.

Unterhalb der Inschriften der beiden Tuthmosiden ließ auch Ramses II. noch Darstellungen anbringen, von denen aber nur die der Frontseite erhalten geblieben sind. Die entsprechenden Szenen auf den drei anderen Seiten hat man zu einem unbekannten Zeitpunkt durch Inschriften ersetzt, die an dieser Stelle gänzlich unpassend und zudem völlig unägyptisch sind.

Der Lateran-Obelisk ist mit größter Wahrscheinlichkeit erst gegen Ende der Regierungszeit Tuthmosis' III. angefertigt worden. Diese späte Datierung ergibt sich aus zwei Tatsachen: Nachdem der Versuch, den unvollendeten Obelisken von Aswan zu einem Gegenstück für den des Lateran umzuarbeiten, fehlgeschlagen war, blieb Tuthmosis III. vor seinem Tode nicht mehr genügend Zeit, einen ganz neuen zweiten Obelisken anfertigen zu lassen. Aus demselben Grunde erklärt sich auch die in der nachträglich angefügten Inschrift Tuthmosis' IV. erwähnte Tatsache, daß das Aufrichten dieses Obelisken nicht mehr durch seinen Großvater vorgenommen werden konnte, ja daß man ihn einfach liegen ließ. Alles hätte sich sicherlich ganz anders abgespielt, wäre die Fertigstellung des Obelisken nicht zu sehr in die zeitliche Nähe des Todes Tuthmosis' III. gerückt, so daß es durch den alsbald erfolgten Regierungswechsel geschehen konnte, daß ein solches Monument in Vergessenheit geriet.

Lange Zeit waren sich die Gelehrten unschlüssig, an welcher Stelle der Lateran-Obelisk ursprünglich in Ägypten aufgestellt worden war. Der französische Ägyptologe Gustave Lefebvre (1879–1957) verglich die Aussage der Inschriften, wonach er im „Oberen Hof" oder am „Oberen Torweg" des Tempels seinen Platz erhalten sollte, mit den in Karnak zu dieser Angabe passenden Örtlichkeiten und kam zu dem Schluß, daß als Standplatz nur die Ostseite des Haupttempels in Frage kommen konnte[2]. Die gezielte Suche nach der genauen Stelle übernahm nach diesen Ideen dann der französische Gelehrte Paul Barguet. Bei Ausgrabungen im Osten des Festtempels Tuthmosis' III. stieß er auf vier hohe Sandsteinblöcke, die mit Schwalbenschwanzverbindungen zusammengefügt waren – allem Anschein nach die Basis des Lateran-Obelisken. Diese Vermutung erhielt ihre Bestätigung durch eine von Ramses II. nicht weit davon entfernt angebrachte Darstellung, in der genau diese Stelle als der „Obere Torweg" ausgewiesen wird[3].

Mehr als ein Jahrtausend nach seiner ersten Errichtung in Karnak war es um die Ruhe des Obelisken zunächst geschehen. Ammianus Marcellinus versichert uns, daß er seiner Wiedererrichtung in Rom um die Mitte des 4. nachchristlichen Jahrhunderts als Augenzeuge beigewohnt habe. Den Angaben des Ammianus zufolge stand der Obelisk in Karnak, als zum erstenmal – durch Kaiser Augustus – seine Verbringung nach Rom verfügt wurde. Augustus scheint sich bald danach aber doch eines anderen besonnen zu haben, einmal weil er fürchtete, der Transport eines Obelisken von dieser Größe könnte fehlschlagen, zum anderen aber weil er überzeugt war, daß die Götter ihm diesen Frevel übelnehmen würden. Drei Jahrhunderte später gab Kaiser Constantin I. (306 bis 337 n. Chr.) dann endgültig den Befehl zum Abtransport des Obelisken aus Karnak – keine leichte Aufgabe, da die Bauwerke in seiner unmittelbaren Umgebung zu wenig Spielraum beim Manövrieren gewährten. So konnte es nicht ausbleiben, daß der Sockel und ein großer Teil seines Fundamentes zerstört wurden. Einer der Blöcke in der Nähe seines Standplatzes trägt bis heute noch deutlich sichtbar die Spuren der Taue, an denen man den Obelisken damals von seinem Sockel abgeseilt hat. Schließlich langte der riesige Monolith aber doch unbeschädigt in Alexandria an, wo für ihn erst noch ein passendes Schiff gebaut werden mußte, das ihn sicher nach Constantins neuer Hauptstadt Konstantinopel überführen sollte.

Der Tod des Kaisers im Jahre 337 n. Chr. hatte zunächst zur Folge, daß die Verschiffung des Obelisken unterblieb. Als sie dann endlich doch, in einem der Jahre vor 357, vorgenommen werden sollte, verfügte Constantius II. (337–361 n. Chr.), der Sohn und Nachfolger Constantins, daß das Ziel nun nicht mehr Konstantinopel, sondern Rom heiße. Nach den Berichten des Ammianus ging der Transport unter großen Schwierigkeiten vor sich. In einem speziell zu diesem Zweck angefertigten Schiff überquerte man mit dem Obelisken das Mittelmeer und fuhr dann noch etwa fünf Kilometer tiberaufwärts bis zur Villa des Severus. Von hier aus wurde der Koloß zum Circus Maximus transportiert, wo man ihn als Gegenstück zu einem bereits von Kaiser Augustus errichteten Obelisken aufstellte. Die Spitze seines Pyramidions krönte man mit einer vergoldeten Bronzekugel. Nach deren Zerstörung durch Blitzschlag ersetzte man sie dann durch eine ebenfalls vergoldete bronzene Fackel, die in der Sonne den Eindruck einer Flamme erweckte. Auf dem Sockel brachte man in lateinischer Sprache eine Inschrift an, die über die Reise des Obelisken berichtete.

Kaiser Constantius nahm im Frühjahr d. J. 357 anläßlich eines kurzen Aufenthaltes in Rom die Einweihung des Obelisken selbst vor. Er war das erste große Monument, das nach der Erklärung des Christentums zur offiziellen Staatsreligion in Rom errichtet wurde, und deshalb für die Römer ein Symbol des Sieges dieser neuen Religion über die heidnischen Götter. Zu einem nicht überlieferten Zeitpunkt, vielleicht ein paar Jahrhunderte später, stürzte der Obelisk um. Es wird nicht berichtet, ob dabei irgend jemand nachgeholfen hat, oder ob allein das Nachlassen der Standfestigkeit die Ursache war. Da aber ein tonnenschweres Monument nicht von ungefähr zu Fall kommt, dürfte wohl die erste Möglichkeit am ehesten in Betracht kommen.

Unsere Kenntnis von dem weiteren Schicksal des Lateran-Obelisken stützt sich auf den Bericht eines gewissen Monsignore Michele Mercati aus dem 16. Jh., der Papst Sixtus V. auf das Vorhandensein dieses Obelisken hinwies und in ihm den Wunsch nach dessen Wiederaufrichtung zu wecken verstand. Die Suche an der vermuteten Stelle erwies sich nach mehreren Probegrabungen als erfolgreich und man konnte die drei Stücke, in die der Obelisk bei seinem Sturz zerborsten war, in sieben Meter Tiefe unter dem Schutt des Circus Maximus ausfindig machen. Die Ausgrabung und der anschließende Transport durch die engen römischen Gassen bis zu seinem neuen Bestimmungsort stellte größte Anforderungen an die Ausführenden und nahm einschließlich der Wiederaufrichtung mehr als ein Jahr in Anspruch. Am 3. August des Jahres 1588 erhob sich dann der Obelisk neu zu-

Abb. 56. Die Piazza del Popolo in Rom mit ihrem Obelisken ▷

AVGVSTVS

sammengefügt auf der Piazza San Giovanni in Laterano über einem neuen, mit vier Löwen und Darstellungen aus seiner Geschichte geschmückten Sockel. Auf seiner Spitze hatte man ein Kreuz angebracht. Die feierliche Einweihung fand am 10. August desselben Jahres statt.

Der nächste bedeutende Obelisk in Rom bildet den Mittelpunkt der Piazza del Popolo (Abb. 56). Sein Gewicht beträgt 235 Tonnen, seine Höhe 32,77 Meter. Die Inschriften auf dreien seiner Seiten wurden von Sethos I. angebracht; die vierte Seite blieb seinem Sohn Ramses II. zur Ausgestaltung vorbehalten, der dabei gleichzeitig die Gelegenheit wahrnahm, die in der Mitte angebrachten senkrechten Textkolumnen seines Vaters auf den drei anderen Schaftseiten durch je eine zusätzliche Inschriftenspalte davor und dahinter zu säumen. Die kleinen Szenen am unteren Obeliskenende, welche die Könige opfernd vor verschiedenen solaren Göttern zeigen, weisen außerdem zahlreiche herkömmliche Inschriften auf. Auf einer der Seiten wird hier Sethos als derjenige bezeichnet, der „Heliopolis mit Obelisken füllt, damit deren Leuchten den Tempel des Sonnengottes erhellt". Auf einer anderen Seite ist es Ramses II., der „seine Denkmäler zahlreich macht wie die Sterne des Himmels, dessen Werke (Obelisken) sich mit dem Himmel vereinigen – wenn die Sonne strahlt, jauchzt Seine Majestät über sie in seinem Haus von Millionen Jahren –, der dieses Denkmal seines Vaters (Sethos' I.) verschönert hat, um dessen Namen im Tempel des Re bleiben zu lassen." Daraus geht eindeutig hervor, daß Ramses II. es war, der die Fertigstellung dieses Obelisken und seine Aufrichtung im Tempel des Sonnengottes zu Heliopolis besorgte.

Der Obelisk auf der Piazza del Popolo war der erste seiner Art überhaupt, der aus Ägypten verschleppt und nach Rom transportiert wurde. Diese Tatsache erregte solches Aufsehen und Staunen, daß man im ersten nachchristlichen Jahrhundert das Transportschiff in Rom zur Besichtigung ausstellte, bis es in späteren Jahren einmal einem Brand zum Opfer fiel. Der Obelisk wurde im Jahre 10 v. Chr. auf der Spina im Circus Maximus als Symbol der Sonne und zum Gedenken an die Eroberung Ägyptens durch

Kaiser Augustus aufgestellt. Aus dieser Zeit ist nicht mehr viel über ihn zu berichten. Im vierten Jahrhundert befand er sich noch immer aufrecht stehend am selben Platz, wie unser Augenzeuge Ammianus zu vermelden weiß, der in seinen Berichten über den Lateran-Obelisken auch von ihm eine Beschreibung gibt. Er fügte dieser sogar noch die sinngemäße Übersetzung der hieroglyphischen Inschriften in die griechische Sprache aus der Feder eines sonst nicht bekannten ägyptischen Priesters namens Hermapion bei.

Auch dieser Obelisk verschwand dann für mehr als ein Jahrtausend und geriet nahezu völlig in Vergessenheit, bis ein gewisser Alberti aus Camaldoli in den Ruinen des alten Circus Spuren von ihm in Form einiger Fragmente wiederentdeckte. Zur Zeit Papst Gregors XIII. (1572–1585) kamen auch noch Teile des Sockels zum Vorschein, aber erst im Jahre 1586, während des Pontifikats Sixtus' V., unternahm man eine gezielte Suche, um die Bruchstücke möglichst vollständig zusammenzubringen. Bald stand auch fest, daß dieser Obelisk als beherrschender Mittelpunkt die Piazza del Popolo schmücken sollte, einen der Hauptzugänge der Ewigen Stadt, an dem nicht weniger als drei ihrer wichtigsten Straßen einmünden. Nachdem ein beschädigter Teil aus der Unterseite des Schaftes entfernt worden war und man die gerettete Weihinschrift des Kaisers Augustus auf dem neuangefertigten Sockel angebracht hatte, konnte im Jahre 1598 endlich die Wiederaufrichtung dieses prachtvollen Monuments erfolgen.

Die Piazza del Popolo mußte danach noch eine Reihe von Veränderungen über sich ergehen lassen. Papst Sixtus hatte bereits Pläne zur weiteren Ausgestaltung des Platzes, doch war ihm die Durchführung seines Vorhabens nicht mehr vergönnt. Unter dem Pontifikat Pius' VI. (1774–1799) entstanden erneut Entwürfe, deren Ausführung jedoch noch einige Zeit auf sich warten ließ. Das Ergebnis aber war dann schließlich der Platz in seiner heutigen Gestalt: Der angehobene Obeliskensockel ruht auf ringsumführenden Treppenstufen, die Basis hat eine Marmoreinfassung, und an den vier Ecken speien ägyptisierende Löwen Wasser in halbkreisförmig davor angelegte Becken. Heute präsentiert sich die Piazza del Popolo als einer der prachtvollsten unter den unzähligen herrlichen Plätzen Roms, ein Rahmen, wie man ihn sich schöner für einen ägyptischen Obelisken nicht wünschen kann.

Die Obelisken der Piazza della Rotonda (Abb. 58) und der Villa Celimontana bildeten einst ein Paar, das Ramses II. für Heliopolis gestiftet hatte. Sie wurden auch zusammen nach Rom gebracht, um gemeinsam im heiligen Bezirk des Iseums, des Isisheiligtums, aufgestellt zu werden. Daß sie von Anfang an als Paar geplant waren, ersieht man noch an ihrer gleichartigen Dekoration und an ihren Maßen, obwohl beide heute nicht mehr ihre ursprüngliche Höhe haben.

Der Obelisk der Piazza della Rotonda besteht aus Rosengranit; seine heutige Höhe beträgt noch 6,34 Meter, etwa einen Meter weniger als seine ursprüngliche Größe. Das Pyramidion trägt beide Kartuschen Ramses' II.; auf einer Seite des Schaftes befindet sich der Name des Königs, gefolgt von phrasenhaften Zusätzen, die seine Verwandtschaft mit dem Sonnengott aufzeigen: „Ausgezeichneter Sohn des Rê, sein heiliges Abbild - - - Beschützer der von ihm Erschaffenen, der seine Opfer vermehrt - - - Erbauer großer Denkmäler im Tempel des Rê - - - groß an Festen wie Rê auf dem Thron des Atum". Solche Beinamen sind der sichere Beweis dafür, daß der Obelisk und sein Zwillingsbruder einst im Sonnenheiligtum zu Heliopolis gestanden haben.

Es ist nicht genau bekannt, wer diese beiden Obelisken aus Ägypten nach Rom transportieren ließ, und niemand weiß auch, wann sie in Rom auftauchten. Mit Bestimmtheit läßt sich nur sagen, daß der Obelisk von der Piazza della Rotonda in der Nähe der Kirche Santa Maria sopra Minerva liegend aufgefunden wurde, die ja auf den Ruinen des Isis-Heiligtums steht. Einige Zeit später, so wird berichtet, habe man ihn neben der kleinen Kirche San Macuto in der Via del Seminario, sogar wieder auf seinem Sockel stehend, gesehen. Allerdings sollen daneben auch einige Bruchstücke gelegen haben, die möglicherweise von seinem unteren Ende stammten. Jedenfalls beließ man den Obelisken an dieser Stelle, bis unter Papst Clemens XI. (1700–1721) nach einigem Für und Wider der Platz vor dem Pantheon, die Piazza della

Abb. 57. Der Obelisk vor dem Pantheon (Piazza della Rotonda) in Rom

Rotonda, als neuer Standort für ihn bestimmt wurde. An der Stelle eines älteren schuf man hier einen neuen Brunnen, der zugleich dem Obelisken als Sockel dienen sollte, geschmückt mit wasserspeienden Delphinen sowie mit dem Wappen und einer Widmungsinschrift seines päpstlichen Stifters. Auf die Spitze des Pyramidions setzte man einen Stern, über dem sich das Kreuz erhebt.

Das ehemalige Pendant des Obelisken der Piazza della Rotonda steht als einziger unter seinen nach Rom verbrachten Brüdern nicht inmitten des Verkehrsgewühls eines öffentlichen Platzes,

Abb. 58. Der Obelisk mit Brunnen vor dem Pantheon (Kupferstich aus „Raccolta delle principali vedute di Roma“ von Cottafavi Cuccioni)

sondern hinter den schützenden Mauern eines Palastes: In der Stille des Gartens der Villa Celimontana kann man ihn so in wohltuender Ruhe gefahrlos besichtigen. Leider ist von diesem Obelisken nur noch der obere, 2,68 m hohe Teil mit dem Namen Ramses' II. erhalten geblieben. Er lag einst in den Ruinen des Iseums zusammen mit einem heute verlorenen Bruchstück aus dem unteren Schaftteil. Wir besitzen aber glücklicherweise eine Nachzeichnung der Inschriften von zweien seiner Seiten, die ein früher Kopist einmal angefertigt hat. Daraus wissen wir auch, daß die Texte dieses Obelisken in Parallele standen zu denen seines Partners von der Piazza della Rotonda.

Nach den Angaben zeitgenössischer Dokumente wurde der Obelisk der Villa Celimontana im 14. Jahrhundert auf dem Capitolinischen Hügel östlich der Treppenstufen, die zur Kirche Santa Maria in Aracoeli hinaufführen, wiederentdeckt. Dort scheint er noch ein Jahrhundert lang verblieben zu sein, bis er schließlich umstürzte und entfernt wurde. Am 11. September d. J. 1582 machte ihn die Stadt Rom dem römischen Patrizier und Altertümersammler Ciriaco Mattei zum Geschenk. Dieser ließ ihn dann hinter seinem Palast, der Villa Celimontana, in einem von ihm selber entworfenen Hippodrom aufstellen und dokumentierte die Schenkung in einer Sockelinschrift.

Matteis Erben kümmerten sich weder um die Villa noch um den Obelisken, und so nahm der Verfall allmählich immer verheerendere Ausmaße an. Der Obelisk wäre wohl schließlich umgestürzt, wenn ihn nicht eine glückliche Fügung davor bewahrt hätte. Fürst Manuel von Godoy, ehemaliger Premierminister von Spanien, der König Karl IV. und seine Gemahlin nach ihrer Abdankung zur Zeit der Napoleonischen Kriege in ihr römisches Exil begleitete, nahm in der ehemaligen Villa Mattei Wohnung. Er befaßte sich mit Archäologie und Gartengestaltung und bemühte sich um die Restaurierung des Palastes. Dabei ließ er auch den Obelisken versetzen und wies ihm im Garten einen neuen Platz am Musenhain zu, wo man ihn heute noch bewundern kann.

Ein ähnliches Schicksal wie das des Obeliskenpaares von der Piazza della Rotonda und der Villa Celimontana widerfuhr dem

Obelisken vom Viale delle Terme di Diocleziano (der Kürze halber hier „Thermenobelisk" genannt; Abb. 59) und seinem einstigen Gegenstück. Auch sie waren ursprünglich Stiftungen Ramses' II. für Heliopolis und sind dann gemeinsam von dort nach Rom in das Iseum verbracht worden. Das Pyramidion des Thermenobelisken trägt den geflügelten Skarabäus mit der Sonnenscheibe, dazu die beiden Kartuschen Ramses' II. Auf jeder Schaftseite nennt eine Inschriftenreihe die Namen des Pharao, geliebt von den verschiedenen solaren Göttern, und zählt die Opfer auf, die er in Heliopolis dargebracht hat. Das Material dieses Obelisken ist Rosengranit, seine Höhe beträgt 9,25 Meter.

Im Jahre 1870, kurz nachdem Rom die Hauptstadt eines geeinten Italien geworden war, wurde zur Durchführung systematischer Ausgrabungen in der Ewigen Stadt eine Kommission ins Leben gerufen, die sich als erfolgversprechendes Arbeitsgebiet die Zone um das einstige Iseum vornahm. Auf diese Weise kam am 20. Juni 1883 der Thermenobelisk wieder ans Licht des Tages. Kaum vierundzwanzig Stunden später hatte man auch schon herausgefunden, daß er einst von Ramses II. in Heliopolis aufgestellt worden war und daß sein Gegenstück, das man inzwischen nach Florenz verbracht hatte, einige Zeit vorher ebenfalls im Bereich des ehemaligen Iseums zum Vorschein gekommen war.

Das Schicksal des Thermenobelisken, dessen Heimat Ägypten eine Zeitlang auch eine Provinz des Römischen Reiches war, sollte sich nun abermals mit einem „Römischen" Imperium in Afrika berühren. Im Jahre 1885, nur zwei Jahre nach der Wiederauffindung des Monuments, brach zwischen Italien und Äthiopien ein Krieg aus und italienische Truppen marschierten in das alte Kaiserreich ein. Weitere zwei Jahre danach geriet eine Abteilung von 548 italienischen Soldaten in einen Hinterhalt, wobei alle ums Leben kamen. Um nun die Wogen der Empörung in der Bevölkerung etwas zu glätten, beschloß man, den Thermenobelisken als Denkmal für die Gefallenen zu errichten. Man stellte ihn dem Hauptbahnhof gegenüber auf einen Marmorsockel, der mit bronzenen Löwenköpfen geschmückt war, und brachte Bronzetafeln mit den Namen der Gefallenen darauf an. An der Enthüllung die-

Abb. 59. Der Obelisk am Viale delle Terme di Diocleziano in Rom

ses Denkmals am 5. Juni 1887 nahmen der König und die Königin sowie alles, was Rang und Namen hatte, teil.

Im Jahre 1924 wurde der Obelisk im Zuge der Umgestaltung des Platzes vor dem Bahnhof Termini wieder versetzt, und zwar an seinen (vorläufig?) letzten Standort bei einem Park südlich des Viale delle Terme di Diocleziano. Noch einmal berührten sich danach die Geschicke des Obelisken mit denen seines afrikanischen Heimatkontinents: denn 1936 wurde Äthiopien abermals von italienischen Truppen besetzt. Aus Axum, einer der alten Hauptstädte des Landes, verschleppten sie einen Obelisken nach Rom, zusammen mit einer Kaiser Menelik II. (1889–1915) gewidmeten Bronzeplastik des „Löwen von Juda", dem Emblem des äthiopischen Kaisertums. Gleichsam aus Rache für die 548 gefallenen Soldaten, deren auf den Bronzetafeln gedacht wird, stellte man den Löwen von Juda am Fuß des Obelisken auf, wo er am 9. Mai 1937 feierlich enthüllt wurde. In den turbulenten Tagen nach der Befreiung Italiens durch die alliierten Truppen am Ende des Zweiten Weltkriegs ereignete sich jedoch etwas Überraschendes: Der bronzene Löwe von Juda machte sich aus dem Staube und ward nie mehr gesehen!

Die Wege des Thermenobelisken und seines Zwillingsbruders aus Heliopolis trennten sich erst im Iseum zu Rom. Zu welcher Zeit das Pendant aus dem Heiligtum entfernt wurde, ist nicht mehr feststellbar. Vermutlich im 17. Jh. wurde es jedenfalls in die römische Villa der Medici, der regierenden Großherzöge von Toscana, gebracht und von da im Jahre 1790 zu seinem heutigen Standplatz in den Boboli-Gärten in Florenz. Dieser florentinische Obelisk Ramses' II. ist aus Granit und 4,87 Meter hoch; seine Dekoration ist von der gleichen Art wie die seines Partners vom Viale delle Terme di Diocleziano in Rom.

Die Obelisken des Monte Citorio und der Piazza della Minerva (Abb. 60 u. 61) sind beide in die saitische 26. Dynastie zu datieren.

Abb. 60. Der Obelisk auf der Piazza di Montecitorio in Rom ▷
(Gnomon des Horologium solarium Augusti, s.S. 240)

In diese Zeit gehört auch eine ganze Reihe anderer Denkmäler, die ebenfalls bereits in der Antike aus Ägypten nach Rom verschleppt wurden. Nicht wenige von ihnen stammen übrigens ursprünglich aus der Stadt Sais selbst. Diese Tatsache könnte auf einem der folgenden beiden Gründe beruhen: Entweder hat man die Monumente aus dem bereits zur Bedeutungslosigkeit herabgesunkenen Sais gerade wegen seiner günstigen Lage zum Mittelmeerhafen Alexandria, der Hauptstadt Ägyptens in der Römerzeit, abtransportiert, oder aber sie waren schon früher aus Sais zur Ausgestaltung und Verschönerung in die Stadt Alexandria geholt und von dort erst später nach Rom verschifft worden.

Der dritte König der Saiten-Dynastie, Psametik II., ließ den Monte-Citorio-Obelisken einst in Heliopolis errichten. Sein Material ist Rosengranit und der Koloß weist heute noch die stolze Höhe von 21,79 Metern auf – ursprünglich dürfte er jedoch noch höher gewesen sein. Das Pyramidion zeigt auf allen vier Seiten den geflügelten Skarabäus mit der Sonnenscheibe, darunter Szenen, in denen der König als Sphinx den Sonnengott anbetet. Da der Erhaltungszustand des ganzen Obelisken leider nicht mehr der beste ist, sind auch die Texte zum großen Teil verlorengegangen und wir besitzen nur noch die übliche Zusammenstellung der Königstitulatur: „Goldhorus, der die Beiden Länder verschönert, Psametik, geliebt von Atum, Herrn von Heliopolis, König von Ober- und Unterägypten, Neferibre, geliebt von Re-Harachti, leiblicher Sohn des Re, der die Weiße Krone ergriff und sich der Roten Krone vereinte, Psametik, geliebt von den Mächten von Heliopolis beim ersten Mal (des Jubiläums)".

Die letzte Zeile der vorstehenden Inschrift ist für uns am interessantesten, da sie sich vermutlich auf ein erstes Regierungsjubiläum bezieht. Es mag befremdlich erscheinen, daß Psametik II., der ja nicht länger als sechs Jahre an der Regierung war, schon ein erstes Jubiläum gefeiert haben will, was die Könige normalerweise erst nach 30 Jahren taten. Andererseits besitzen wir sogar Belege über einen König, der dieses Fest bereits nach dreijähriger Herrschaft beging. Eine mögliche Erklärung für solche Ausnahmen liegt darin, daß manche Könige ihre Regierungsjahre bereits

Abb. 61. Der Obelisk auf der Piazza della Minerva in Rom
mit dem Elefanten Berninis

von irgendeinem Zeitpunkt der Ära ihrer Vorgänger an rechneten.

Ob der Obelisk des Monte Citorio in Heliopolis bis zu seinem Abtransport nach Rom noch aufrecht gestanden hat, wissen wir heute nicht mehr. Als Ägypten von den Römern in Besitz genommen wurde, muß ein großer Teil dieses Kultortes bereits in Trümmern gelegen haben. Wie der Obelisk der Piazza del Popolo so wurde auch der Monte-Citorio-Obelisk unter Kaiser Augustus nach Rom gebracht, wo er im Jahre 10 v. Chr. eintraf. Auf einem mit einer Inschrift des Kaisers versehenen Granitsockel wurde er auf dem Campus Martius aufgerichtet inmitten einer Pflasterfläche, die durch eingelegte Streifen unterteilt und mit Mosaikbildern der Winde, möglicherweise aber auch der Tierkreiszeichen geschmückt war. In diesem „Solarium Augusti" bildete der Obelisk so den Zeiger, der entweder durch die Länge seines mittäglichen Schattens den Kalendertag erkennen ließ, oder man konnte von ihm wie von einer gigantischen Sonnenuhr die jeweilige Stunde des Tages ablesen. Allerdings dürfte der erstgenannten Möglichkeit der Vorzug zu geben sein.

Der Obelisk scheint an dieser Stelle etwa ein Jahrtausend aufrecht stehend überdauert zu haben, bis er im 10. oder 11. Jh. umstürzte. Schon die Tatsache, daß er einmal astronomischen Zwekken gedient hatte, ließ das Interesse an ihm nicht erlöschen. So suchte man lange und intensiv, bis man ihn endlich wiedergefunden hatte. Papst Sixtus V. (1585–1590), der schon konkrete Anweisungen für die Wiederaufrichtung im Monat März des Jahres 1587 gegeben hatte, nahm wegen des zu schlechten Erhaltungszustandes zuletzt wieder Abstand von seinem Plan und ließ stattdessen das Monument im gleichen Monat wieder vergraben. Papst Alexander VII. (1655–1667) wollte dann noch einmal die Wiederaufstellung des Obelisken in die Wege leiten, aber auch er konnte seinen Plan nicht verwirklichen.

Dank der Bemühungen Papst Benedikts XIV. (1740–1758) gelang es noch ein weiteres Mal, den Obelisken ausfindig zu machen, diesmal an einem Platz zwischen baufälligen Häusern, von wo er im April des Jahres 1748 abtransportiert wurde. Diese Wiederentdeckung hielt man übrigens für so wichtig, daß man an einem der Häuser in der Nähe des Platzes eine Erinnerungstafel anbrachte. Die Ausgrabungen, die zur Wiederauffindung geführt hatten, waren systematisch und unter sorgfältiger Aufzeichnung aller archäologischen Gegebenheiten durchgeführt worden – eine für diese Zeit erstaunlich umsichtige Handlungsweise.

Noch konnte man es aber nicht wagen, den Obelisken aufzustellen – zu sehr hatten Feuer und andere schädliche Einwirkungen seinen Erhaltungszustand beeinträchtigt; eine gründliche Restaurierung war dringend erforderlich. Besonders schwierig gestaltete sich zunächst die Beschaffung von Rosengranit, den man zur Ausbesserung der Basis und des Schaftes benötigte. Als das Material endlich bereitlag, zogen sich die schwierigen Restaurierungsarbeiten noch über mehr als drei Jahre hin, bis man den Obelisken – dank des Enthusiasmus Papst Pius' VI. – doch noch mitsamt seinem Sockel auf dem Monte Citorio aufstellen konnte. Am 14. Juni 1792 brachte man dann die Inschrift an, die in lateinischer Sprache von der Wiederentdeckung des Obelisken berichtet und darüber hinaus auch der Leute gedenkt, deren Verdienst sie ist. Erwähnt ist auch der für die Aufrichtung verantwortliche Architekt Antinori, der einzige Architekt übrigens, der je für seine Leistung namentlich auf einem Obelisken erwähnt wird. Gerade seine Arbeit aber sollte sich als nicht sehr dauerhaft erweisen: Vor einigen Jahren drohte der Obelisk umzustürzen, da sich die Blöcke, die er zur Restaurierung hatte in den Schaft einfügen lassen, mittlerweile verschoben haben. Im Jahre 1965 mußten sie deshalb wieder in ihre richtige Position gebracht werden, so daß nun für das Denkmal von dieser Seite keine Gefahr mehr droht.

Der Obelisk der Piazza della Minerva wurde einst von Apries gestiftet, dem aus der Bibel als Hophra bekannten Sohn und Nachfolger Psametiks II. Der Monolith mißt 5,47 Meter und besteht ebenfalls aus Rosengranit, sein Pyramidion ist jedoch undekoriert. Auf dem Schaft finden sich an allen vier Seiten Inschriftenkolumnen, die jeweils mit dem Namen des Königs beginnen, dann aber entweder Atum, den „Herrn des Lebenslandes" (Name der

Nekropole von Sais), oder Neith, die „Herrin im Haus der unterägyptischen Krone in Sais" und „Herrin des Lebenslandes" benennen.

Über die Umstände der Überführung dieses Obelisken nach Rom ist heute nichts mehr bekannt. Mit Sicherheit wissen wir nur, daß auch er im Iseum gestanden hat, bis er eines Tages umstürzte. Im Jahre 1665 stießen durch Zufall Dominikanermönche auf ihn, als sie die Fundamente für eine neue Mauer und die Gärten ihrer Kirche anlegten. Papst Alexander VII., in dessen Pontifikat der Fund gemacht wurde, beauftragte den bekannten Altertumsforscher Athanasius Kircher (1602–1680) mit den Arbeiten zur Freilegung des Obelisken, und nicht lange danach hatte man sich auch bereits über den neuen Standplatz geeinigt: Vor der Kirche S. Maria sopra Minerva, nicht weit von seinem ursprünglichen Platz im Iseum entfernt, sollte er wiedererrichtet werden.

Unter den vielen Vorschlägen zu einem passenden Sockel wählte man den Entwurf des berühmten Bildhauers Lorenzo Bernini aus: die Statue eines auf einem vierstufigen Postament stehenden Elefanten, der auf seinem Rücken den Obelisken tragen sollte. Die Inschrift an diesem Postament gibt in lateinischer Sprache Auskunft über die Daten der Errichtung und den päpstlichen Stifter. Daran schließt sich eine scherzhafte Ermahnung an das in Bewunderung davor verharrende Publikum:

„Wenn du hier die Schriftzeichen des weisen Ägypten auf diesem Obelisken eingegraben siehst, den der Elefant, das stärkste der Tiere, trägt, so verstehe es als Beweis dafür, daß eines kraftvollen Geistes bedarf, wer solides Wissen tragen will."

Alexander VII. selbst war es nicht mehr vergönnt, die Einweihung seines Obelisken am 11. Juli 1667 mitzuerleben; er war zu diesem Zeitpunkt bereits seit drei Wochen tot.

Auch der Obelisk der Piazza Santa Maria sopra Minerva hatte ursprünglich ein Gegenstück, das aber schon lange Zeit davor in Stücke zerbrochen war. Zwei seiner Fragmente hat man dann dem Obelisken von Urbino eingefügt[4].

Die Obelisken auf dem Petersplatz, auf der Piazza dell' Esquilino und auf der Piazza del Quirinale tragen als einzige keinerlei

Inschriften. So ist es uns leider unmöglich, sie in die Zeit eines bestimmten Königs einzureihen. Wir wissen weder, wo sie einst in Ägypten gestanden haben, noch kennen wir die Gründe für das Fehlen der Beschriftung. In seinem Buch über die Obelisken schrieb der dänische Ägyptologe Erik Iversen dazu: „Es gibt gewisse Hinweise, daß jedenfalls in Heliopolis unbeschriftete Obelisken im Innern des dortigen Sonnentempels zu Kultzwecken aufgestellt wurden nach der Art ihrer Vorgänger in den Sonnenheiligtümern der 5. Dynastie."[5] Das kann aber unmöglich der Fall gewesen sein. Weder Flinders Petrie noch irgend ein anderer Ausgräber hat bei den Grabungsarbeiten in Heliopolis jemals einen Obelisken oder auch nur das kleinste Fragment eines solchen gefunden, das ohne Beschriftung gewesen wäre. Die Beherrscher des alten Ägypten waren ohne Ausnahme und zu allen Zeiten mit geradezu fanatischem Eifer darauf bedacht, nur ja alle von ihnen gestifteten Monumente mit ihren Namen zu schmücken und, wenn es deren Größe zuließ, möglichst auch noch mit schönen Worten, die ihren Ruhm kündeten. Es würde ganz und gar nicht zu einem Pharao passen, unter immensen Schwierigkeiten einen riesigen Obelisken beschafft zu haben, nur um ihn dann undekoriert irgendwo aufzustellen, besonders da der Obelisk selbst ja eine so unvergleichliche Möglichkeit bot, den Ruhm seines Stifters für alle Zeiten lesbar zu verkünden! Die einzigen undekorierten Obelisken Ägyptens sind diejenigen, die unvollendet in den Steinbrüchen liegengelassen wurden, und selbst unter diesen findet sich einer, bei dem man bereits mit der Anbringung der Inschrift begonnen hatte. Viel besser scheint mir die Erklärung zu passen, daß diese unbeschrifteten Obelisken ausdrücklich von den römischen Kaisern bei ägyptischen Architekten zum Zwecke ihrer Aufstellung in Rom in Auftrag gegeben worden sind. Eine andere Möglichkeit wäre freilich noch die, daß der Pharao, ihr Stifter, unerwartet früh und ganz plötzlich verstarb und die Denkmäler danach in Vergessenheit gerieten.

Die Bedeutung des Obelisken der Piazza di San Pietro beruht, inschriftlos wie er sich präsentiert, in erster Linie auf der Einmaligkeit seiner Umgebung. Das Monument selbst ist 25,37 Meter

Abb. 62. Verbringung des Obelisken aus dem Circus Vaticanus nach dem Petersplatz (Fresko in der Vatikanischen Bibliothek)

hoch, aus Rosengranit gefertigt und war einst auf Befehl des Kaisers Augustus auf dem Forum Iulium in Alexandria aufgestellt worden. Dort stand es, bis Caligula im Jahre 37 n. Chr. dieses Forum zerstören ließ und den Befehl zur Verbringung des Obelisken nach Rom erteilte. Hier richtete man ihn im Circus Vaticanus auf, wo er bis zu seiner Versetzung auf den Platz vor der Peterskirche verblieb. Die Legende weiß zu berichten, daß dieser Obelisk – im Gegensatz zu all seinen anderen Brüdern in Rom – nur deshalb nicht als „heidnisch" umgestürzt wurde, weil im Circus Vaticanus unzählige Christen, unter ihnen auch der heilige Petrus, den Tod gefunden hatten und man gerade diesen Obelisken als den letzten Zeugen des Märtyrertodes des Apostelfürsten betrachtete.

Bereits seit der Mitte des 15. Jahrhunderts betrieben die Päpste die Überführung des Obelisken vom Circus Vaticanus auf den Petersplatz, aber infolge der Streitigkeiten der Architekten untereinander und auch aus Geldmangel blieb es zunächst bei der Theorie. Sixtus' V. (1585–1590) Verdienst war es schließlich, daß der Obelisk an der Stelle aufgerichtet wurde, an der wir ihn heute noch bewundern können (Abb. 62). Dieser Papst rief schon bald nach seiner Wahl ein Komitee ins Leben, dessen Aufgabe es war, den geeigneten Architekten für dieses Unternehmen zu bestimmen. Da er aber mit der Entscheidung dieses Gremiums nicht einverstanden war, ernannte er schließlich selbst den Mann seines Vertrauens, den berühmten Baumeister Domenico Fontana (1543 bis 1607). Dieser machte sich denn auch unverzüglich ans Werk, wobei er zunächst den tiefen Schutt, in dem der Obelisk stand, abräumen und gleichzeitig den neuen Standplatz vorbereiten ließ. Nach der alsbald erfolgten Einrüstung des Obelisken holte man voller Neugierde die Metallkugel von seiner Spitze herunter, denn es ging die Sage, in ihr befänden sich die Überreste Caesars (Bis auf den Staub der Jahrhunderte enthielt sie jedoch nichts!).

Am 28. April des Jahres 1586 – die Vorarbeiten waren abgeschlossen, und das schlittenförmige Gestell zum Transport an den neuen Platz stand schon bereit – konnte der kostbare Obelisk endlich selbst mit in das Geschehen einbezogen werden, indem man ihn zunächst von seinem Sockel hob. Fontana, ein gläubiger Christ, besuchte an diesem Tag frühmorgens um zwei Uhr mit allen seinen Leuten die Messe und ließ danach noch an Ort und Stelle öffentlich Gebete für ein gutes Gelingen sprechen. Die Schwierigkeiten ließen denn auch nicht lange auf sich warten. Zunächst mußten die vier Bronzekrallen, die den Obelisken auf seinem Sockel festhielten und von denen jede einzelne nicht weniger als 600 Kilogramm wog, losgelöst werden. Bei zweien von ihnen hatte man auch Erfolg, die beiden anderen aber waren mit Schwalbenschwänzen so unlösbar im Sockel und in der Unterseite des Obelisken verankert, daß keine andere Möglichkeit blieb, als den Stein um sie herum abzuschlagen.

Am 9. Mai 1586 sollte dann der Obelisk endgültig von seinem Sockel gehoben und auf die Erde gelegt werden. Dazu strömten die Schaulustigen aus allen Teilen Roms zusammen, um sich dieses Ereignis nicht entgehen zu lassen. Unter ihrem Jubelgeschrei gelang es Fontana, auch diesen Teil des Unternehmens zu einem glücklichen Ende zu bringen. Die Menge, außer sich vor Begeisterung, geleitete ihn danach unter Trommelschall und Trompetengeschmetter zu seinem Hause zurück.

Als nächstes ließ Fontana dann erst die Bronze-Krallen und den bisherigen Sockel zum neuen Aufstellungsort bringen, da er beschlossen hatte, beides dort wieder zu verwenden. Die Überführung des Obelisken selbst erfolgte dann am 13. Juni. Vom 30.August an blieb der Petersplatz dann für die Öffentlichkeit gesperrt. Die letzte Etappe des schwierigen Unternehmens fand ihren glücklichen Abschluß am 10. September mit der Aufrichtung des Obelisken auf seinem Sockel. Die Entfernung des Transportgerüstes am 14. September ließ endlich den ganzen Obelisken in seiner neuen Umgebung sichtbar werden – thronend auf seinem alten Sockel und seinen vier bronzenen Füßen, die jetzt allerdings hinter vier an den Ecken angebrachten doppelleibigen Löwen verborgen sind.

Für diese seine Leistung wurde Fontana mit dem Goldenen Sporn (dem Abzeichen des Ritters) ausgezeichnet, und der Papst überreichte ihm sein Bild in goldenem Medaillon an einer schweren Kette. Der so Geehrte erhielt eine großzügige Pension nebst einigen anderen Privilegien, sowie das gesamte Material, das für den Transport des Obelisken benötigt worden war. Zu Recht fand das, was Fontana in so kurzer Zeit vollbracht hatte, allgemein rückhaltlose Anerkennung.

Die Einweihung am 26. September 1586 begann mit einer Messe in einer der benachbarten Kirchen, an der außer der Kurie auch eine große Volksmenge teilnahm. Von hier zog man in feierlicher Prozession auf den Petersplatz, um den Obelisken zu weihen. Als äußeres Zeichen dieses Aktes wurde auf seiner Spitze ein Kreuz befestigt. Die gleich unterhalb des Pyramidions in den Schaft gemeißelte Inschrift nennt die Kaiser Augustus und Tiberius, auf deren Befehl der Obelisk aus Ägypten gebracht worden sei, und Papst Sixtus V., der ihn neu aufstellen ließ. Als das dazu benötigte Gerüst entfernt und die Schutzeinfriedung aus Steinpfählen angebracht war, präsentierte sich der Obelisk bereits so, wie wir ihn heute kennen.

Der Obelisk der Piazza di San Pietro (Abb. 63, 64) bildet den Mittelpunkt dieses von Berninis Kolonnaden majestätisch umschlossenen Platzes und ist ein stummer Zeuge der Gebete vieler Millionen Pilger, deren Wallfahrt hier ihr Ziel erreicht hat. Ich selbst durfte mehr als einmal erleben, wie das ganze Rund sich mit Gläubigen aus allen Teilen der Welt angefüllt hatte, die andachtsvoll betend auf dem rauhen Pflaster knieten – welch feierlicher, einmaliger Rahmen für einen Obelisken!

Die Obelisken von der Piazza dell'Esquilino und der Piazza del Quirinale haben außer dem Fehlen der Inschriften noch mancherlei anderes gemeinsam: Beide sind aus Granit, beide haben auch die gleiche Höhe von 14,7 Metern und beide scheinen daher auch zur selben Zeit aus Ägypten gebracht worden zu sein, in der Absicht, sie in Rom zusammen als Paar aufzustellen. Im 16. Jh. fand man sie beide auf der Erde liegend in der Nähe des Mausoleums des Kaisers Augustus. Da in der zeitgenössischen Berichterstattung über die Errichtung dieses Monuments zu Beginn des ersten Jahrhunderts nach Christus noch keine Obelisken erwähnt werden, diese andererseits aber bereits gestanden haben müssen, be-

Abb. 63. Der Vatikanische Obelisk vor seiner Aufstellung auf dem Petersplatz

vor das Mausoleum am Ende des Jahrhunderts nicht mehr als kaiserliche Grabstätte benützt wurde, kommt als Zeitpunkt ihrer Aufstellung mit Sicherheit nur die zweite Hälfte des ersten nachchristlichen Jahrhunderts in Betracht.

Nach Ammianus' Berichten standen die Obelisken noch im vierten Jahrhundert an dem Mausoleum, allerdings fehlten damals schon ihre Pyramidien. Man möchte auch gerne annehmen, daß die beiden Monolithen den Eingang zu diesem Mausoleum geschmückt haben, doch sucht man an dieser Stelle vergeblich nach ihren Fundamenten. Sicher ist nur, daß beide zu irgendeinem Zeitpunkt umstürzten und jeder von ihnen dabei in drei Stücke zerbrach. Die Fragmente des einen wurden im Jahre 1519 ausgegraben und in einer Straße ganz in der Nähe abgelegt. Wieder ist es Papst Sixtus V., dem auch dieser Obelisk seine Wiederaufrichtung verdankt, wenn auch bereits einige seiner Vorgänger den Wunsch dazu gehabt hatten. Auch bei diesem Projekt erhielt wiederum Domenico Fontana den ehrenvollen Auftrag, die nötigen Vorbereitungen zu treffen, obwohl er zur selben Zeit mit der Umsetzung des Obelisken der Piazza di San Pietro alle Hände voll zu tun hatte. In seiner Ungeduld ließ Sixtus V. die drei Fragmente inzwischen von einem gewissen Bandino da Stabia zu dem Platz hinter der Basilika von Santa Maria Maggiore transportieren und gegenüber dem Tor zu seiner Sommerresidenz auf dem Esquilinischen Hügel ablegen. Als Fontana dann seine anderen Arbeiten beendet hatte, wandte er sich sogleich diesem Obelisken zu, und auch dessen Aufstellung glückte ihm in verhältnismäßig kurzer Zeit. Am 11. März 1587 wurde mit dem Ausheben der Erde am vorgesehenen Standplatz begonnen und im darauffolgenden August konnte der Obelisk bereits aufgerichtet werden: Am 11. dieses Monats befestigte man das Kreuz auf seiner Spitze, und schon zwei Tage später fanden die Einweihungsfeierlichkeiten statt.

Abb. 64. Der Obelisk auf dem Petersplatz ▷

Auf dem Sockel des Obelisken von der Piazza dell'Esquilino wurden, wie üblich, lateinische Inschriften angebracht, deren eine hier besondere Erwähnung verdient: Es wird darin nämlich behauptet, Kaiser Augustus habe Christus als den Sohn der Jungfrau Maria verehrt und es aus Respekt vor dem Herrn Jesus Christus abgelehnt, sich selbst „Herr" nennen zu lassen!

Sixtus V. bezog in seine ehrgeizigen Pläne auch die Piazza del Quirinale alsbald mit ein (Abb. 65, 66), durch deren Umgestaltung er den von den Päpsten damals als Sommerresidenz benützten Quirinalspalast bequemer erreichbar machen wollte (Dieser Palast wurde im Jahre 1870 nach der erfolgten Vereinigung Italiens zum offiziellen Regierungssitz des Königs – später dann des Staatspräsidenten – erklärt.). Auch hier ging es nicht ohne Domenico Fontanas Mitwirkung: Diesmal sollte er die beiden antiken Statuengruppen der Dioskuren mit ihren Rössern auf die Piazza del Quirinale versetzen und bei dieser Gelegenheit auch gleich einige stark beschädigte Teile dieser Skulpturen restaurieren.

Fast genau zwei Jahrhunderte später, im Jahre 1781, stieß man, möglicherweise bei Fundamentierungsarbeiten in der Nähe des Augustusmausoleums, auf den einstigen Gefährten des Obelisken von der Piazza dell'Esquilino. Wie dieser, so wurde auch er in drei Stücke zerborsten aufgefunden, und auch ihn lagerte man zunächst in einer der benachbarten Straßen. Papst Pius VI. (1774 bis 1799) bestimmte zwar schon bald nach der Entdeckung, daß dieser Obelisk auf der Piazza del Quirinale zwischen den Dioskurengruppen plaziert werden solle, doch nahm die Ausführung noch fast fünf Jahre in Anspruch. Mit dem Architekten Antinori – demselben, der auch den Monte-Citorio-Obelisken aufgestellt hatte – kam es bereits am 14. Januar des Jahres 1782 zum Ver-

Abb. 65. Der Obelisk auf der Piazza di Monte Cavallo ▷
vor dem Quirinalspalast in Rom

Abb. 66. Der gleiche Obelisk (Kupferstich aus ▷▷
„Raccolta delle principali vedute di Roma" von Cottafavi/Cuccioni)

tragsabschluß über die zu leistenden Arbeiten, doch konnte der Auftrag, nach jahrelangen Verzögerungen, erst am 3. Oktober 1786 als beendet angesehen werden. Die Inschrift unterhalb des Sockels berichtet die ganze Geschichte dieses Monuments: wie er in Ägypten aus dem Stein gehauen und später dann nach Rom transportiert worden sei, um das Mausoleum des Kaisers Augustus zu schmücken; daß er nach seinem Fall zerbrochen auf der Erde gelegen habe, bis Papst Pius VI. ihn schließlich wiedererrichtete. Die Einweihungsfeierlichkeiten fanden am 21. Oktober d. J. 1786 statt.

Über die Plazierung des Obelisken zwischen den beiden Dioskurengruppen fielen die Meinungen von einem Extrem ins andere: Die Kritiker, die zunächst mit Entsetzen reagiert hatten, zeigten sich alsbald außer sich vor Bewunderung. Zweiundvierzig Jahre später setzte man vor den Sockel noch ein großes, flaches Wasserbecken und schuf so ein Monument, das, aus drei verschiedenartigen Elementen kombiniert, selbst in einer Stadt wie Rom noch ungewöhnlich genannt zu werden verdient: denn tatsächlich befinden sich in der ganzen Stadt keine zwei Obelisken, die durch die Gleichartigkeit ihrer Aufstellung das Auge langweilen könnten.

Wie die Obelisken von St. Peter, vom Esquilin und Quirinal, so wiesen auch ihre Brüder von Trinità dei Monti, der Piazza Navona und vom Monte Pincio keinerlei Inschriften auf, als sie aus Ägypten nach Rom gebracht wurden. Auch ihre Anfertigung könnte deshalb erst auf den Befehl römischer Kaiser hin erfolgt sein. Ihr Unterschied zu den anderen besteht jedoch darin, daß man sie in Rom mit Hieroglyphen versehen hat. Dabei erhielt der Obelisk von Trinita dei Monti als Dekor die Kopie einer altägyptischen Inschrift, die beiden andern aber neue Texte zu Ehren der Kaiser, die sie in Auftrag gegeben hatten, allerdings in nachgemachten ägyptischen Hieroglyphen.

Der aus Rosengranit gefertigte, 13,92 Meter hohe Obelisk von Trinità dei Monti thront am oberen Ende der Spanischen Treppe. Seine Inschrift ist eine späte Kopie der Texte Sethos' I. und Ramses' II., die sich auf dem Obelisken der Piazza del Popolo befinden. In Iversens detaillierter Beschreibung des Trinita dei Monti-Obelisken heißt es darüber: „Aufgrund der primitiven Ausführung seiner Hieroglyphen datierte Zoega (Georg Zoega, 1755 bis 1809, einer der ersten Altertumsforscher, der sich mit Ägypten befaßte) seinen Transport nach Rom in die Zeit zwischen Kaiser Commodus (180–192 n. Chr.) und Gallienus (260–268). Diese Datierung erhält ihre Bestätigung durch die Inschrift selbst, eine spätrömische Kopie der Texte des von Augustus nach Rom geholten Obelisken der Piazza del Popolo, und wird außerdem gestützt durch die Beweismittel der heutigen Archäologie.“[6] In diesem Zusammenhang wies Iversen darauf hin, daß das uns erhalten gebliebene Fundament dieses Obelisken tiefer liegt als die Fundamente der meisten umliegenden Gebäude, wonach seine Aufstellung etwa im dritten nachchristlichen Jahrhundert stattgefunden haben dürfte.

Im alten Ägypten war es ein häufig geübter Brauch, die Wände der Denkmäler mit Kopien von Reliefs aus älteren Perioden zu schmücken, ebenso wie es Monumente gibt, die selbst Nachahmungen älterer Denkmäler sind. In allen Fällen aber, die wir kennen, hat es der Stifter des neuen „alten“ Monuments niemals versäumt, den Namen seines Vorgängers gewissenhaft durch seinen eigenen zu ersetzen. Allein die Tatsache, daß für unseren Obelisken eine Inschrift mit den sämtlichen darin vorkommenden Namen einfach kopiert wurde, beweist das große historische Interesse dessen, der diese Kopie hatte anfertigen lassen. Ohne allzusehr auf Einzelheiten in Iversens Argumenten einzugehen, können wir deshalb annehmen, daß die für ägyptische Begriffe unmögliche Kopierung der Inschriften einschließlich der ursprünglichen Namen eigentlich nur auf Anordnung eines historisch interessierten Kaisers erfolgt sein kann, dem es, wie zum Beispiel Kaiser Hadrian (117–138 n. Chr.), besonders die ägyptische Geschichte angetan hatte.

Ammianus, unser Gewährsmann aus dem vierten nachchristlichen Jahrhundert, berichtet uns, der spätere Obelisk von Trinita dei Monti sei ebenso wie die des Augustusmausoleums (Esquilin und Quirinal) erst nach dem Tode des Augustus nach Rom gebracht worden. Leider verrät er uns nicht, welcher Kaiser den Auftrag dazu erteilt hat. So wissen wir nur mit Sicherheit, daß der Obelisk von Trinita dei Monti einst in den Gärten des Sallust aufgestellt war: Als Beweis dafür konnte man dort noch bis zum Jahre 1843 seinen Sockel sehen. Die Gärten gingen nach dem Aussterben der Familie des berühmten Historikers in kaiserlichen Besitz über. Zu irgendeinem nicht bekannten Zeitpunkt stürzte auch dieser Obelisk von seinem Sockel, aber er verschwand niemals ganz unter der Erde.

Wie es heißt, soll Papst Sixtus V. die Wiederaufstellung auch dieses Obelisken erwogen haben, und zwar vor der Kirche Santa Maria degli Angeli; der Plan kam jedoch niemals zur Ausführung. Athanasius Kircher, der erste, der die Inschrift als Kopie der Texte des Piazza del Popolo-Obelisken identifizierte, regte dann die Wiederaufrichtung bei Papst Alexander VII. ein Jahrhundert später an, jedoch ohne Erfolg. Unter dem Pontifikat Clemens' XII. (1730–1740) wurde der Obelisk dann im Jahre 1734 zur Piazza di S. Giovanni in Laterano transportiert, da dieser Papst ihn in der Nähe der „Heiligen Treppe" aufstellen lassen wollte. Diese Anstrengung erwies sich freilich als völlig umsonst, denn der Obelisk blieb nun dort liegen, und zwar für ganze fünfundfünfzig Jahre. Während dieser Zeit wurde sogar einmal, allerdings ergebnislos, darüber verhandelt, ob man ihn nicht nach Paris überführen solle, um ihn dort vor der Kathedrale von Notre-Dame aufzustellen. Pius VI. machte schließlich allem weiteren Hin und Her dadurch ein Ende, daß er ihn kurzerhand vor der Kirche SS. Trinità dei Monti aufrichten ließ. Gegner dieses Planes äußerten die Befürchtung, das Fundament des Obelisken könne die Kirche und die umliegenden Gebäude in Gefahr bringen, andere wieder behaupteten, der Monolith störe an dieser Stelle am Scheitelpunkt der Spanischen Treppe nur das Stadtbild. Zum Glück erwiesen sich alle diese Argumente als unbegründet: Weder konnte an den Gebäuden der Umgebung, als die Arbeiten beendet waren und der Obelisk auf seinem Sockel stand, irgendein Schaden festgestellt werden, noch wird durch ihn das Stadtbild gestört; es ist vielmehr so, daß durch ihn eine kostbare Fassung um ein neu in sie eingefügtes Juwel bereichert worden ist. – Die Geschichte dieses Obelisken ist damit jedoch noch nicht zu Ende. Im J. 1843, als man die Stelle, an der er viele Jahrhunderte zuvor in den Gärten des Sallust gestanden hatte, mit Bäumen bepflanzen wollte, entfernte man seinen immer noch hier ruhenden Sockel und stellte ihn gegenüber der Villa Ludovisi ab, wo er vorübergehend wieder in Vergessenheit geriet. Man erinnerte sich seiner erst wieder im Jahre 1926, als man in ihm ein passendes Ehrenmal zum Gedenken des Marsches der Faschisten nach Rom vom 22. Oktober 1922 entdeckt zu haben glaubte, ihn mit den entsprechenden Emblemen und Inschriften versah und ihm am 28. Oktober 1926 einen neuen Ehrenplatz auf dem Kapitol anwies.

Der Obelisk der Piazza Navona (Abb. 67–70), ebenfalls aus Granit, ist 16,54 Meter hoch. Nach Iversen hatte er im Rom der Kaiserzeit seinen Platz zwischen dem Serapeum (dem Tempel des griechisch-ägyptischen Gottes Serapis) und dem Isisheiligtum, zu welch letzterem er nach seinen Inschriften jedoch die engeren Beziehungen aufweist. Kaiser Domitian (81–96 n. Chr.) ließ ihn einst in den Steinbrüchen bei Aswan ausschlagen – ein dort von ihm errichteter Tempel könnte bei dieser Gelegenheit entstanden sein – und in Hieroglyphenschrift seinen Namen auf ihm anbringen.

Bei der Dekoration des Pyramidions ging Domitian seine eigenen Wege: Statt wie die Pharaonen sich selbst mit Opfergaben oder beim Empfang der Segnung vor einer einzigen Gottheit darstellen zu lassen, zeigt die von Domitian angebrachte Szene den Kaiser in der Mitte zwischen zwei Göttern, die ihn segnen und ihm göttliche Symbole überreichen. Iversen bezeichnet diese beiden Götter als „zu Hilfsfiguren degradierte Gottheiten, die dem Götterkönig ihre Verehrung bezeugen“[7], doch dürfte er mit dieser Behauptung denn doch etwas übertrieben haben.

Abb. 67. Vierflüssebrunnen mit dem Obelisken auf der Piazza Navona ▷ in Rom (Ölgemälde eines unbek. Meisters. Theatermuseum München)

Abb. 68. Der Obelisk auf der Piazza Navona in Rom

Eine Szene, die eine Göttin, entweder Hathor oder Isis, bei der Überreichung der ägyptischen Doppelkrone an den Kaiser zeigt, scheint den Beweis dafür zu erbringen, daß der Obelisk anläßlich der Thronbesteigung Domitians im Jahre 81 n. Chr. angefertigt wurde. Die Inschrift auf dem Schaft bestätigt dies auch, denn sie erwähnt die Übernahme des Imperiums durch Domitian von seinem älteren Bruder Titus (79–81 n. Chr.) – dieser hatte es von seinem Vater Vespasian (69–79) geerbt –, als die Seele des Titus „zum Himmel aufgeflogen war" (womit der Kaiser sich ganz der altägyptischen Wendung bedient).

Der Obelisk des Kaisers Domitian stand etwa zwei Jahrhunderte lang in der Nähe des Iseums, bis Kaiser Maxentius (306–312 n. Chr.) ihn in den von ihm beim Mausoleum seines vergöttlichten Sohnes Romulus (gest. 309) erbauten Circus des Maxentius überführen und dort zu dessen Andenken aufstellen ließ. Die Ruinen dieses Circus findet man noch heute entlang der Via Appia, in der Nähe des Grabmals der Caecilia Metella. Auch bei diesem Obelisken werden wir wohl nie erfahren, wann er umgestürzt und zerborsten ist.

Auch das Vorhandensein dieses Monumentes war Sixtus V. nicht verborgen geblieben, doch befaßten sich die Pläne des Papstes mehr mit den anderen Obelisken, die er für bedeutender hielt. Seine Wiederaufrichtung blieb so Papst Innocenz X. (1644 bis 1655) vorbehalten, der dafür die Piazza Navona auswählte. Hier hatte der Papst, als er noch Kardinal Pamfili war, ein bescheidenes Haus bewohnt, das er nun durch die Errichtung des Obelisken aufzuwerten gedachte. Mit dieser Aufgabe betraute er den Baumeister Girolamo Rainaldi (1570–1655) in absichtlicher Übergehung des wesentlich berühmteren Giovanni Lorenzo Bernini (1598–1680), der ja der Favorit seines Vorgängers gewesen war.

Bernini jedoch, der bereits einen Plan für die Plazierung des Obelisken in der Mitte der Piazza Navona über einem Brunnen ausgearbeitet hatte, fand trotzdem einen Weg, das Interesse des Papstes für seinen Entwurf zu gewinnen. Dem Rat eines Freundes folgend, fertigte er ein Modell an, das Olympia Maidalchini, die verwitwete Schwägerin des Papstes, auf die Bitte ebendieses Freundes hin in ihrem Hause aufstellte. Die List gelang, und bei seinem nächsten Besuch zeigte sich der Papst fasziniert von diesem Entwurf: Bernini erhielt den offiziellen Auftrag am 11. April 1647. Im Sommer des darauffolgenden Jahres wurden die Obeliskenfragmente auf die Piazza Navona transportiert, aber erst ein weiteres Jahr später zusammengefügt. Die Arbeiten für den gesamten Brunnen waren im Frühjahr 1651 abgeschlossen.

Auf der Spitze des Obelisken wurde nicht wie bei anderen ein Kreuz, sondern das Wappenzeichen der Familie des Papstes, eine Taube, angebracht. Diese und noch weitere Einzelheiten der Wiedererrichtung erzählen die Sockelinschriften. Sie erklären auch die Bedeutung der einzelnen Figuren des Brunnens, der den Obelisken trägt: Bernini dachte ihn sich als Allegorie der vier Kontinente Asien, Afrika, Europa und Amerika. Aus einer Reihe von Grotten, die sich den Blicken beim Umschreiten des Brunnens auftun, ließ er die Sinnbilder dieser Erdteile hervorkommen. Die vier Hauptfiguren des Brunnens sind: der Fluß Ganges als Symbol für Asien, hier in der Gestalt eines Flußgottes, der sich zurücklehnt und ein Ruder in der Hand hält; Afrika repräsentiert durch den Nil und dargestellt durch einen Gott mit verhülltem Gesicht, was auf die geheimnisvoll verborgenen Quellen dieses Flusses anspielen soll. Europa zeigt sich in dem sagenhaften Pferd der Donau, und Amerika schließlich verkörpert ein Indianer (Rio de la Plata), dem der hohe Obelisk sichtlich Schrecken einflößt. Zu jedem dieser Kontinente gehört außerdem noch eine ganze Reihe für ihn typischer Menschen- und Tiergestalten.

Ein Meisterwerk von der Größe und Schönheit des Berninischen Brunnens auf der Piazza Navona hätte bei den Römern, so möchte man annehmen, uneingeschränkte Bewunderung hervorrufen müssen – aber gerade das Gegenteil war der Fall: sie lehnten ihn ab! Der Grund dafür war wohl weniger die Tatsache, daß

Abb. 69. Vierflüssebrunnen von Bernini auf der Piazza Navona ▷

Abb. 70
Die Hieroglyphen
des Obelisken
der Piazza
Navona

er ihnen nicht gefallen hätte, sondern die Steuererhöhungen, die durch die hohen Kosten des Monumentes hervorgerufen worden waren, empörten die Römer, und sie wandten sich deshalb in lautstarken Protesten gegen den Papst und seine Familie. Wir aber, für die diese Nachteile nicht mehr fühlbar sind, können ohne Ressentiments und freimütig den Obelisken und Berninis herrlichen Brunnen bewundern.

Der letzte der dreizehn Obelisken Roms erhebt sich auf dem Monte Pincio. Der granitene Schaft mißt 9,25 Meter. Wie der Obelisk der Piazza Navona, so wurde auch er von einem römischen Kaiser zur Erinnerung an ein ganz bestimmtes Ereignis aus Ägypten nach Rom gebracht: Kaiser Domitian hatte seinen Obelisken zum Gedenken an seine Thronbesteigung gestiftet, der Obelisk des Monte Pincio wurde von Kaiser Hadrian dem Andenken eines Freundes geweiht. Dieser feinsinnige Herrscher, dessen großes Interesse an Ägypten und seinen Monumenten heute noch jedem Besucher seiner Villa in Tivoli augenfällig wird, verlor durch den Tod auf einer Reise in Ägypten seinen Freund und Gefährten: Antinoos ertrank im Nil unter mysteriösen Umständen, die bis heute noch nicht geklärt sind. Hadrian, der ihn bald danach zum Gott erklärte, ließ ihm zu Ehren in Ägypten und Rom Tempel erbauen. In Ägypten trug darüber hinaus fortan sogar eine Stadt seinen Namen: Antinoupolis, die „Stadt des Antinoos", in Mittelägypten auf dem östlichen Nilufer gegenüber von Aschmunein. Der Obelisk des Monte Pincio aber war für seinen neuerrichteten Totentempel in Rom bestimmt. Nach Iversen schloß dieser Tempel an den der Göttin Tyche-Romana an, doch ist uns heute die tatsächliche Lage nicht mehr bekannt.

Im dritten nachchristlichen Jahrhundert wurde der Obelisk auf die Spina des Circus Vaticanus versetzt, wo er irgendwann einmal umstürzte und zerbrach. Im Laufe der Zeit befand er sich an mehreren Plätzen Roms und im Privatbesitz verschiedener Personen, aber er geriet nie ganz in Vergessenheit. Schließlich erwarb ihn Papst Clemens XIV. (1769–1774), der ihn restaurieren und im Vatikan aufstellen ließ. Im September 1822 wurde er ein letztes Mal von Papst Pius VII. (1800–1823) umgesetzt und an seinem heutigen Platz im Viale del Obelisco auf dem Monte Pincio aufgestellt.

Der Obelisk im Hippodrom zu Konstantinopel (türkisch Atmeidan „Pferdeplatz" im heutigen Istanbul) sollte der letzte sein, der im Verlauf der ersten Jahrhunderte nach Christus aus Ägypten entfernt wurde (Abb. 71). Anders als seine römischen Brüder, die im Laufe der wechselvollen Geschichte Roms beinahe in der ganzen Stadt herumgeschleppt wurden, scheint dieser Obelisk den Platz beibehalten zu haben, den man ihm nach seinem Abtransport aus Ägypten zugewiesen hatte[8].

Der Hippodrom-Obelisk gehörte ursprünglich zu einem Paar, das Tuthmosis III. im großen Tempel zu Karnak errichten ließ und das wahrscheinlich in der Darstellung einer Opferszene dieses Königs im gleichen Tempel abgebildet ist. Die heutige Höhe dieses Rosengranit-Monolithen beträgt nur noch 19,80 Meter, da an seinem unteren Ende ein Stück von unbekannter Länge abgebrochen ist: Wo und wann dies geschah, kann nicht mehr mit Sicherheit nachgewiesen werden, jedenfalls ist niemals irgendwo ein passendes Fragment aufgetaucht. Berichten zufolge soll allerdings auch der untere Teil einmal in Istanbul aufgestellt gewesen sein, so daß möglicherweise der Obelisk erst nach seiner Ankunft dort auseinandergebrochen ist. Da der Anfang des Textes auf dem einen Obelisken in der bereits erwähnten Opferszene Tuthmosis' III.[9] genau der Inschrift des Hippodrom-Obelisken entspricht, wäre demnach etwa ein Drittel der Gesamtlänge verlorengegangen; der ganze Obelisk hätte also einmal die stolze Höhe von mehr als dreißig Metern gehabt.

Das Pyramidion ist beschädigt; jedes seiner Dreiecke zeigt einen aufrechtstehenden Gott, der den König bei der Hand hält und ihm das Zeichen für „Leben" entgegenstreckt. Die vier Schaftseiten, die von unterschiedlicher Breite sind, beginnen oben mit

Abb. 71. Der Obelisk Tuthmosis' III. auf dem Atmeidan (Hippodromplatz) ▷ in Istanbul

einer Darstellung Tuthmosis' III. in opfernder Haltung vor Amun-Rê, darunter folgt jeweils eine Textkolumne, die mit der königlichen Titulatur beginnt. Zwei der Inschriften fahren dann fort: „Der den großen Umkreis von Naharain (d.i. der Euphrat) überschritt, kraftvoll und siegreich an der Spitze seiner Truppen, der ein großes Gemetzel (unter den Feinden) anrichtete ... der Herr des Sieges, der alle Länder bezwingt, der seine Grenzen festsetzte am Anfang der Erde (im äußersten Süden) und an den äußersten Gegenden von Naharain (im fernsten Norden)." Bei der hier erwähnten siegreichen Überschreitung des Euphrat in Syrien handelte es sich tatsächlich um einen der größten militärischen Erfolge Tuthmosis' III.

Da sich in der Inschrift für den Pharao auch der Beiname „Herr der Jubiläen" findet, wäre es ohne weiteres denkbar, daß der Obelisk einst anläßlich eines Krönungsjubiläums dieses Herrschers gestiftet wurde – den wahren Grund für seine Errichtung werden wir allerdings mit letzter Sicherheit niemals angeben können.

Der glückliche Umstand, daß wir auch eine Abbildung zu Rate ziehen können, versetzt uns in die Lage, den Text der Vorderseite vollständig zu ergänzen: „Er machte es als sein Denkmal für seinen Vater Amun-Rê, Herrn der Throne der Beiden Länder, daß er errichtete (für ihn zwei sehr große Obelisken aus Granit, deren Pyramidien aus Elektron sind, damit ihm [Tuthmosis III.] Leben gegeben werde in Ewigkeit)."

Auf der Darstellung im großen Tempel von Karnak sind Namen und Gestalt des Amun-Rê ausgekratzt, genauso wie auch auf den anderen Obelisken und den Fragmenten, die dort noch aus der Zeit Tuthmosis' III. zu finden sind. Im Gegensatz dazu zeigt der Obelisk in Istanbul beides in völliger Unversehrtheit, was uns vielleicht zu dem Schluß berechtigt, daß er bereits umgestürzt auf – wenn nicht gar teilweise unter – der Erde gelegen haben könnte, als die Beauftragten Achenatens ihr Zerstörungswerk zu vollbringen hatten. Diese Möglichkeit scheint auch noch von anderer Seite her eine Bestätigung zu erhalten: Kein Nachfolger Tuthmosis' III. hat je der bereits vorhandenen Inschrift auch nur ein Zeichen hinzugefügt. Ramses II. hätte doch mit Sicherheit der Versuchung nicht widerstehen können, auch hier seine Namen zu verewigen, so wie er es schon auf dem Lateran-Obelisken und auf den beiden anderen heute in New York und London stehenden Obelisken Tuthmosis' III. tat – besonders da neben der lediglich einen Inschriftenkolumne in der Mitte noch so viel freier Raum für die Anbringung zweier weiterer Reihen blieb!

Der Obelisk von Istanbul stand einst südlich des Siebenten Pylons an der Querachse des großen Tempels zu Karnak. Das französisch-ägyptische Center entdeckte vor noch nicht sehr langer Zeit die Rampen, die die Römer bei seinem Abtransport benutzt hatten. Aus der Blickrichtung der Hieroglyphen auf der Vorderseite geht hervor, daß der Obelisk westlich des Tores gestanden haben muß; außerdem befindet sich der untere Schaftteil seines Pendants noch, umgeben von zahlreichen Fragmenten, auf seinem hohen Sockel östlich des Eingangstores in situ. Die auf diesem Schaftfragment erhaltenen Inschriften sind ein zusätzlicher Beweis dafür, daß wir in ihm den einst zum Hippodrom-Obelisken passenden Partner sehen müssen.

Auf wessen Veranlassung der Obelisk auf die Reise nach Istanbul geschickt wurde, läßt sich nicht mehr feststellen. Kaiser Constantin hatte ja einst den Lateran-Obelisken nach Alexandria bringen lassen, von wo aus er eigentlich nach Konstantinopel hätte verschifft werden sollen. Nach seinem Tode holte ihn jedoch Constantius II. stattdessen nach Rom; hat dieser Kaiser etwa als Ersatz dafür den anderen Obelisken nach Alexandria bringen lassen, um ihn von dort nach Konstantinopel zu schicken? Später forderte jedenfalls Kaiser Julian „Apostata" (361–363) in einem Brief die Alexandriner auf, ihm den Granitobelisken zu senden, der zu dieser Zeit noch in ihrer Stadt lag und für dessen Überführung Constantius bereits ein Transportschiff hatte erbauen lassen. Als Dank stellte er ihnen dafür seine eigene Statue in Aussicht. Demnach war also des Constantius Vorhaben nicht zur Ausführung gekommen.

Daß die Bewohner Alexandrias Julians Aufforderung nachkamen, wird nirgends bestätigt, aber auch nirgends in Abrede gestellt. Die Sockelinschriften des Obelisken verraten uns nur, daß

Abb. 72 u. 73. Der Sockel des Istanbuler Obelisken mit Darstellungen Theodosius' I. und seines Hofstaates.
Unten der Obelisk auf seinem Transportschiff

Abb. 74 u. 75. Ansicht der anderen Seite desselben Sockels mit einer Szene von der Aufstellung des Obelisken im Hippodrom

er vor seiner Wiederaufstellung eine Zeitlang auf der Erde gelegen hat. Das Verdienst, ihn aufgerichtet zu haben, kommt jedenfalls Kaiser Theodosius I. (379–395) zu und Proklos, seinem Statthalter in Konstantinopel, dem die Arbeiten dafür unterstanden.

Der Sockel, der die lateinischen Inschriften trägt, besteht aus zwei Stufen (Abb. 72–75). Der untere Teil enthält Texte und zwei Szenen aus der Geschichte des Obelisken: Eine davon zeigt ihn liegend auf seinem Transportschiff, in der anderen sieht man ihn bereits aufgerichtet auf der Spina des Hippodroms, in dem gerade ein Wagenrennen stattfindet. Auf der oberen Stufe des Sockels erkennen wir den Kaiser inmitten seines Hofstaates, aller Wahrscheinlichkeit nach als Zuschauer dieses Wagenrennens im Zirkus rund um den Obelisken.

Dieser Obelisk in Istanbul sollte zum Zeugen einer bewegteren Geschichte werden, als die meisten seiner Brüder sie erlebten. Vom großen Pharao Tuthmosis III. in Karnak gestiftet, irgendwann umgestürzt und uns dennoch durch einen glücklichen Zufall erhalten geblieben, befand er sich achtzehn Jahrhunderte nach seiner ersten Aufrichtung in Alexandria, das aber offensichtlich nur Durchgangsstation auf dem Weg nach Konstantinopel für ihn war. Dort erlebte er von seinem Platz im Hippodrom aus nicht nur Wagenrennen, sondern auch die Höhen und Tiefen der Geschichte dieser Stadt. In seiner Nähe wurden die bedeutendsten Kirchen der Christenheit errichtet und ein volles Jahrtausend blieb in Byzanz-Konstantinopel alles unverändert. Dann aber kam eine Zeit, in der es keine Wagenrennen mehr gab – das Byzantinische Reich zerfiel. An die Stelle der christlichen Kaiser traten die Osmanischen Sultane und die Kirchen wandelten sich zu Moscheen. Der Obelisk aber blieb stehen und durfte das Aufblühen der Stadt als Zentrum der islamischen Welt mit ansehen, freilich dann aber auch, Jahrhunderte später, ihren Verfall durch die harten Realitäten der modernen Zeit. Istanbul ist heute ohne seine einstige politische und religiöse Bedeutung nur noch eine Touristenattraktion. Zu seinen berühmtesten Sehenswürdigkeiten aber gehört noch immer der mächtige Schaft des Obelisken Tuthmosis' III.

Kapitel 7

PARIS, LONDON, NEW YORK

Bis zum Beginn des 19. Jhs. haben Ägypten und seine Monumente in Europa kaum Beachtung gefunden. Die meisten außerhalb Ägyptens zum Vorschein gekommenen altägyptischen Denkmäler waren bereits in hellenistischer Zeit aus ihrer Heimat entfernt worden. In vielen Fällen dienten sie zur Ausschmückung der zahlreichen Isisheiligtümer. Erst nachdem Napoleon Bonaparte seinen glücklosen Feldzug nach Ägypten unternommen hatte (1798 bis 1801), auf dem ihn ja auch eine Gruppe von Wissenschaftlern begleitete, erwachte in Europa plötzlich das Interesse an Ägypten, und zwar gleichermaßen am antiken wie am modernen. Diese französischen Gelehrten gaben in ihrem ohne Übertreibung monumental zu nennenden Werk „Description de l'Egypte" eine getreue Schilderung des ägyptischen Volkes, seiner Sitten und Gebräuche, seiner Kleidung, seiner Religion und seiner großen Städte und Ortschaften. Darüber hinaus lieferten sie, was eine noch bedeutendere Leistung ist, eine detaillierte Beschreibung der antiken Denkmäler und ihrer hieroglyphischen Inschriften, obwohl sie selbst damals noch von allem, was sie kopierten, kein einziges Wort oder Zeichen lesen und verstehen konnten.

Aufgrund dieser Informationen rückte in ganz Europa plötzlich Ägypten mit seiner alten Hochkultur in den Brennpunkt des Interesses. Die Folge davon war, daß die größeren Staaten alsbald ihre Sammlungen und Museen mit ägyptischen Kunstgegenständen zu bereichern suchten. Vor allem in Ägypten im diplomatischen Dienst stehende Ausländer fühlten sich verpflichtet, an allen historisch interessanten Plätzen Gegenstände von Wert mitzunehmen, auch wenn sie dabei Monumente zerstörten – während die örtlichen Autoritäten dieser Plünderung großen Stils widerspruchslos zusahen.

Das eigentliche Geschäft mit den ägyptischen Altertümern begann jedoch erst, als der französische Ägyptologe Jean-François Champollion (1790–1832) im Stein von Rosette den Schlüssel zur Entzifferung der Hieroglyphenschrift gefunden hatte. Am 22. September des Jahres 1822 machte dieser geniale Forscher dem Sekretär der Französischen Akademie, Monsieur Dacier, in einem Brief Mitteilung von seiner Entdeckung und eröffnete damit ein neues Kapitel der Geschichte einer der ältesten Hochkulturen der Welt.

Bei dem allgemein steigenden Interesse an Ägypten war es nicht verwunderlich, daß England und Frankreich begehrliche Blicke auch auf die ägyptischen Obelisken warfen, von denen sie, dem Vorbild Roms und Konstantinopels nacheifernd, zumindest einen, nach Möglichkeit aber auch mehrere zur Ausschmückung ihrer Hauptstädte haben wollten. In seinem Bestreben, die Wünsche der Regierungen dieser Länder zu befriedigen, erteilte Mohammed Ali, der Vizekönig des türkischen Sultans und eigentliche Herrscher in Ägypten, bereitwillig die Genehmigung zur Ausfuhr, ohne zu bedenken, daß das Land dadurch Gefahr lief, auch noch seiner letzten ihm verbliebenen Obelisken verlustig zu gehen. Die besterhaltenen Stücke beanspruchten sowohl England als auch Frankreich für sich, und so konnte es bei der begrenzten Auswahl nicht ausbleiben, daß sich die Wünsche dieser Staaten manchmal auch auf ein und dasselbe Exemplar konzentrierten.

Die ersten Obelisken, die angeboten wurden, waren diejenigen Tuthmosis' III. in Alexandria. Dabei sollte der noch stehende an Frankreich, der umgestürzte aber an England gehen. Noch ehe jedoch einer von ihnen abtransportiert werden konnte, bewarb Frankreich sich um die beiden Obelisken vor dem Luxortempel, für die jedoch bereits England die Zusage hatte. Schließlich einigte man sich dahingehend, daß Frankreich das Obeliskenpaar von Luxor zugesprochen werden sollte, während man England als Er-

Abb. 76. Der Obelisk Ramses' II. auf der Place de la Concorde in Paris ▷

satz mit dem in Karnak noch stehenden Hatschepsut-Obelisken zu entschädigen gedachte.

Zum Glück für Ägypten waren sowohl England als auch Frankreich nicht in der Lage, diese großzügigen Angebote anzunehmen. Der Grund hierfür lag allerdings weder in der vornehmen Bescheidenheit beider Länder noch in ihrer Einsicht, daß man besser daran täte, diese alten Kulturstätten nicht zu plündern, sondern einzig und allein in der Höhe der Kosten und in den Schwierigkeiten, die bereits der Abtransport nur eines einzigen Stückes verursachte. Jeder der beiden Interessenten erklärte sich schließlich zufrieden mit dem besten, beziehungsweise dem am leichtesten transportierbaren Obelisken, während die anderen glücklicherweise im Lande verbleiben durften. Wären England und Frankreich in der Lage gewesen, sich mit allen ihnen zugesagten Stücken zu bedienen, so hätte Ägypten schließlich nur noch drei seiner größeren Obelisken behalten, und selbst diese Zahl hätte sich noch auf zwei verringert, da im 19. Jh. den Vereinigten Staaten ein weiterer Obelisk zugesprochen werden sollte. Die Obelisken in Paris, London und New York darf man deshalb auch als Ausdruck der diplomatischen Höflichkeit Ägyptens den entsprechenden Großmächten gegenüber werten.

Von den in neuerer Zeit aus Ägypten entfernten Obelisken mußte der heute in Paris befindliche (Abb. 76) als erster seine Heimat verlassen[1]. Wie sein Pendant, das man heute noch in Luxor bewundern darf, ist auch er aus Rosengranit – ein Monolith von 227 Tonnen, der aber mit seinen heute noch 22,55 Metern seinen im Lande verbliebenen Bruder an Höhe nicht mehr ganz erreicht. Hinsichtlich der Dekoration gleichen sich beide Obelisken vollkommen: Das Pyramidion ist glatt, am oberen Schaftende befindet sich auf jeder Seite eine Darstellung Ramses' II. in opfernder Haltung vor Amun-Rê, darunter verlaufen jeweils nebeneinander drei Kolumnen mit Inschriften, welche die Titulatur des Königs wiedergeben und von seiner Macht und seiner Frömmigkeit berichten. Seinen eigenen Worten zufolge war Ramses II. ein wirklich großer Pharao: „... göttlicher Samen seines Vaters Amun, des Herrn der Götter, der den Tempel des Ba in Jubel sein läßt und die Götterneunheit des Tempels des Großen (den Sonnentempel in Heliopolis) in Freude - - - ein König mit zahlreichen Denkmälern, ein Siegreicher, ältester Sohn des Rê auf seinem Thron ... der den Tempel des Amun so hoch macht wie den Horizont des Himmels durch sehr große Denkmäler für die Ewigkeit - - - Solange der Himmel besteht, solange sollen Deine Denkmäler bestehen und Dein Name soll bleibend sein wie der Himmel."

Die Idee, einen Obelisken aus Ägypten nach Paris mitzunehmen, wird gelegentlich Napoleon zugeschrieben. Dies könnte auf Wahrheit beruhen, da sein Feldzug ja die systematische Erforschung der ägyptischen Denkmäler einschließlich der Obelisken zur Folge hatte. Außerdem sollen die Abschiedsworte Josephines an ihren Gemahl vor dessen Einschiffung gewesen sein: „Adieu! Und wenn Du nach Theben kommst, schick' mir einen kleinen Obelisken!"[2] Tatsächlich aber dürften Wünsche nach dem Besitz eines solchen Monuments durch diesen Feldzug erst ausgelöst worden sein: bei den Engländern zur Erinnerung an ihren Sieg, bei den Franzosen zum Gedenken ihrer wissenschaftlichen Leistung.

Nach der Wiederherstellung des Königtums in Frankreich im Jahre 1814 beschloß Ludwig XVIII., seine Hauptstadt Paris mit einem Obelisken aus Ägypten zu schmücken. Sein Generalkonsul in Alexandria erhielt also den Auftrag, dieserhalb bei Mohammed Ali vorstellig zu werden. Von ägyptischer Seite wurde denn auch sogleich bereitwillig der in Alexandria stehende Obelisk Tuthmosis' III. offeriert, jedoch geschah darüber hinaus so gut wie nichts, bis schließlich Baron Isidore Taylor (1789–1879), ein französischer Schriftsteller und Reisender englischer Abstammung, der sich auch als Kunstkenner einen Namen gemacht hatte, sich an den französischen Marineminister wandte. Er gab diesem zu verstehen, daß der Obelisk nur durch rasches Handeln seitens der Franzosen vor dem Zugriff der Engländer bewahrt werden könne. Um der drohenden Gefahr zuvorzukommen, beriet man sich alsbald eingehend über die nötigen Schritte zur Durchführung des Unternehmens.

In der Zwischenzeit schaltete sich Champollion durch einen Brief an den Marineminister in die Verhandlungen ein. Er legte dar, daß die bescheidenen Obelisken in Alexandria nichts seien im Vergleich zu den viel wertvolleren des alten Theben und daß nur einer der dortigen die Überführung nach Paris lohne. Da man dem berühmten Hieroglyphenentzifferer die Kompetenz in dieser Frage nicht absprechen konnte, mußten die Verhandlungen von neuem beginnen.

Es empfahl sich, mit den geänderten Wünschen baldmöglichst an den Vizekönig heranzutreten, noch ehe er eine anderweitige Zusage bezüglich der Obelisken von Luxor gemacht hatte. Schon in Anbetracht der vielen bei der Altertümerverwaltung in Ägypten beschäftigten Franzosen und weil man zudem Mohammed Alis völliges Desinteresse an der Geschichte und den Kulturgütern des Landes kannte, aber auch von seinem Bemühen wußte, sich allen Ausländern gegenüber gefällig zu erweisen, befürchtete man von seiner Seite keinerlei Einwände. So machte sich unter dem Vorsitz des Marineministers ein Komitee an die Ausarbeitung entsprechender Pläne zur Überführung der beiden Luxor-Obelisken.

Die erste Entscheidung dieses Gremiums sah vor, Baron Taylor nach Ägypten zu entsenden, um von Mohammed Ali die Zustimmung zur Übernahme der beiden Luxor-Obelisken und darüber hinaus auch noch zum Erwerb weiterer Altertümer für die Sammlungen des Louvre zu erlangen. Brieflich erbat der Marineminister hierzu am 25. November 1829 die Vollmacht König Karls X. Danach brach Taylor auf, beladen mit Geschenken für den Vizekönig und seinen Sohn Ibrahim Pascha, mit dessen Unterstützung für seinen Auftrag er rechnete. Dem französischen Generalkonsul in Alexandria überbrachte er die Anweisung, ihm jede erdenkliche Hilfe für seinen Plan zuteil werden zu lassen.

Baron Taylor landete am 23. April 1830 in Alexandria, konnte aber vor dem 31. Mai keinen Termin für die Audienz bei Mohammed Ali erhalten. In der dazwischenliegenden Zeit hatte dieser jedoch in der Angelegenheit bereits zugunsten der Engländer entschieden. Bereitwillig disponierte er aber sogleich wieder um und bot den Engländern den noch heute an seinem Platz stehenden

Obelisken der Hatschepsut in Karnak als Ersatz an – ein schlechter Tausch in Anbetracht der Schwierigkeiten, die bei der Entfernung gerade dieses Obelisken zu erwarten gewesen wären.

Die sich im Jahre 1830 verschlechternden Beziehungen zwischen Ägypten und Paris berührten zwar nicht die Abmachung, wonach Frankreich die beiden Obelisken von Luxor und den einen aus Alexandria erhalten solle, doch schien es empfehlenswert, die Vorbereitungen für den Abtransport zu beschleunigen. Seit Ende Juni wartete zudem bereits ein Transportschiff in Alexandria auf die Verladung des einen der beiden Obelisken dieser Stadt, und in Toulon hatte man vorher schon mit dem Bau eines Schiffes begonnen, das sinnigerweise den Namen „Louksor" erhalten sollte und dazu bestimmt war, die beiden Obelisken aus der Stadt Luxor über das Mittelmeer geradewegs nach Paris zu befördern. Noch immer war Taylor mit der Überführung aller drei Obelisken nach Frankreich betraut. Allmählich aber wurden Stimmen laut, die das Projekt als zu aufwendig und in der Ausführung zu schwierig bezeichneten.

In diesem Augenblick trat Champollion mit einem neuen Vorschlag an die Öffentlichkeit, der auch sofort allgemeine Zustimmung fand: Da seiner Meinung nach der Obelisk, der in Luxor westlich des Tempeleingangs stand, der schönste unter den drei zugesicherten Stücken war, sollte man ihn als ersten abtransportieren; die beiden anderen aber könnte man zu einem späteren Zeitpunkt nachkommen lassen, wenn Zeit und finanzielle Mittel es erlaubten und falls dann überhaupt noch Interesse an ihnen bestand.

Nach Bereitstellung der nötigen Gelder wurde der Marineingenieur Jean Baptiste Apollinaire Lebas (1797–1873) beauftragt, die beiden Luxor-Obelisken abzuholen und nach Frankreich zu überführen. Mit der „Louksor", deren Fertigstellung für Januar 1831 vorgesehen war, sollte er von Toulon nach Alexandria und weiter nilaufwärts nach Luxor fahren. Dort hatte er den Erhaltungszustand der beiden Obelisken zu überprüfen und ihren Abtransport in die Wege zu leiten. Sollte sich die Überführung der beiden Obelisken gleichzeitig als zu schwierig oder als unmöglich erweisen, so hatte Lebas den Auftrag, gemäß Champollions Vorschlag zuerst den westlichen Monolithen zu verschiffen. Darüber hinaus führte der Ingenieur Empfehlungsschreiben an alle Personen, die ihm möglicherweise von Nutzen sein konnten, mit sich im Gepäck, dazu eine Kopie von Champollions Gutachten über die Obelisken von Luxor.

Lebas konnte jedoch erst am 15. April 1831 mit dem neuen Schiff von Toulon aus in See stechen. Am 3. Mai erreichte er Alexandria und ging dem Palast gegenüber vor Anker. Da der französische Generalkonsul nicht anwesend war, verzögerte sich Lebas' Zusammentreffen mit dem Pascha um mehr als einen Monat. Lebas schrieb darüber in seinem Bericht: „Am 8. Juni fand endlich in Anwesenheit des Generalkonsuls meine Audienz bei Mohammed Ali statt. Der Vizekönig, der bereits von meiner kleinen Statur in Kenntnis gesetzt worden war, behauptete, mich bei der Vorstellung durch den Generalkonsul nicht gesehen zu haben, und fragte: 'Wo ist denn Ihr Ingenieur? Sagen Sie ihm doch, er soll sich neben mich setzen, damit ich ihn sehen kann!' "[3] In der Tat paßte zu der Kleinwüchsigkeit von Lebas auch sein Name, der auf französisch „der Niedere" bedeutet; beides jedoch stand in absolutem Widerspruch zu der großen Aufgabe, die man ihm übertragen hatte. Lebas bezeichnete die Unterredung als sehr erfolgreich. Mohammed Ali hatte ihm jede nur mögliche Hilfe zugesagt und ihm für seine große Unternehmung Mut zugesprochen, indem er betonte: „Ich bin an der Durchführung so interessiert, als wenn sie in meinem eigenen Namen und zu meiner persönlichen Ehre geschähe. Es sollen strikteste Anweisungen gegeben werden, damit nichts, was zum Gelingen dieses gigantischen Unternehmens getan werden kann, versäumt wird."[4]

Allmählich wurde es nun Zeit, die Fahrt stromaufwärts fortzusetzen, und so startete die „Louksor" am 11. Juni 1831, begleitet von einer Anzahl einheimischer Lastkähne, die die Expeditionsausrüstung beförderten, auf dem Nilarm von Rosette in Richtung Süden. Da der Wasserstand sehr niedrig war, erreichte man Kairo erst am 27. Juni. Dort hatte Lebas eine Unterredung mit dem Schiffahrtsdirektor Krali Bey, die ihn in große Sorgen stürzte.

Krali Bey empfing Lebas in einem Zelt am Nilufer und versuchte ihn zu überzeugen, daß sein Vorhaben undurchführbar sei. Auch wenn Lebas sich auf Mohammed Alis Erlaubnis berufen könne, so scheitere der Transport der Obelisken allein schon an deren Höhe. Was aber Lebas geradezu an den Rand der Verzweiflung brachte, war die Mitteilung, daß ausgerechnet der westliche Obelisk von seiner Standfläche an über nahezu ein Drittel seines Schaftes nach oben zu gespalten sei. Entsetzt kehrte Lebas zu seinem Schiff zurück und klammerte sich an die Hoffnung, es könnte vielleicht doch alles nur auf einem Mißverständnis beruhen.

Als Lebas in Kairo seine letzten Vorbereitungen getroffen hatte, machte er sich endgültig auf die Fahrt nach Süden, die ihm die typischen Reiseerlebnisse des 19. Jahrhunderts bescheren sollte. Bei seiner Ankunft in Qena nördlich von Luxor bereitete ihm der örtliche Nazir oder Bürgermeister, zu dessen Bereich auch die Stadt Luxor gehörte, einen freundlichen Empfang. Er versprach ihm alles zu liefern, was er benötige, insbesondere aber die zur Durchführung seines Auftrages so unentbehrlichen Palmenstämme. Als Lebas den Nazir wieder verließ, geschah etwas Unerwartetes, was sich in seinen eigenen Worten so anhört: „Als ich sein Haus verließ, fand ich mich zu meiner Überraschung von Burschen umringt, die mich hochhoben und auf ein Pferd setzten, dessen ungewöhnliche Größe im Kontrast zu meiner eigenen Körpergröße stand, so daß ich meine Beine beinahe gespreizt halten mußte. Meine Lage war in höchstem Maße unangenehm, aber der Anführer der Leute gab sich alle Mühe, mich von der Frommheit des Pferdes zu überzeugen, indem er mir erzählte, daß sogar sein alter, gebrechlicher Besitzer mit der Pfeife im Mund darauf reiten könne. Vorsichtshalber aber ließ er doch auf jeder Seite des Pferdes einen seiner Leute gehen, die mich an meinen Schuhen festhalten mußten; zwei andere hatten an Schwanz und Zaum des Pferdes anzufassen, und vier weitere gingen mit Fackeln in den Händen vor uns her. So wurde ich zum Schiff geleitet, wo sie mir, wie ich erwartet hatte, ihre Ehrerbietung erwiesen. Für all dies mußte ich tief in die Tasche greifen, denn man kann nicht umhin, alle, die einem solche Respektsbekundungen zuteil werden lassen, einzeln dafür zu bezahlen. In Ägypten wie auch in anderen Ländern ist man der Meinung, daß Leute, die mit leeren Händen kommen, selbst daran schuld seien, wenn sie unfreundlich empfangen werden."[5]

Tags darauf erreichte Lebas das alte Theben, wo er zunächst die Monumente auf beiden Ufern des Nils besichtigte, ehe er dann in Luxor an Land ging. Die Ankunft der „Louksor" und ihrer Begleitboote hat mit Sicherheit die gesamte einheimische Bevölkerung in freudige Erregung versetzt. Als die Leute dann den wahren Grund für den interessanten Besuch erfuhren, konnten sie nicht verstehen, wie man einen solchen Aufwand betreiben mochte, nur um einen Obelisken heil und unversehrt von einem Tempel abzutransportieren. Als sich jedoch schließlich Lebas als derjenige zu erkennen gab, der den Obelisken von der Stelle schaffen wollte, da kannte ihr Erstaunen keine Grenzen, und einem aus ihren Reihen entfuhr der ungenierte Ausruf: „Allah, Allah! ... Wer? ... Dieses kleine Männchen? Aber mein Stock ist ja höher als er. ... Er kann doch höchstens ein ganz kleines Steinchen aus diesem Tempel von der Stelle bewegen!"[6]

Sobald die Menge sich etwas verlaufen hatte, machte sich Lebas eiligst an die Untersuchung des westlichen Obelisken, der ihn seit der Unterredung mit Krali Bey so sehr mit Sorge erfüllte. Sein italienischer Steinmetz Mazacqui konnte ihn jedoch bald beruhigen: „Herr", rief er aus, „der Stein hat zwar einen Sprung, aber er ist nicht ganz durchgebrochen! Wir können ihn mitnehmen, aber er muß langsam heruntergeholt werden, sehr sehr langsam!"[7] Auf dem Rückweg zu seinem Schiff überlegte Lebas voller Verwunderung, woher Krali Bey von diesem Sprung gewußt haben mochte, der offenbar bisher noch von keinem Wissenschaftler wahrgenommen worden war. Auch in keinem der Bücher war eine Andeutung davon zu finden! Da Lebas aber vor Schwierigkeiten nicht so leicht kapitulierte, sondern sie eher als Herausforderung betrachtete, beschloß er, nach einer erholsamen Nachtruhe gleich am darauffolgenden Tag ans Werk zu gehen.

Der Luxortempel bot sich dem Beschauer vor hundertfünfzig Jahren völlig anders dar als heute. Neun Meter über dem antiken und heutigen Bodenniveau – so hoch war die Schuttschicht, die sich im Laufe der Jahrtausende angesammelt hatte – lehnten sich die Wohnhäuser der Einheimischen gegen den Pylon und die Obelisken. Ebenso war das Tempelinnere vollkommen mit Schutt angefüllt. Darauf erhob sich, neben unzähligen Häusern, auch die Moschee des Abu el-Haggâg (sie nimmt heute noch einen Teil des ersten Tempelhofes ein) und zwischen den oberen Enden der Säulen und Kapitelle schlängelten sich Eselspfade hindurch. Weite Teile des Tempels lagen völlig versteckt zwischen den späteren Einbauten, die sich über seine ganze Länge erstreckten.

Die Probleme, die aus dieser Situation erwuchsen, drängten nach sofortiger Lösung. So schien der Abbruch von mehr als vierzig Häusern, die sich rund um den Obelisken und an dem vorgesehenen Transportweg zum Nil hin zusammendrängten, unvermeidlich. Darum bildete man sogleich ein Komitee, das die Verhandlungen mit den Bewohnern auch schließlich auf befriedigende Weise zum Abschluß brachte.

Von großer Wichtigkeit war sodann die Beschaffung der erforderlichen Quartiere für die Arbeiter sowie für Lebas selbst und seinen ganzen Stab. Auch mußten die benötigten Materialien sicher untergebracht werden. Die Auswahl war nicht groß, denn als geeignet erwiesen sich nur die in den Tempel selbst eingeschachtelten Gebäude, die Lebas dann auch zum größten Teil belegte. Er selbst quartierte sich im Haus des Brinbaschi ein, des Dorfältesten, das im westlichen Teil des Tempels lag und Ausblick auf den Nil gewährte.

Nach Abschluß dieser Vorbereitungen begann unter sehr schwierigen Bedingungen die eigentliche Arbeit, denn es war mittlerweile Hochsommer geworden und die Temperaturen in Luxor erreichen zu dieser Jahreszeit nicht selten mehr als 50 Grad im Schatten. Zunächst riß man die Häuser nieder und räumte die riesigen Erdmassen von der Stelle, die den Obelisken umgaben, damit die Zimmerleute das kostbare Monument ringsum einrüsten konnten, während die Schiffsmannschaft Planken für seine

Übernahme auf die „Louksor“ vorbereitete: seit den Tagen der Pharaonen hatte der Ort gewiß nicht mehr solch emsige Geschäftigkeit gesehen!

Eine Schwierigkeit nach der anderen stellte sich jedoch Lebas in den Weg. Als aus Unterägypten Nachrichten von einem Choleraausbruch eintrafen, verließen viele Europäer fluchtartig den Ort. Tatsächlich drang die Epidemie schon sehr bald bis Luxor vor und suchte sich ihre Opfer unter den Einheimischen und auch aus den Reihen von Lebas' Leuten. Der Notstand, der in Ägypten herrschte, brachte es mit sich, daß in Kairo angeforderte Materialien nicht geliefert werden konnten und man sich mit dem behelfen mußte, was an Ort und Stelle als Ersatz dafür zu finden war. Mit der ihm eigenen Energie und unterstützt vom Eifer seiner Leute gelang Lebas aber schließlich doch das, was er mit seinen eigenen Worten „ein Kulturzentrum der antiken Welt um eines seiner schönsten Schmuckstücke berauben“[8] nannte.

Das Niederholen des Obelisken war für den 23. Oktober vorgesehen. Einhundertneunzig Leute standen abwartend an den ihnen angewiesenen Plätzen und als die ersten Sonnenstrahlen die Kolossalstatue Ramses' II. streiften, faßten sie zu. In den ersten fünfundzwanzig Minuten neigte sich der Obelisk bereits um 25 Grad; ein so rasches Tempo konnte jedoch nicht lange beibehalten werden, und so war der Obelisk erst am 16. November völlig abgeseilt. Als er auf der Erde lag, stellte man fest, daß sein Stifter Ramses II. seinen Namen selbstauf der Standfläche des Schaftes hatte anbringen lassen, wo niemand ihn sehen und er deshalb auch nicht ausgekratzt werden konnte. Er, der selbst so viele Monumente seiner Vorgänger usurpiert hatte, indem er unbekümmert deren Namen durch seine eigenen ersetzen ließ, wußte sehr genau, warum er an so versteckter Stelle eine Vorsichtsmaßnahme wie diese traf!

Als nächstes mußte der Transport des Kolosses auf die „Louksor“ in Angriff genommen werden. Trotz größter Anstrengungen sollte es noch bis zum 19. Dezember 1831 dauern, bis der Obelisk sicher an Bord untergebracht war. Freude und Zufriedenheit waren danach bei allen Beteiligten groß. Die Bewohner von Luxor aber konnten es immer noch nicht fassen, daß das Unternehmen zu Ende gebracht sei: Sie versammelten sich an dem nun leeren Platz vor dem Pylon und stellten fest: „Das ist Teufelswerk!“ Scherif Bey, der Gouverneur von Oberägypten, der am Tag nach der Verbringung des Obelisken auf das Schiff in Luxor eintraf, drückte dasselbe, seiner Erziehung entsprechend in etwas gewählteren Worten, aus: „Ich habe es nicht für möglich gehalten, daß man solch ein tonnenschweres Stück auf ein Schiff verladen kann. Ich hielt dieses Vorhaben für unausführbar und ich versichere Ihnen, daß ich nicht der einzige in Ägypten war, der das geglaubt hat.“[9]

Lebas stellte selbst die Größe seiner eben vollbrachten Leistung keineswegs in Abrede, als er schrieb:

„Nach viereinhalb Monaten voller Sorgen und Mühen haben wir diesen Teil unserer Aufgabe glücklich zum Abschluß gebracht! Es hieß für uns mehr als neunzigtausend Kubikmeter Sand herbeizuschaffen, uns durch ausgedehnte Erdhügel zu graben, vierzig Häuser abzureißen, neue Häuser oben auf den Tempeln zu erbauen und außerdem Quartiere für einhundertvierzig Arbeiter zu erstellen – all das in einem Land, das über keinerlei technische Hilfsmittel verfügt, mitten im Sand der Wüste, unter uns die vor Hitze kochende Erde und über uns eine Sonne, die das Thermometer auf 50 Grad ansteigen ließ.“[10]

Noch vor dem nächsten Anschwellen des Nils, dessen Fluten die „Louksor“ für ihre Heimfahrt abwarten mußte, reiste Lebas nordwärts, um zu erkunden, ob das schwerbeladene Schiff durch den Rosette-Arm des Nildeltas ins Mittelmeer gelangen könne. Befriedigt über die erhaltene Auskunft kehrte er nach Luxor zurück, um die endgültigen Vorbereitungen für die Abfahrt zu treffen. Die „Louksor“ lag noch fest auf Grund und man wartete auf die Überschwemmung, die sie wieder flott machen sollte: Das geschah schließlich am 25. August 1832. Daraufhin verließ das Schiff mit seiner kostbaren Fracht endgültig Luxor, fuhr stromabwärts nach Alexandria und erreichte drei Monate später Frankreich, wo es am 11. Mai 1833 in Toulon vor Anker ging.

An dieser Stelle betrachtete Lebas seinen Auftrag als beendet, aber er sollte sich irren: Er erhielt, kaum am Ziel angelangt, die schriftliche Mitteilung, daß niemand anderer als er dazu ausersehen sei, den Obelisken in Paris auch wieder aufzustellen. „Die Geschicklichkeit, die Sie allenthalben bei der Überführung des Obelisken nach Frankreich bewiesen haben, garantiert uns, daß Sie diese neue Aufgabe ebenfalls erfolgreich zu Ende bringen werden."[11] Als künftiger Platz für den Obelisken war die Mitte der Place de la Concorde ausersehen worden und Lebas traf, ermutigt durch die Anerkennung, sogleich alle weiteren Vorbereitungen. Auf der „Louksor" ließ er den Obelisken in ein Gestell setzen, nahm Steine für die Pflasterung und einen Sockel an Bord und fuhr damit die Seine aufwärts bis in die Nähe der Place de la Concorde, wo er am 15. Dezember 1833 anlegte.

Die Arbeiten an der Pflasterung und am Sockel waren bald getan; nun konnte der Obelisk in seine Ausgangsstellung gebracht werden. Am 24. Oktober 1834 standen dreihundertfünfzig Mann eines Artilleriekommandos bereit, um in der letzten Phase mit Hand anzulegen. Auf ein Trompetensignal setzte sich die Maschinerie in Bewegung und der Obelisk schwebte in seinem Gestell in die Luft empor. In diesem Augenblick wäre seine endgültige Aufrichtung ein leichtes gewesen: laut Anordnung aber sollte sie erst am darauffolgenden Tage stattfinden.

Schon vom Morgengrauen des 25. Oktober an strömten mehr als 200 000 Schaulustige zusammen und drängten sich auf der Place de la Concorde, auf den Avenuen, die dort einmünden, und auf den Terrassen der Tuilerien. Ganz Paris schien das Ende dieses großartigen Unternehmens miterleben zu wollen, das mehr als drei Jahre zuvor in den Ruinen des altehrwürdigen Theben seinen Anfang genommen hatte.

Am Mittag fanden sich der König, die Königin und ihre Familie auf dem Balkon des Marineministeriums ein, von wo aus sie, bejubelt von der Menge, den Platz überschauen konnten. Zu dieser Zeit hatte der Schaft bereits einen Neigungswinkel von 38 Grad erreicht. Drei Stunden später war das Werk getan: der Obelisk stand aufrecht auf seinem Sockel und der Beifall der versammelten Menschenmenge umbrauste ihn.

Zur Feier dieses Ereignisses lud der König die Honoratioren zu einem Festbankett und überreichte Lebas silberne und bronzene Gedenkmedaillen mit seinem Bild und der Aufschrift: „Unter der Regierung von Louis-Philippe I., König von Frankreich, wurde unter dem Minister des Innern M. de Gasparin der Obelisk aus Luxor von dem Ingenieur der Marine M. Apollinaire (Lebas) aufgestellt." Zwei dieser Gedenkmünzen schloß man in einen Hohlraum des Sockels unterhalb des Obelisken ein. Lebas erhielt außerdem eine große Geldsumme und auch seine Leute gingen natürlich nicht leer aus.

Der Obelisk von Paris bildet das Zentrum der Place de la Concorde, eines der größten und prachtvollsten Plätze der Welt. Umgeben von Brunnen, die ihrerseits wieder von Pavillons mit den allegorischen Figuren der großen Städte Frankreichs überragt werden, bildet der Obelisk den glanzvollen Abschluß der Champs-Élysées. Die Pracht dieses Platzes möge es den Beschauer vergessen lassen, daß die Franzosen dafür das einzige und letzte vor einem altägyptischen Tempel noch in situ befindliche Obeliskenpaar auseinandergerissen haben, auch wenn dadurch heute leider der Ausspruch meines 1975 verstorbenen Freundes, des Kunsthistorikers Leslie Greener für den Luxortempel zutrifft: „Sein imposanter Pylon wirkt nun für alle Zeiten so armselig wie ein Elefant, der nur noch einen einzigen Stoßzahn hat!"[12]

Von den vielen einst von Tuthmosis III. gestifteten Obelisken sucht man heute vergeblich auch nur einen einzigen in seinem Heimatland. James Henry Breasted, der bahnbrechende amerikanische Ägyptologe, schrieb einmal in diesem Zusammenhang:

„Tuthmosis III. errichtete nicht weniger als sieben Obelisken, fünf davon in Theben und zwei in Heliopolis. Die beiden letzteren stehen sich zwar heute auch noch so gegenüber, wie sie einst vor dem Eingang zum Tempel von Heliopolis aufgerichtet waren, aber mit dem Unterschied, daß jetzt der ganze Atlantik zwischen ihnen liegt. Auch von den fünf thebanischen Obelisken findet sich kein einziger mehr in Ägypten. Sie sind alle zerstört bis auf die beiden, die jetzt in Europa stehen: der eine in Rom auf der Piazza di San Giovanni in Laterano, der andere in Istanbul. So bleibt uns nur die traurige Feststellung, daß der größte aller Pharaonen heute keinen einzigen Obelisken mehr in dem Lande besitzt, das ihm einst untertan war, während die moderne Welt noch eine ganze Reihe davon zwischen Istanbul und New York ihr eigen nennt."[13]

Die letzten Kolossaldenkmäler, die Ägypten verlassen mußten – das eine zum Schmuck der Alten Welt, das andere zur Verschönerung der Neuen –, sind die beiden Obelisken, die Tuthmosis III. einst für Heliopolis gestiftet hatte. Ihr Schicksal hat sie nach London und New York verschlagen, aber einst bildeten sie ein Paar, das sich wie Zwillinge in Größe und Aussehen glich. Beider Material ist Rosengranit, der Londoner Obelisk ist jedoch mit seiner Höhe von 20,87 Metern und seinem auf 187 Tonnen geschätzten Gewicht etwas kleiner als sein New Yorker Pendant, das noch 21,20 Meter mißt und etwa 193 Tonnen wiegt.

Die Dekoration dieses Obeliskenpaares hält sich innerhalb der Norm: Beide Pyramidien zeigen auf allen vier Seiten Tuthmosis III. in Gestalt einer Sphinx, die den Göttern von Heliopolis Opfer darbringt. Die beiden Schäfte tragen auf jeder Seite in der Mitte eine Inschriftenreihe Tuthmosis' III., der dann Ramses II. davor und dahinter noch je eine Textkolumne hinzugefügt hat. Wie bei den meisten anderen Obelisken rühmen die Inschriften auch hier die Frömmigkeit und die Tapferkeit der beiden Könige. Den Grund für die Aufstellung beider Monumente erfahren wir aus dem von Tuthmosis III. stammenden Inschriftenteil des Londoner Stücks: „(Tuthmosis III.) machte es als sein Denkmal für seinen Vater Re-Harachti, daß er ihm zwei große Obelisken aufstellte (mit) Pyramidien aus Elektron anläßlich seines dritten Regierungsjubiläums, weil er seinen Vater Atum so sehr liebte." Die Inschrift des New Yorker Obelisken besagt, daß die Pyramidien der beiden Monolithen Heliopolis, die Stadt, in der sie aufgestellt waren, „mit Licht erfüllen" sollten.

Jamunedjeh, „Erster Sprecher des Königs", soll die Obelisken zur Feier des dritten Regierungsjubiläums, das Tuthmosis III. in seinem siebenunddreißigsten Regierungsjahr (etwa 1468 v. Chr.) beging, vor dem Sonnenheiligtum in Heliopolis errichtet haben. Etwa eineinhalb Jahrtausende sahen sie dort unbewegt ins Land gehen, bis man sie nach Alexandria bringen ließ. Dort wurden sie im 18. Regierungsjahr des Kaisers Augustus (etwa 13/12 v. Chr.) unter dem Präfekten Publius Rubrius Barbarus von dem Architekten Pontius neu aufgestellt und schmückten fortan die Vorderseite des dem vergöttlichten Iulius Caesar geweihten Caesariums. Bei einem Erdbeben im Jahre 1301 n. Chr. soll dann derjenige von den beiden Obelisken umgestürzt sein, der später nach London kam. Sein Gegenstück, das der Erschütterung standgehalten hatte, blieb dagegen bis zu seiner Überführung nach New York aufrecht stehen.

Kaiser Augustus, der den Göttern seiner neuen Provinz Ägypten gebührenden Respekt entgegenbrachte, ließ ihnen nicht nur den wegen seiner gewaltigen Ausdehnung als ,,Karnak von Nubien" bezeichneten Tempel von Kalabscha erbauen, sondern auch den feingegliederten Tempel von Dendur. Dieser wurde den Vereinigten Staaten zum Dank für ihre Hilfe bei der Rettung der von den Wassern des Aswan-Staudammes bedrohten nubischen Tempel zugesprochen und wird eines Tages eine neue Heimat in New York finden, weniger als 90 Meter entfernt von dem Obelisken, dessen Neuaufrichtung in Alexandria ebenfalls Augustus verfügt hatte.

Daß gerade die beiden nach Alexandria überführten Obelisken Tuthmosis' III. den Namen ,,Nadeln der Kleopatra" erhalten haben (Abb. 77–80), ist verwunderlich, denn zur Zeit ihrer Wiederaufrichtung in dieser Stadt war Kleopatra schon seit mehr als zwanzig Jahren tot. Denkbar wäre allenfalls, daß die Überführung von Kleopatra verfügt worden sein könnte, die Wiederaufstellung dann aber aus irgendeinem Grunde zunächst unterblieb. Die größere Wahrscheinlichkeit aber spricht für eine andere Deutung: Daß man den Namen dieser Königin mit den Obelisken in Verbindung brachte, entspringt einem gewissen Hang zur Romantik, dem auch Ruinen in Alexandria, Mersa Matruh oder Aswan die

Bezeichnung „Bad der Kleopatra“ verdanken, obwohl die Königin mit Sicherheit dort niemals gebadet hat.

Ein volles dreiviertel Jahrhundert sollte sodann die Überführung des einen der beiden alexandrinischen Obelisken nach London in Anspruch nehmen[14]. Diese Geschichte begann nach der Zerstörung der französischen Flotte in der Seeschlacht von Abukir (25. Juli 1799) und der Niederlage der französischen Armee in der Schlacht von Alexandria (21. März 1801). Danach durften die Franzosen zwar Ägypten ungehindert verlassen, mußten aber, gemäß den Kapitulationsbedingungen, gewisse Altertümer aushändigen. Dem Earl of Cavan, Befehlshaber eines britischen Regiments in Ägypten, erschien kein Platz geeigneter für die Anbringung einer Tafel zur Erinnerung an die in diesem englisch-französischen Konflikt errungenen Siege als der umgestürzte Obelisk Tuthmosis’ III. in Alexandria.

Cavan hatte jedoch seine begehrlichen Blicke in Wirklichkeit auf etwas viel Augenfälligeres gerichtet: Er wollte nämlich den ganzen Obelisken als Siegeszeichen nach London überführen. Da die Türken als die damaligen Beherrscher Ägyptens den Sieg der Briten begrüßten, waren sie auch sogleich bereit, ihre Zustimmung zu erteilen, als Cavan mit seinem Ersuchen an sie herantrat. Auch seine Truppen, die sich noch in Ägypten befanden, beschlossen, voller Stolz über ihren Sieg, freiwillig den Sold mehrerer Tage beizusteuern, um die Kosten für dieses Unternehmen tragbar zu machen. Mit den so gesammelten Geldern wurde als erstes ein Damm gebaut, um den Obelisken zu einem Transportschiff bringen zu können, das ihn anschließend nach England überführen sollte. Die Arbeit daran hatte schon gute Fortschritte gemacht, als sie von einem Tag auf den anderen wider Erwarten ins Stocken geriet. Niemand kennt bis heute den wahren Sachverhalt: Ob auf Befehl von höherer Stelle oder durch eine Sturmkatastrophe – der Damm jedenfalls fiel über Nacht plötzlich einer Zerstörung zum Opfer. Kurz darauf verließ die britische Armee Ägypten: Der Obelisk aber blieb, wo er immer gewesen war.

Lange Jahre hindurch ereignete sich daraufhin gar nichts mehr. Von Zeit zu Zeit wurden zwar immer wieder Ansätze gemacht,

Abb. 77. Die „Nadel der Kleopatra" am Themse-Ufer in London

das Interesse der Engländer und der britischen Regierung für dieses Projekt zu gewinnen, doch blieben sie ohne Erfolg. Samuel Briggs, britischer Konsul in Alexandria von 1803 bis 1809, bereiste Ägypten noch einmal privat im Jahre 1820 und bezeichnete die Gegebenheiten für den Abtransport des Obelisken als günstig. Mohammed Ali gab seine Zustimmung, und der unerschrockene Belzoni, der schon den Obelisken von Philae zum Landgut W. J. Bankes' überführt hatte, erklärte sich bereit, auch diesen Transport nach England zu übernehmen. Briggs legte einem der Minister Georgs IV. schriftlich die Situation dar, und obwohl der König persönlich die Bearbeitung der Angelegenheit durch das Foreign Office angeordnet hatte, war das Parlament nicht zur Bereitstellung der nötigen Geldmittel zu bewegen. So brachte auch dieser Versuch den Obelisken England um keinen Zentimeter näher.

Wie wenn Mohammed Ali geradezu begierig darauf gewesen wäre, das Monument mit allen Mitteln loszuwerden, wiederholte er im Jahre 1831 sein Angebot noch einmal: er erbot sich sogar, den Transport des Obelisken auf das Schiff, mit dem er dann nach England reisen sollte, aus seiner eigenen Schatulle zu bestreiten! Aber auch dieses großzügige Anerbieten konnte die zuständigen Behörden in England nicht dazu bewegen, etwas zu unternehmen – ebensowenig wie Gerüchte, die im Jahre 1847 umgingen, wonach nun die Franzosen begehrlich nach demselben Obelisken schielten. Einige Leute in England jedoch, unter ihnen der Politiker und Philosoph Joseph Hume (1775–1855), begeisterten sich dennoch für dieses Projekt. Durch seine unaufhörlichen Nachfragen im Parlament erreichte Hume es immerhin, daß man das Problem ernstlich diskutierte und über Kostenfragen und Ausführungsmöglichkeiten nachdachte. Da kam noch einmal alles zum Stillstand, was so vielversprechend begonnen hatte: diesmal scheiterten die Initiativen am Einspruch einer Gruppe bedeutender Archäologen, als deren Sprecher der bekannte Ägyptologe Sir Gardner Wilkinson (1795–1875) auftrat. Die Wissenschaftler erklärten nämlich, der Obelisk sei in einem so trostlosen Erhaltungszustand, daß es sich nicht lohne, ihn nach England zu überführen.

Erneut aber flammte das Interesse auf, als die große Ausstellung, die 1851 im Kristallpalast in London stattfinden sollte, in das Stadium der Planung eingetreten war. Die Crystal Palace Company erbat sich die Genehmigung, die Überführung des Obelisken in eigener Verantwortlichkeit tätigen zu dürfen, da die Regierung nach Ablauf eines halben Jahrhunderts immer noch keinerlei Schritte in dieser Richtung unternommen habe. Das Ersuchen wurde jedoch abgelehnt mit dem Hinweis, der Obelisk habe, wenn er nach England gebracht würde, als nationales Monument zu gelten und dürfe nicht in den Besitz einer privaten Gesellschaft übergehen.

Einige Jahre später setzte sich schließlich General James E. Alexander (1803–1885), ein erfolgreicher Offizier, aus dessen Feder eine ganze Reihe von Büchern über seine Reisen in alle Welt vorliegt, noch einmal für die Überführung des Obelisken ein. Er war ein Mann mit festen Vorsätzen und der Fähigkeit, andere Menschen zu überzeugen. Nach seinem Besuch in Paris im Jahre 1867, bei dem ihn besonders der Obelisk der Place de la Concorde in Begeisterung versetzt hatte, schrieb er: „Ich will alles versuchen, um der Nation die Schande zu ersparen, daß sie ihrer Siegestrophäe verlustig geht, die vom Zerfall bedroht ist... ... der liegende Obelisk ... und ich habe die feste Absicht, mein möglichstes zu tun, damit er nach London transportiert wird, um unsere Metropole mit einem Monument zu schmücken, das denen von Rom, Paris oder Konstantinopel nicht nachsteht.“[15] Trotz Alexanders Geschicklichkeit ließ der Erfolg jedoch noch fast zehn Jahre auf sich warten.

Obwohl ihm von keiner Seite Unterstützung zuteil wurde, gab General Alexander seinen einmal gefaßten Plan nicht auf: er hielt Vorträge bei wissenschaftlichen Gesellschaften, denen er erläuterte, wie man den Obeliskentransport nach London durchführen könne, legte dar, wie sehr dieses Denkmal England zur Zierde gereichen würde und daß es dabei nicht zuletzt auch darum gehe, die Ehre des Vaterlandes zu erhalten. Um sich profunde Kenntnisse in allen Fragen anzueignen, entschloß er sich sogar, noch einmal nach Ägypten zu reisen: Dort wollte er an Ort und Stelle den Obelisken noch einmal gründlich untersuchen und die zuständigen Behörden um Hilfe angehen, damit sein Traum Wirklichkeit werden könne.

Ausgerüstet mit dem Empfehlungsschreiben des Foreign Office setzte sich Alexander unverzüglich mit dem Generalkonsul und Vertreter der britischen Krone in Ägypten, General Edward Stanton, in Verbindung, der ihm für den 25. März 1875 eine private Audienz beim Khediven Ismail erwirkte. Dort wurde er mit königlichen Ehren empfangen und von einem Offizier zu „einem freundlich aussehenden, wohlgenährten Herrn geführt, der den obligatorischen Fez auf dem Kopf hatte und in Überrock und Hosen von dunkler Farbe gekleidet war, wozu er eine weiße Weste trug. Kein Abzeichen verriet seinen Rang, alles war vollkommen schmucklos."[16]

Von der anschließenden Unterredung hinterließ uns General Alexander eine sehr lebendige Schilderung:

„Der Khedive, der französisch sprach, geleitete uns zu einem großzügigen Empfangsraum, wo er uns an der Tür mit einer Verbeugung den Vortritt lassen wollte, was wir natürlich nicht annahmen. Er begab sich dann zur oberen Ecke eines Diwans und wir nahmen beiderseits von ihm Platz. Der Generalkonsul schilderte mich sodann als eifrigen Altertumsforscher, der eigens wegen des in Alexandria liegenden Obelisken aus England gekommen sei, um dessen Erhaltungszustand zu prüfen und bei Seiner Hoheit um die Erlaubnis für den Abtransport nachzusuchen. Der Khedive antwortete: 'Dieser Obelisk wurde der britischen Nation bereits von meinem Vorgänger Mohammed Ali Pascha zum Geschenk gemacht für die Dienste, die sie Ägypten geleistet hat. Er ist deshalb britisches Eigentum und ich gebe ihn frei. Wie kann er abtransportiert werden?' "[17]

Zufrieden mit dem Verlauf dieser Audienz, erläuterte der General in seiner Antwort alle Einzelheiten des Planes zur Überführung des Obelisken nach England. Unmittelbar danach setzte sich General Alexander mit Ingenieur Waynman Dixon von der North England Company in Verbindung, der ihm seine Mitarbeit zusagte. Dixon ließ rund um den Obelisken alles freilegen, um sich ein genaues Bild von seinem Erhaltungszustand machen zu können. Dieser erwies sich als durchaus zufriedenstellend, und so konnte Dixon alle weiteren Vorbereitungen für den Abtransport in Angriff nehmen.

Als Nächstes galt es die Zustimmung des Grundbesitzers einzuholen, auf dessen Boden der Obelisk lag – eines reichen griechischen Kaufmanns namens Demetrio. Darüber berichtet General Alexander:

„Ich besuchte Signor Demetrio zweimal, beim zweiten Mal begleitete mich Mrs. Gisborne. Die Anwesenheit der Dame tat ihre Wirkung und Demetrio sicherte mir völlige Freiheit bei der Entfernung des Obelisken von seinem Grundstück zu. Später ließ er sich aber von einem juristisch versierten Freund überreden, eine Summe Geldes von der ägyptischen Regierung dafür zu fordern, daß sein Land durch den Obelisken so lange blockiert war. Diese Schwierigkeit beseitigte jedoch Mr. John Dixon."[18] Wie er das bewerkstelligte, ist sein Geheimnis geblieben, vielleicht gelang es ihm „unter der Hand".

Nach der offiziellen Version fühlte sich Demetrio verletzt, da die ägyptische Regierung den Obelisken ohne seine Zustimmung weggegeben habe. Das Problem sei nur durch die öffentliche Versicherung aus der Welt zu schaffen, daß der Eigentümer selbst den Obelisken England zum Geschenk gemacht habe. Tatsächlich scheint Demetrio jedoch noch weitergehende Forderungen erhoben zu haben. In Wirklichkeit hatte er jedoch bereits vor längerer Zeit die ägyptische Regierung geradezu flehentlich gebeten, den Obelisken von seinem Grund zu entfernen, und, als er darauf keine Antwort erhielt, gedroht, er werde ihn in Stücke schlagen und als Baumaterial verwenden lassen[19]. In dem Augenblick aber, als durch die bevorstehende Überführung des Monuments nach London Demetrios Wünsche eigentlich auf allseitig befriedigende Weise erfüllt gewesen wären, spielte er plötzlich den Betrogenen und klagte auf Entschädigung. Zum Glück waren die entsprechenden Schritte bereits eingeleitet, das Denkmal seinem Zugriff zu entziehen.

Mit diesen günstigen Nachrichten im Gepäck kehrte General Alexander aus Ägypten nach England zurück, um dort seine weiteren Pläne zu unterbreiten und die Gelder für den Transport flüssig zu machen. Von seiten der Regierung fand er auch jetzt wieder so gut wie keine Unterstützung; die Begründung war die gleiche wie bisher: Es sei kein Geld vorhanden für ein so aufwendiges Unternehmen. So blieb ihm nichts anderes übrig, als sich nach privaten Geldquellen umzusehen. Offene Ohren fand er alsbald bei Sir Erasmus Wilson, einem älteren Arzt, der über ein stattliches Vermögen verfügte. Nach einer Unterredung mit Alexander und Dixon begeisterte dieser sich so sehr für das Unternehmen, daß er versprach, 10 000 Pfund oder, wenn nötig, auch mehr für die Überführung des Obelisken nach London und darüber hinaus noch für seine Aufrichtung am Ufer der Themse bereitzustellen. Die Unterzeichnung des diesbezüglichen Kontraktes erfolgte Ende des Jahres 1876.

Dixon hatte für den Transport des Obelisken ein Spezialschiff entworfen, das in zehn wasserdichte Luftkammern unterteilt war und das Aussehen eines riesigen Boilers hatte. Diese wohldurchdachte Konstruktion konnte in England gebaut, in Einzelteilen nach Ägypten verschifft und dort um den Obelisken herum zusammengefügt werden.

Zunächst mußte jedoch das gesamte Areal rund um den Monolithen abgeräumt werden. Dabei kamen viele Altertümer zum Vorschein, beispielsweise Lampen und Amphoren, ja sogar Gräber mit Skeletten. Danach wurden Häuser und große Steinblöcke weggesprengt und ein Kanal vom tiefen Wasser bis zum Lageplatz des Obelisken hin gezogen. Dort baute man dann alle Teile des Spezialfahrzeugs, dem man den Namen „Cleopatra“ gegeben hatte, um den Koloß herum zusammen und schleppte das Ganze dann durch den Kanal zum Hafen. Der Kapitän dieses Fahrzeugs hieß Henry Carter, seine Mannschaft bestand aus fünf Seeleuten und einem Zimmermann. Ein Dampfer namens „Olga“, dessen Besitzer sich vertraglich verpflichtet hatte, den Spezialtransporter mit seinem Obelisken in Schlepp zu nehmen, stach am Freitag, dem 21. September 1877 mit der „Cleopatra“ hinter sich Richtung England in See.

Vom Augenblick des Startes an schon stand das Unternehmen unter keinem guten Stern: Zunächst war die Hitze unerträglich, dann kamen heftige Stürme auf. Als dazu noch zwei Besatzungsmitglieder der „Cleopatra“ mit Verletzungen an Land gebracht werden mußten, blieb Kapitän Carter nichts anderes übrig, als mit dem Rest seiner Leute allein weiterzufahren. In der Nacht vom 14. auf den 15. Oktober aber gerieten die beiden Schiffe im Golf von Biskaya auch noch ernstlich in Seenot. John Dixon berichtet darüber:

„Am Abend des Sonntags scheint so starker Sturm aufgekommen zu sein, daß die 'Olga' die Schleppseile abwerfen mußte. Als gegen zehn Uhr eine ungeheure See über die 'Cleopatra' hinwegging, löste sich ein Teil des Ballastes und sie bekam starke Schlagseite nach Steuerbord. Kapitän Carter, der befürchtete, der nächste Brecher würde sie zum Kentern bringen, forderte durch Signale Hilfe an. Daraufhin schickte die 'Olga' ein Boot mit Freiwilligen, die die 'Cleopatra' auch tatsächlich erreichten und sogar die Taue zu fassen bekamen. Da es ihnen aber nicht gelang, sie festzuhalten, wurde das Boot abgetrieben. Auf der 'Olga' hingegen war man der Meinung, es halte sich bei der 'Cleopatra'. Als sich bei Tagesanbruch der Sturm noch immer nicht gelegt hatte, holte man in einem äußerst geschickt angelegten Manöver die Besatzung der 'Cleopatra' auf die 'Olga' über, und dabei vermißte man zum ersten Mal die Mannschaft des Hilfsbootes. Die 'Olga', die sich sogleich auf die Suche machte, mußte, ohne Erfolg gehabt zu haben, zu ihrem Ausgangspunkt, der Position der 'Cleopatra', zurückkehren. Inzwischen war aber auch diese mitsamt ihrem Obelisken spurlos verschwunden, so daß der 'Olga' keine andere Wahl blieb, als sofortigen Kurs auf Falmouth zu nehmen.“[20]

Dixon war noch immer davon überzeugt, daß sich die „Cleopatra“ mit ihrer kostbaren Last so lange unbeschadet über Wasser halten könne, bis sie von einem anderen Schiff aufgefunden würde. Er appellierte deshalb an den Ersten Lord der Admiralität, Suchschiffe auslaufen zu lassen, die sie bergen und nach England schleppen konnten. Zur gleichen Zeit, als Dixons Aufruf in der „Times“ erschien, traf ein Telegramm der Lloyd-Agentur aus Ferrol in Spanien ein mit der Meldung, daß die „Cleopatra“ von der „Fitzmaurice“, einem Dampfer aus Glasgow, der einem gewissen Mr. Burrell gehörte, aufgefunden und nach Ferrol gebracht worden sei.

Die Freude, die diese Nachricht auslöste, blieb überschattet von dem Untergang der Besatzung des Hilfsbootes, der das Gewissen der Engländer schwer belastete. Noch ehe das Telegramm bestätigt wurde, traf bei Dixon bereits das nächste ein: „Ihre Majestät bringt ihre Freude über die Wiederauffindung der 'Nadel' zum Ausdruck, zugleich mit der inbrünstigen Hoffnung, daß die bedauernswerten Leute gerettet worden sein mögen.“ Als aber dann die Aussichtslosigkeit dieses Wunsches zur Gewißheit geworden war, erhoben sich laut die bittersten Vorwürfe über die ungünstige Zeitwahl für die Durchführung des Transportes. Es sei doch bekannt, so hieß es, daß der Golf von Biskaya zu dieser Jahreszeit häufig von Stürmen heimgesucht werde, zudem sei gerade für die Tage der Durchfahrt der „Olga“ und der „Cleopatra“ eine besonders eindringliche Sturmwarnung ergangen. Darüber hinaus stieß die Planung des gesamten Unternehmens auf nicht enden wollende Kritik, doch gelang es Dixon immer wieder, seine Handlungsweise zu rechtfertigen.

Die Witwen der vermißten Seeleute erhielten als Zuwendung größere Geldsummen und auf Anregung Queen Victorias wurden die Namen auf dem Sockel des Obelisken verewigt – eine verdiente Ehrung, da diese Männer ja ihr Leben, noch dazu freiwillig, für die Rettung ihrer Kameraden an Bord der „Cleopatra“ eingesetzt hatten. Wie viele Opfer mag wohl der Transport dieses gleichen Obelisken schon Jahrtausende vorher im alten Ägypten bereits gefordert haben, für die sich nirgends ein Zeichen des Gedenkens mehr findet?

Die Bergung der „Cleopatra“ sollte noch weitere Unannehmlichkeiten im Gefolge haben. Burrell, der Eigentümer der „Fitzmaurice“, forderte für die geleistete Hilfe die stolze Summe von 5 000 Pfund, die alle Berechnungen Dixons bei weitem übertraf.

Man antwortete zunächst, Burrell könne es sich doch zur Ehre anrechnen, daß gerade sein Schiff es war, dem die Bergung der „Cleopatra“ geglückt sei. Deshalb möge er sich mit 600 Pfund zufriedengeben. Bei 2 000 Pfund sei schließlich eine Einigung zustandegekommen. Als die „Cleopatra“ dann eintraf, soll sich fast alles an Bord wiedergefunden haben, außer Kapitän Carters Kleidern. Darüber hinaus vermißte er Geld, seltene Münzen, Schmuck und sogar seine privaten Briefe. Mit seinen Hemdknöpfen jedenfalls sah man den Ersten Offizier der „Fitzmaurice“ umherstolzieren.

Am 15. Januar des Jahres 1878 stach das Schiff „Anglia“ mit der „Cleopatra“ im Schlepp unter dem Kommando Kapitän Carters von Ferrol aus nach England in See. Am 21. des Monats erreichten sie Gravesend, wo General Alexander und John Dixon sie mit einem Telegramm der Königin begrüßten, die sie zu ihrer Heimkehr mit dem Obelisken beglückwünschte. Damit fand diese denkwürdige Reise ihr Ende.

Lange bevor der Obelisk seine Fahrt nach England antrat, hatte sich bereits eine hitzige Diskussion über seinen künftigen Standplatz entsponnen, die in Briefen an die „Times“ ihren Niederschlag fand. Es gab wohl in ganz London keinen Platz von einiger Bedeutung, den man nicht vorgeschlagen hätte: Parliament Square, den Hof vor dem Britischen Museum, St. James's Park, Kensington Gardens und das Themse-Ufer. Man erwog und verwarf sie alle der Reihe nach wieder, um sich zum Schluß auf das Themse-Ufer zu einigen, da man an dieser Stelle nicht das Risiko einzugehen brauchte, Leitungen, Keller oder die Fahrstraßen der City zu gefährden.

Begeisterte Menschenmengen säumten die Ufer, als die „Cleopatra“ am 27. Januar 1878 themseaufwärts geschleppt und in der Nähe des Parlamentsgebäudes vertäut wurde. In einer Sitzung der Stadtbehörden kam man am 15. Februar überein, den Obelisken am Victoria Embankment an der Themse aufzustellen, und am 20. Mai schaffte man ihn an seinen Bestimmungsort nahe den Adelphi Steps, wo er bis zu seiner Aufrichtung gelagert wurde.

Der Sockel, der noch zu Beginn des 19. Jhs. in Alexandria bei seinem Obelisken gelegen hatte, war zur Zeit von dessen endgültiger Überführung nach England nicht mehr aufzufinden. Möglicherweise hatte ihn Herr Demetrio als Baumaterial für eines seiner Häuser verwendet – sein Schicksal konnte jedenfalls bis zum heutigen Tag nicht geklärt werden. In London fertigte man also einen neuen Sockel an, der auf vier bronzenen Tafeln ringsum die Geschichte dieses Obelisken wiedergibt und die Namen all derer nennt, die dabei mit ihm zu tun hatten.

Am 13. September 1878 sollte ganz ohne Zeremoniell die Aufrichtung vor sich gehen. Trotz des ungünstigen Wetters, das an diesem Tage herrschte, waren jedoch Tausende von Schaulustigen zusammengeströmt. Was geschah, als der Obelisk endgültig auf seinem Sockel stand, wollen wir uns von einem Korrespondenten der „Times“ berichten lassen:

„Als wenn das Wunder, von dem alle schon lange vorher wußten, sie jetzt zum ersten Mal in seiner ganzen Größe überwältigt hätte, brach die Menge in begeisterte Hochrufe aus. Vom Fluß her, von der Straße, der Terrasse und von der Brücke her brandete der Beifall dann noch ein zweites Mal auf, als sich der Union Jack am Mast entrollte, der das Pyramidion an der Nordseite überragte, und schließlich noch ein drittes Mal, als ihm die türkische Flagge (die damals auch Ägypten repräsentierte) an der Südseite folgte. Die Ovationen beim Anblick der Flaggen galten Queen Victoria und dem Khediven. Der erste Beifall aber war ausschließlich Dixon zugedacht und all denen, die ihm geholfen hatten: eine Anerkennung für ihren großen Triumph!“[21]

Von den Männern, denen das Hauptverdienst daran zukommt, daß England nach so vielen Jahren doch noch seinen Obelisken erhielt, ist auf den Bronzetafeln des Sockels als einziger General James Alexander ungenannt geblieben. Die letzten Augenblicke der Aufrichtung des Monumentes kommentiert der General selber so: „Ich war zutiefst aufgewühlt, als ich ihn vom Deck aus zwischen Himmel und Erde schweben sah, und ich dachte an all die Ängste und Sorgen, an die viele Zeit und das Geld, die dafür aufgewendet werden mußten! Doch ich war zugleich von Dank erfüllt, endlich meinen Wunschtraum, den ich zehn Jahre lang gehegt hatte, in Erfüllung gehen zu sehen."[22] In seinem Idealismus stellte General Alexander die Verwirklichung seines sehnlichsten Wunsches über die Anerkennung seines persönlichen Einsatzes.

Die Geschichte des New Yorker Obelisken (Abb. 80) umfaßt eine wesentlich kürzere Zeitspanne als die seines Londoner Gegenstücks[23]. Anläßlich der Eröffnung des Suezkanals im Jahre 1869 machte der Khedive Ismail den Vereinigten Staaten zum ersten Mal das Angebot eines Obelisken. Erst nach der sensationellen Überführung der einen „Nadel" von Alexandria nach England im Jahre 1877 wuchs auch bei den Amerikanern der Wunsch nach dem Besitz eines solchen Monuments; vorher hatten sie dem Anerbieten des Khediven keine weitere Beachtung geschenkt. Die Verhandlungen, die alsbald in die Wege geleitet wurden, zogen sich noch über mehr als zwei Jahre hin, bis man sich schließlich auf die zweite „Nadel der Kleopatra", den noch stehenden Obelisken von Alexandria, geeinigt hatte. Mit der Durchführung des Unternehmens wurde der Marineleutnant Commander Henry H. Gorringe beauftragt, der eine ausführliche Schilderung seiner Erlebnisse in seinem ausgezeichneten Werk „Egyptian Obelisks" gibt.

Auch diesmal tauchten alsbald Probleme auf. Sie begannen damit, daß der italienische Konsul in Alexandria Klage erhob und mit der Begründung, der Obelisk stehe auf seinem Boden, die nötigen Arbeiten verhinderte. Die Verhandlungen darüber wurden auf konsularischer Ebene geführt, doch konnte der Konsul nur durch die Androhung einer Schadenersatzklage dazu gebracht werden, einem Übereinkommen zuzustimmen. Erst danach konnten die Arbeiten aufgenommen werden. Als man gerade dabei war, um die Basis des Obelisken herum alles einzuebnen, wandte sich ein Gläubiger der ägyptischen Regierung an den Internationalen Gerichtshof, um weitere Arbeiten bis zur Sicherstellung seines Anspruches zu verhindern. Dadurch entstanden weitere Verzögerungen. Schließlich hißte Gorringe kurzerhand auf der Spitze des Obelisken das Sternenbanner, wodurch er diesen als amerika-

Abb. 78. Lateinische Aufschrift auf einem der Bronzefüße vom New Yorker Obelisken

nisches Eigentum auswies, und ließ die unterbrochenen Arbeiten wiederaufnehmen.

Für die Abhebung des Monolithen von seinem Sockel mußte Gorringe nach der Einebnung des Areals ringsum die Fundamente freilegen lassen. Wie vorher bei dem Londoner Pendant stieß man dabei auch hier auf eine ganze Reihe von Fundstücken aus der Antike. Außerdem entdeckte man, daß der Sockel selbst zusätzlich noch auf einer gestuften Basis stand. Am unteren Ende des Obeliskenschaftes waren ursprünglich einmal vier bronzene Füße befestigt gewesen, ähnlich denen des Obelisken von St. Peter in Rom. Hier in Alexandria fand man aber nur zwei davon vor (sie sind jetzt im Metropolitan Museum of Art in New York zu besichtigen); sie beide tragen Aufschriften in lateinischer und griechischer Sprache mit den Fakten der zweiten Errichtung des Obelisken in Alexandria: „Im 18. Jahr des (Augustus) Caesar errichtete (ihn) (P. Rubrius) Barbarus, Präfekt von Ägypten; Pontius, Architekt“ (Abb. 78).

Die Abseilung des Obelisken von seinem Sockel vollzog sich in Gegenwart des Gouverneurs von Alexandria und einiger hundert ägyptischer und ausländischer Zuschauer. Danach ummantelte man ihn mit einem kastenartigen Gestell.

Auch der Sockel sowie einige der darunter befindlichen Stufen wurden verladen; der Obelisk in seinem Behälter selbst konnte dann über Umwege zum weit entfernten Hafen transportiert werden, was sich ohne Schwierigkeit bewerkstelligen ließ, wenn auch unter großem Einsatz und mit enormen Kosten.

Zum Transport des Obelisken über den Atlantik hatte man das in England für den ägyptischen Postdienst gebaute Schiff „Dessug“ angekauft und es durch entsprechende Umbauten und Verstärkungen für die Aufnahme seiner gewichtigen Fracht vorbereitet. Der an die fünfzig Tonnen schwere Sockel konnte noch im Hafen mit einem Kran an Deck gehievt werden, die Übernahme des Obelisken selbst aber mußte im Trockendock erfolgen: Durch eine Öffnung im Schiffsrumpf, auf deren Höhe er mittels zweier hydraulischer Flaschenzüge angehoben worden war, zog man den Monolithen dann ins Innere auf eine hölzerne Plattform, die seine Stabilität während der Überfahrt gewährleisten sollte.

Als der Obelisk sicher an Bord gelagert und die „Dessug“ startklar war, galt es ein weiteres Problem zu lösen: Es erwies sich nämlich als unmöglich, in Alexandria eine Besatzung anzuheuern, die zu dieser Fahrt bereit war! Erst als man im fernen Triest eine Mannschaft zusammengestellt hatte, konnte das Signal zum Auslaufen gegeben werden und der Obelisk nach mehrmonatiger Verspätung seine Reise in die Neue Welt antreten. Auch auf dieser Fahrt gab es gefährliche Situationen, die oft genug Schiff und Ladung in Gefahr brachten, aber am 20. Juli 1880 konnte die „Dessug“ endlich doch sicher an der Quarantänestation des New Yorker Hafens anlegen.

Über den künftigen Standplatz des Obelisken hatte man sich bis zum Tag seines Eintreffens noch immer nicht einig werden können, obwohl die Diskussionen darüber schon geraume Zeit im Gange waren. Am 27. Juli jedoch kam man im Kommissionsausschuß des Park-Departments in dieser schwierigen Frage zu dem Beschluß, den Obelisken auf dem Graywacke Knoll im Central Park aufzustellen.

Die Stufenbasis an ihren Bestimmungsort zu befördern, ließ sich noch verhältnismäßig problemlos bewerkstelligen. Größere Schwierigkeiten bereitete in dieser Hinsicht schon der Fünfzig-Tonnen-Koloß des Sockels. Am 4. August hievte man ihn aus dem Schiff und lagerte ihn zunächst auf dem Dock bis zu dem Tag, an dem ihn zweiunddreißig paarweise vorgespannte Pferde auf einem besonders stabilen fahrbaren Gestell durch die Straßen New Yorks ziehen mußten. Gorringe selbst schrieb dazu: „Dieser Block ist der größte und schwerste, der seit Menschengedenken auf Rädern bewegt wurde. Mit Ausnahme des Obelisken selbst ist er auch der größte, den man jemals durch New York gezogen hat."

Die Stufenbasis senkte man im Central Park genauso ein, wie sie vorher in Alexandria im Boden verankert war. In ihr verschloß man auch die versiegelten Bleibehälter mit den Grundsteinbeigaben. Die Aufsetzung des Sockels fand am 9. Oktober 1880 statt, umrahmt von einer feierlichen, durch den Großmeister der Freimaurerloge des Staates New York zelebrierten Zeremonie. Allein an die 9 000 Logenbrüder und wenigstens 30 000 Zuschauer fanden sich dazu ein.

Nachdem der Sockel richtig plaziert war, drängte die Frage nach einer Lösung, wie man den Obelisken selbst aus seinem Schiff und zum Central Park befördern solle. Als günstigsten Ort für die Entladung einigte man sich schließlich auf Staten Island. An der Ostseite der Insel bei Luxor's Marine Bahn hob man dann unter Ausnutzung der Flut den Bug der „Dessug" so weit aus

Abb. 79. Die Aufrichtung des Obelisken in New York im Jahre 1881 ▷

dem Wasser, daß man den Obelisken von Bord holen konnte. Auf Pontons befestigt zog man ihn dann über die Bucht nach Manhattan. Von nun an ging es nur noch im Schneckentempo vorwärts, mit einem durchschnittlichen Tageswert von 29,5 Metern durch die Straßen der riesigen Stadt. Als er schließlich am 5. Januar 1881 an seinem neuen Standort im Central Park angelangt war, hatte er für die 3 323,50 Meter lange Strecke zwischen Landeplatz und Ziel nicht weniger als 112 Tage benötigt.

Noch etwas mehr als zwei Wochen sollten danach vergehen bis zur endgültigen Aufrichtung, die unter dem tosenden Beifall einer nach Zehntausenden zählenden Zuschauermenge stattfand (Abb. 79). Damit war auch dieses beachtliche Unternehmen zu einem glücklichen Abschluß gekommen. Von dem Tag an, an dem man in Alexandria mit der Arbeit begonnen hatte, waren inzwischen fünfzehn Monate vergangen. Nun blieb nur noch die offizielle Übergabe des Obelisken durch den Staat an die Stadt New York, die am 22. Februar 1881 in Anwesenheit vieler prominenter Gäste und vor zwanzigtausend Zuschauern erfolgte. Die Festansprache hielt der damalige U.S.-Außenminister William Maxwell Evarts, der Ägypten für sein großzügiges Geschenk dankte und Gorringe seine Anerkennung für die Überführung des Obelisken in die Neue Welt zum Ausdruck brachte. Er sprach von den Großreichen der Assyrer, der Römer und Byzantiner, die sich bereits in der Antike Obelisken aus Ägypten geholt hätten und deren Kulturen längst, wie die des alten Ägypten selbst, dahingegangen seien. „Welchem Schicksal", so fragte er, „sehen England, Frankreich und die Vereinigten Staaten entgegen, die seit kurzer Zeit auch im Besitz von Obelisken sind?"

„Wer kann in Wahrheit voraussagen, wie unser Volk sich verhält, wenn vielleicht einmal eine Wende eintritt? Und dann könnte der Obelisk uns fragen: 'Wer seid ihr, daß ihr erwarten könnt, für alle Zeit Glück zu haben? Glaubt ihr denn, nur euch soll es vergönnt sein, Reichtümer anzusammeln und dabei nicht zu de-

Abb. 80. Der Obelisk im Central Park in New York ▷

generieren? Bildet ihr euch ein, daß nur diese Nation es erträgt, mehr und mehr im angenehmen Luxus zu versinken, ohne daß die markige Kraft ihrer Menschen sich darin auflöst und sie hinfällig macht?' Unsere Lebenszeit erlaubt es uns nicht mehr, dereinst die Antwort auf diese Fragen zu erhalten, aber der Obelisk wird noch vorhanden sein."[24]

Als der Obelisk in New York aufgestellt wurde, besaß die Stadt noch keinen von den Wolkenkratzern, die heute ihre Wahrzeichen sind. Und dennoch wird der Riese aus dem alten Ägypten an seinem Platz inmitten des ausgedehnten Central Parks auch heute in seiner Wirkung durch die überdimensionalen Nachbarn nicht im geringsten beeinträchtigt. Da schon Königin Hatschepsut und der große Pharao Tuthmosis III. in den Inschriften rühmen, daß ihre Obelisken mit den Spitzen den Himmel durchstoßen und sich mit ihm vereinigen, fügt es sich sehr gut, daß der älteste „Wolkenkratzer" in dieser Stadt voller Wolkenkratzer aus dem alten Ägypten stammt. Bedauerlicherweise mußte er sich aber wie kein anderer seiner in die Fremde verpflanzten Brüder den Gegebenheiten seiner neuen Heimat zu seinem Nachteil anpassen (Abb. 80).

DER EINZIGE ALTÄGYPTISCHE OBELISK IN DEUTSCHLAND steht vor der Staatlichen Sammlung Ägyptischer Kunst am Nordflügel der Münchner Residenz.
Rosengranit aus Assuan; Höhe 5,60 m; um 50 n.Chr. in Rom aufgestellt; seit 1816 in München.

Abb. 81 ▷

Anhang

DIE SONNENUHR DES AUGUSTUS

Von Prof. Dr. Edmund Buchner
Präsident des Deutschen Archäologischen Instituts

Das Horologium solarium Augusti, die Sonnenuhr des Augustus, ist eine Anlage der Superlative: die größte Uhr, der größte Kalender aller Zeiten. Dafür wurde der erste Obelisk aus Ägypten nach Rom gebracht (seit 1792 auf der Piazza di Montecitorio wiederaufgerichtet, vgl. Abb. 60).

Dieses Horologium ist aber nicht nur ein riesiges astronomisches Instrument. Es ist auch Siegesdenkmal über Ägypten, und es ist, wie sich aus seinem von mir erstmals erkannten Zusammenhang mit den anderen Bauten des Augustus auf dem Marsfeld, besonders der Ara Pacis, ergibt, ein wichtiges Dokument für das Selbstverständnis des Augustus, für die Kaiserideologie:

Die Anlage ist eingerichtet auf Empfängnis und Geburt des Augustus, führt sichtbar vor Augen, daß dieser geboren ist für den Frieden. Sie ist zugleich verbunden mit dem Grab des Augustus, seinem gewaltigen Mausoleum. Diese durch mathematische Berechnung unter Heranziehung aller Quellen gewonnene Theorie

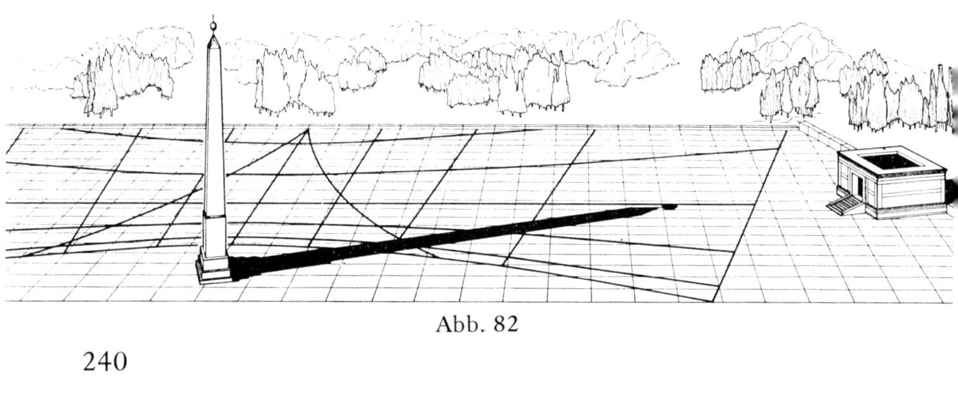

Abb. 82

Abb. 83. ‚Tageslinie' und ‚Monatslinie' mit Kalenderinschrift: Etesiai pauontai = die Sommerwinde hören auf

konnte nur bewiesen oder widerlegt werden durch eine schwierige Ausgrabung: im Herzen Roms, 8–9 m tief und im Grundwasser.

Die erste Grabung fand im Sommer 1979 auf einer engen Straße statt, der Via di Campo Marzio. Sie ergab eine interessante Stratigraphie – zwölf Straßen übereinander –, doch die Uhr des Augustus wurde hier nicht gefunden. Deswegen wurde im Winter 1979/80 eine zweite Grabung begonnen, unter noch schwierigeren Bedingungen von einem Keller aus (Via di Campo Marzio, 48).

Gesucht wurde der Kreuzungspunkt einer Monatslinie (Beginn Jungfrau/Ende Widder) mit der Linie der 6. Stunde, dem Meridian.

Diese Monatslinie wurde genau getroffen. Sie war ausgeraubt, aber durch Raubgraben und Fundamentierung eindeutig feststellbar. Die Berechnungen waren voll bestätigt.

Wegen der Meridianlinie wurde die Grabung 1980/81 fortgesetzt. Diese ließ sich zwar nicht genau festlegen, doch wurde etwa 1,60 m über dem Niveau der augusteischen Anlage, also 6,40 m unter Straßenniveau, eine erneuerte und berichtigte – die des Augustus ging nach Plinius seit etwa 50 n.Chr. nicht mehr richtig – Uhr gefunden, aller Wahrscheinlichkeit nach aus der Zeit des Kaisers Domitian. Sie besteht aus großen Travertinblöcken und hat hervorragend erhaltene große griechische Bronzebuchstaben, dazu Bronzelinien (eine lange, durchgehende für den Monat, kurze für jeden Tag).

Aufgedeckt sind bisher jeweils mehrere Buchstaben von vier Tierkreiszeichen, nämlich von Parthenos (Jungfrau) und Krios (Widder) sowie von Leon (Löwe) und Tauros (Stier), dazu zwei Kalenderinschriften: Etesiai pauontai = die Sommerwinde hören auf für den 23. August und Therus arche = Sommeranfang für den 9. Mai.

Beide Inschriften zeigen, daß hier nicht nur griechische Schrift und Sprache vorliegen, sondern auch ein griechischer Kalender. Und dies war sicher auch schon bei der Uhr des Augustus so; denn es gibt Anzeichen, daß nicht nur die Travertinblöcke, sondern auch die Buchstaben die der augusteischen Uhr sind, wiederverwendet für die auf erhöhtem Niveau berichtigte domitianische Uhr.

ANMERKUNGEN UND HINWEISE

Abkürzungen:

ASAE	Annales du Service des Antiquités de l'Égypte. Kairo 1900 ff.
BIFAO	Bulletin de l'Institut Français d'Archéologie Orientale. Kairo 1901 ff.
JEA	The Journal of Egyptian Archaeology. London 1914 ff.
JNES	Journal of Near Eastern Studies. Chicago 1942 ff.
MDIK	Mitteilungen des Deutschen Instituts für ägyptische Altertumskunde in Kairo. Berlin/Mainz 1930 ff.
RdE	Revue d'Égyptologie. Paris 1933 ff.
ZÄS	Zeitschrift für ägyptische Sprache und Altertumskunde. Leipzig/Berlin 1863 ff.

Kapitel 1: Die Bedeutung der Obelisken

1 Einzelheiten zur religiösen Bedeutung der Obelisken und über die damit verbundenen Gottheiten sind zu finden bei H. Bonnet: Reallexikon der ägyptischen Religionsgeschichte (Berlin, Walter de Gruyter, 1952) unter den betreffenden Stichwörtern.

2 Pyramiden-Spruch 600, 1652. Übersetzt von R. O. Faulkner: The Ancient Egyptian Pyramid Texts (Oxford, Clarendon Press, 1969), S. 242.

3 Plinius d. Ältere: Naturalis historia, 36.14.

4 Alexandre Moret: Le rituel du culte divin journalier en Égypte (Paris, Ernest Leroux, 1902), S. 242.

5 Georges Daressy: Graffiti de la Montagne Rouge. In ASAE 13, 1914, S. 43-47. Die Inschriften zu dieser Darstellung stammen von dem Oberaufseher der Arbeiten Penameny.

6 Christiane Desroches-Noblecourt: A propos de l'obélisque de Saint Jean de Latran et d'un sanctuaire en vogue à Karnak à la fin de la XVIIIe dynastie. In ASAE 50, 1950, S. 257-67.

7 Reginald Engelbach: The Direction of the Inscriptions on Obelisks. In ASAE 29, 1929, S. 25-30.
8 Norman de Garis Davies: The Tomb of Rekh-mi-rê at Thebes, Band II (New York, Metropolitan Museum of Art, 1943), S. 2, Tf. 83.
9 Encyclopaedia Britannica (Aufl. v. 1972), unter „Obelisks".

Kapitel 2: Die Herstellung von Obelisken

1 Zur mineralogischen Bestimmung dieser Gesteine siehe J. R. Harris: Lexicographical Studies in Ancient Egyptian Minerals (Berlin, Akademie-Verlag, 1961), S. 72-74.
2 Ich folge in diesem Kapitel den Ausführungen von Reginald Engelbach: The Problem of the Obelisks (New York, George H. Doran, 1923), S. 21-22.
3 Ebendort, S. 41-42.
4 Ebendort, S. 44.
5 Ebendort, S. 48-49.
6 Nach persönlicher Mitteilung des Verfassers.
7 Engelbach: Problem of the Obelisks, S. 54.
8 Zur Diskussion des Problems der Bewegung von Obelisken siehe Henri Chevrier: Technique de la construction dans l'ancienne Égypte, II. Problèmes posés par les obélisques. In RdE 22, 1970, S. 15-39.
9 Edouard Naville: The Temple of Deir el-Bahari, Band VI (London, Egypt Exploration Fund 1908), S. 2-6, Tf. 103-06.
10 Engelbach: Problem of the Obelisks, S. 69-70.
11 Henri Chevrier: Note sur l'érection des obélisques. In ASAE 52, 1954, S. 309-13.
12 Ders.: Rapport sur les travaux de Karnak: Colonne de Taharqa. In ASAE 29, 1929, S. 134-35, Tf. 1.
13 William Mathew Flinders Petrie: Arts and Crafts of Ancient Egypt (Chicago, A. C. McClurg, 1910), S. 72.
14 Pierre Lacau: L'or dans l'architecture égyptienne. In ASAE 53, 1956, S. 221-50, bes. 241-47.
15 Papyrus Anastasi I, 14.2-17.2. Alan H. Gardiner: Egyptian Hieratic Texts (Leipzig, J. C. Hinrichs'sche Buchhandlung, 1911), S. 31^{X}-34^{X}.
16 Herodot, Buch 2, Kap. 175.
17 Plinius d. Ältere: Naturalis historia, 36.14.
18 Engelbach: Problem of the Obelisks, S. 91.

Kapitel 3: Heliopolis und Memphis

1 Übersetzung nach Roger Godel: Platon à Héliopolis d'Égypte (Paris, Les belles lettres, 1956), S. 16.
2 Labib Habachi: Heqaib, the Deified Governor of Elephantine. In Archaeology 9, 1956, S. 9-15.
3 Persönliche Mitteilung des Verfassers.
4 Neuere Übersetzung dieser Geschichte bei William Kelly Simpson: The Literature of Ancient Egypt (New Haven, Yale Univ. Press, 1972), S. 15-30.
5 Dieser Typ eines Tempels wird ausführlich beschrieben bei Jacques Vandier: Manuel d'archéologie égyptienne, Band II (Paris, Picard, 1955), S. 582-94.
6 Alle diese Obelisken sind veröffentlicht in Charles Kuentz: Obélisques (Catalogue général des antiquités égyptiennes du Musée du Caire, 1932), S. 1 ff.
7 Adrian de Buck: The Building Inscription of the Berlin Leather Roll (Studia Aegyptiaca I. Rom, Pontificium Institutum Biblicum, 1938), S. 48-57.
8 Herbert Ricke: Eine Inventartafel aus Heliopolis im Turiner Museum. In ZÄS 71, 1935, S. 111-33, Tf. 2-3.
9 Zitiert bei E. A. Wallis Budge: Cleopatra's Needles and Other Egyptian Obelisks (London, The Religious Tract. Soc., 1926), S. 84-86.
10 Ebenda, S. 85-86.
11 W. M. Flinders Petrie und Ernest Mackay: Heliopolis, Kafr Ammar and Shurafa (School of Archaeology in Egypt. London, Bernard Quaritch, 1915), S. 5-6, Tf. 4-5.

Kapitel 4: Theben und andere Städte

1 Ammianus Marcellinus, 17, 6-8. Zitiert von Budge: Cleopatra's Needles, S. XXIV.
2 Homer: Ilias, Gesang 9, 382-85.
3 James Henry Breasted: Ancient Records of Egypt (Chicago, University Press, 1906), Band II, S. 40-44.
4 Vgl. Breasted, Ancient Records II, S. 147.
5 Labib Habachi: Two Graffiti at Seheil from the Reign of Queen Hatshepsut. In JNES 16, 1957, S. 88-104, Tf. 16-17.

6 Ebendort, S. 92.

7 Marquis of Northampton u.a.: Report on Some Excavations in the Theban Necropolis during the Winter of 1898/99 (London, Archibald Constable and Co., 1908), S. 15-17, Tf. 1.

8 Norman de Garis Davies: The Tomb of Puyemrê at Thebes, Band I (New York, Metropolitan Museum of Art, 1922), S. 97-98, Tf. 37-39.

9 William C. Hayes nahm an, daß sie Obelisken darstellten, die beim 2. u. 3. Jubiläum in Heliopolis errichtet worden seien. Vgl. A Statue of the Herald Yamu-nedjeh in the Egyptian Museum, Cairo, and Some Biographical Notes on Its Owner. In ASAE 33, 1933, S. 6-16. Vgl. auch Erik Iversen: Obelisks in Exile, Band II (Kopenhagen, Gad, 1972), S. 145-46, Tf. 2.

10 Nina M. und Norman de Garis Davies: The Tombs of Menkheperresonb, Amenmose, and Another (London, Egypt Exploration Society, 1933), Tf. 10 u. S. 11 ff.

11 Engelbach: Problem of the Obelisks, S. 27.

12 Labib Habachi: Notes on the Unfinished Obelisk of Aswan and Another Smaller One in Gharb Aswan. In Drevnij Egipet, Sbornik Statej (Moskau 1960), S. 216-35.

13 Zu den Obelisken Amenophis' II. und Tuthmosis' IV. siehe Kuentz: Obélisques, S. 30-32, Tf. X.

14 Labib Habachi: An Inscription at Aswan Referring to Six Obelisks. In JEA 36, 1950, S. 13-18, Tf. 3.

15 Norman de Garis Davies: The Tomb of Nefer-hotep at Thebes, Band I (New York, Metropolitan Museum of Art, 1933), S. 28-32, Tf. 41.

16 Desroches-Noblecourt: L'Obélisque de Saint Jean de Latran. In ASAE 50, 1950, S. 257-67.

17 Kuentz: Obélisques, S. 32–35, Tf. X.

Kapitel 5: Piramesse und andere Städte

1 Ricardo A. Caminos: Late Egyptian Miscellanies (London, Oxford University Press, 1954), S. 73-75.

2 Vgl. A. H. Gardiner: Tanis and Pi-Ramesse: A Retractation. In JEA 19, 1933, S. 122-28.

3 Labib Habachi: Khatâ'na–Qantîr: Importance. In ASAE 52, 1954, S. 443-562, Tf. 1-37.

4 Ders.: The Two Rock-Stelae of Sethos I in the Cataract Area Speaking of Huge Statues and Obelisks. In BIFAO 73, 1973, S. 113-25, Tf. 10. 11.

5 Ders.: Notes on the Unfinished Obelisk of Aswan, S. 224-35.

6 Alexander Badawy: A Monumental Gateway for a Temple of Sety I: An Ancient Model Restored (Miscellanea Wilbouriana I, 1972), S. 1-23 u. Tf. neben S. 15.

7 Siegfried Schott: Zwei Obeliskensockel aus Athribis. In MDIK 8, 1939, S. 190-97.

8 Pierre Montet: Les obélisques de Ramsès II. In Kêmi 5, 1935/37, S. 104-14, Tf. 1-34. J. Leclant u. J. Yoyotte (2. u. 3. Artikel) in Kêmi 11, 1950, S. 73-84, Tf. 8-9, und 14, 1957, S. 43-80. Der jetzt in Kairo befindliche Obelisk ist im ersten Artikel, S. 109 ff. mit Tf. 14 veröffentlicht.

9 Vollständige Liste aller veröffentlichten Bauten Ramses' II. im Luxor-Tempel in B. Porter und R. L. B. Moss: Topographical Bibliography of Ancient Egyptian Hieroglyphic Texts, Reliefs and Paintings, Band II: Theban Temples (2. Aufl., Oxford, Clarendon Press, 1972), S. 302-12.

10 Breasted, Ancient Records, III, S. 234-37.

11 Paul Barguet: Le Temple d'Amon-Rê à Karnak (Kairo, Institut français d'archéologie orientale, 1962), S. 223.

12 Kuentz: Obélisques, S. 53-54, Tf. XIV.

13 Ebendort, S. 59-60, Tf. XV.

14 Ebendort, S. 62-63.

15 Ebendort, S. 61-62, Tf. XV.

16 Günther Roeder: Vorläufiger Bericht über die Deutsche Hermopolis-Expedition 1938 und 1939. In MDIK 9, 1940, Tf. 12 b.

17 Kuentz: Obélisques, S. 66-68, Tf. XVI.

18 Budge: Cleopatra's Needles, S. 230-43.

Kapitel 6: Rom und Istanbul

1 Für die Geschichte der römischen Obelisken ist hier die Darstellung von Erik Iversen: Obelisks in Exile, Band I: The Obelisks of Rome (Kopenhagen, Gad, 1968), zugrundegelegt. Vgl. auch Cesare d'Onofrio, Gli Obelischi di Roma (2. Aufl., Rom, Bulzoni, 1967).

2 Gustave Lefebvre: Sur l'obélisque du Latran (Mélanges d'archéologie et d'histoire offerts à Charles Picard, 1949), S. 586-93.

3 Paul Barguet: L'obélisque de Saint Jean de Latran dans le temple de Ramsès II. à Karnak. In ASAE 50, 1950, S. 269-80.
4 Hans Wolfgang Müller: Der Obelisk von Urbino. In ZÄS 79, 1954, S. 143-49, Tf. 15.
5 Iversen: Obelisks in Exile, I, S. 16.
6 Ebendort, S. 128.
7 Ebendort, S. 81.
8 Die Geschichte des Obelisken von Istanbul ist ausführlich dargestellt bei Gerda Bruns: Der Obelisk und seine Basis auf dem Hippodrom zu Konstantinopel (Istanbul, Universum Press, 1935).
9 Ebendort, Abb. 13, auf S. 16.

Kapitel 7: Paris, London, New York

1 Der Bericht über den Transport des Obelisken nach Paris ist hier in der Version von Jean-Baptiste Apollinaire Lebas: L'Obélisque de Louksor (Paris, Carilian-Gœury u. Vr. Dalmont, 1839), wiedergegeben.
2 Zitiert von Aubrey Noakes: Cleopatra's Needles (London, Witherby, 1962), S. 1.
3 Nach Lebas, Obélisque, S. 28.
4 Ebendort, S. 28-29.
5 Ebendort, S. 41.
6 Ebendort, S. 45.
7 Ebendort.
8 Ebendort, S. 69.
9 Ebendort, S. 89.
10 Ebendort, S. 90.
11 Ebendort, S. 148.
12 Leslie Greener: The Discovery of Egypt (New York, Viking, 1967), S. 160.
13 James Henry Breasted: The Obelisk of Thutmose III and His Building Season in Egypt. In ZÄS 39, 1901, S. 55.
14 Geschichte des Londoner Obelisken nach Noakes: Cleopatra's Needles.
15 Ebendort, S. 16.
16 Ebendort, S. 20.
17 Ebendort.

18 Ebendort, S. 24.

19 Iversen: Obelisks in Exile, Band II: The Obelisks of Istanbul and England (1972), S. 118.

20 Noakes, a.a.O., S. 46.

21 Ebendort, S. 91.

22 Ebendort.

23 Zum Bericht über den Transport des New Yorker Obelisken vgl. Henry H. Gorringe: Egyptian Obelisks (New York, 1882).

24 Ebendort, S. 53.

CHRONOLOGISCHE ÜBERSICHT

I. Hauptsächliche Abschnitte der altägyptischen Geschichte und einzelne Pharaonen, deren Namen mit Obelisken verbunden sind

Jahreszahlen nach: The Cambridge Ancient History, 3. Auflage, Band I-II (Cambridge, C.U.P., 1970-75) sowie: Sir Alan H. Gardiner, Egypt of the Pharaos (Oxford, Clarendon Press, 1961).

Frühzeit (I. und II. Dynastie) ca. 3100–2686 v. Chr.
Altes Reich (III.–VI. Dynastie) ca. 2686–2180
IV. Dynastie 2613–2498
Cheops 2591–2566
V. Dynastie 2494–2345
Niuserrê 2450–2420
VI. Dynastie 2345–2180
Teti 2345–2333
Phiops I. 2333–2285
Phiops II. 2269–2185
Erste Zwischenzeit (VII. bis Mitte XI. Dynastie) ca. 2180–2040
Mittleres Reich (2. Hälfte der XI. und XII. Dynastie) 2040–1786
XII. Dynastie 1991–1786
Sesostris I. 1971–1928
Zweite Zwischenzeit (XIII.–XVII. Dynastie) 1786–1570
XVII. Dynastie ca. 1650–1570
Nubcheperrê Anjotef nach 1650
Neues Reich (XVIII.–XX. Dynastie) 1570–1085
XVIII. Dynastie 1570–1320
Amosis 1570–1546
Amenophis I. 1546–1526
Tuthmosis I. 1525–1512
Tuthmosis II. 1512–1504
Tuthmosis III. 1504–1450
Hatschepsut 1504–1482

Amenophis II. 1450–1425
Tuthmosis IV. 1425–1417
Amenophis III. 1417–1379
Amenophis IV. Achenaten 1379–1362
Semenchkarê 1364–1361
Tut'anchamun 1361–1352
Aja 1352–1348
Haremhab 1348–1320
XIX. Dynastie (Ramessiden) 1320–1200
Ramses I. 1320–1318
Sethos I. 1318–1304
Ramses II. 1304–1237
Merneptah 1237–1220
Sethos II. 1216–1210
XX. Dynastie (Ramessiden) 1200–1085
Ramses III. 1197–1166
Ramses IV. 1166–1160
Ramses VI. 1156–1148

Dritte Zwischenzeit (XXI.–XXV. Dynastie) 1085–664
XXI. Dynastie 1085–945
XXII. u.
XXIII. Dynastie 945–730
XXIV. Dynastie 730–715
XXV. Dynastie (Äthiopen) 715–656
Taharka 690–664

Spätzeit (XXVI.–XXX. Dynastie) 664–342
XXVI. Dynastie (Saiten) 664–525
Psametik II. 595–589
Apriës 589–570
Amasis 570–526
XXVII. Dynastie (Persische Herrschaft) 525–404
XXVIII. Dynastie 404–399
XXIX. Dynastie 399–380
XXX. Dynastie 380–342
Nektanebos II. 360–342
Ptolemäer 323–30 v. Chr.
Ptolemaios II. 285–246
Ptolemaios VIII. 145–116

2. Römische Kaiser, die im Zusammenhang mit Obelisken genannt werden

Augustus 30 vor – 14 nach Chr.
Tiberius 14–37
Caligula 37–41
Vespasian 69–79
Titus 79–81
Domitian 81–96
Hadrian 117–138
Commodus 180–192
Gallienus 260–268
Maxentius 306–312
Constantin I. 306–337
Constantius II. 337–361
Julian 361–363
Theodosius I. 379–395

3. Päpste, die sich mit der Aufstellung von Obelisken befaßt haben

Gregor XIII. (Ugo Buoncompagni) 1572–1585
Sixtus V. (Felice Peretti) 1585–1590
Innocenz X. (Giambattista Pamfili) 1644–1655
Alexander VII. (Fabio Chigi) 1655–1667
Clemens XI. (Giovanni Francesco Albani) 1700–1721
Clemens XII. (Lorenzo Corsini) 1730–1740
Benedict XIV. (Prospero Lambertini) 1740–1758
Clemens XIV. (Vincenzo Ganganelli) 1769–1774
Pius VI. (Angelo Braschi) 1774–1799
Pius VII. (Barnaba Luigi Chiaramonte) 1800–1823

LITERATURVERZEICHNIS

Bonnet, Hans. Reallexikon der ägyptischen Religionsgeschichte. Berlin: de Gruyter, 1952

Bruns, Gerda. Der Obelisk und seine Basis auf dem Hippodrom zu Konstantinopel. Istanbul: Universum, 1935

Buchner, Edmund. Die Sonnenuhr des Augustus. Mainz: Philipp von Zabern, 1982

Budge, Sir E. A. Wallis. Cleopatra's Needles and Other Egyptian Obelisks. London: The Religious Tract. Soc., 1926

Cooper, William R. A Short History of the Egyptian Obelisks. London: Bagster & Sons, 1877

Dibner, Bern. Moving the Obelisks. Cambridge Mass.: M.I.T. Press, 1970

Engelbach, Sir Reginald. The Aswan Obelisk. Kairo: Institut Français d'Archéologie Orientale, 1922

Ders. The Problem of the Obelisks. New York: Doran, 1923

Gorringe, Henry H. Egyptian Obelisks. New York, 1882

Iversen, Erik. Obelisks in Exile. Kopenhagen: Gad. Bd. I: The Obelisks of Rome, 1968. Bd. II: The Obelisks of Istanbul and England, 1972.

Kastl, Helmut u. Olaf Hein. Gli obelischi di Roma e le loro epigrafi. Rom: Edizione d'Italia, 1970

Kuentz, Charles. Obélisques (Catalogue général des antiquités égyptiennes du Musée du Caire). Kairo: Institut Français d'Archéologie Orientale, 1932

Lebas, Jean-Baptiste Apollinaire. L'obélisque de Louksor. Paris: Carilian-Gœury u. Vr. Dalmont, 1839

Martin, Karl. Ein Garantsymbol des Lebens: Untersuchungen zu Ursprung und Geschichte der altägyptischen Obelisken bis zum Ende des Neuen Reiches (Hildesheimer Ägyptologische Beiträge, 3). Hildesheim: Gerstenberg, 1977

Marucchi, Orazio. Gli obelischi egiziani di Roma. Rom: Loescher, 1868

Moldenke, Charles E. The New York Obelisk, Cleopatra's Needle. New York: Randolph, o.J.

Noakes, Aubrey. Cleopatra's Needles. London: Witherby, 1962
d'Onofrio, Cesare. Gli obelischi di Roma. 2. Aufl. Rom: Bulzoni, 1967
Rühlmann, Gerhard. Die Nadeln des Pharao. Dresden: Verlag der Kunst, 1968

ABBILDUNGSNACHWEIS

Farbtafeln:

A. Shedid, München 2, 3, 4
Staatliche Sammlung Ägyptischer Kunst, München 1, 5

Schwarzweiß-Abbildungen:

Alinari, Rom 60

Friedrich Wilhelm v.Bissing, *Das Rê-Heiligtum* ..., 1905 25
The Brooklyn Museum, Department of Ancient Art, New York 43, 44

H. Chevrier, *Revue d'Égyptologie*, 1970 11

Jim Dalmage 57, 61, 68
N. de Garis Davies, *The Tomb of Nefer-Hotep at Thebes*, 1933 40
Deutsches Archäologisches Institut, Istanbul 72–75
Deutsches Archäologisches Institut, Rom 62, 70, 83
Direction des Musées de France 29

Egyptian Center of Documentation, Kairo 2
R. Engelbach, *The Aswan Obelisk*, 1922 7, 13
R. Engelbach, *Problem of the Obelisks*, 1923 16

Faksimiles von Labib Habachi 22, 37
Fototeca Unione, Rom 56, 59, 64, 65

Photographie Giraudon, Paris 76
H. Gorringe, *Egyptian Obelisks*, 1882 79, 80

Labib Habachi 18, 39, 42, 49, 71
Hirmer Fotoarchiv, München 19, 20, 28, 30, 32, 47

Istituto Geografico de Agostini, Novara 26

Dieter Johannes, Deutsches Archäologisches Institut, Kairo 2

M. Emile Karam 27, 45

M. Jean Lauffray, Franko-Ägyptisches Zentrum, Karnak 31, 33, 34, 48

L. v.Matt, Buochs 53, 67, 69
The Metropolitan Museum of Art, Egyptian Department, New York 78

E. Naville, *The Temple of Deir el Bahari*, 1908 14, 15
P.E. Newberry, *El Bershen*, 1882 12

John G. Ross 77

A. Shedid, München 46

Dieter Wildung, München 81

Alle anderen Abbildungen wurden auf besonderen Wunsch des Autors gezeichnet.

1. Chiesa di S. M. de Miracoli
2. Chiesa di S. M. di Monte Santo
3. Strada del Corso, che conduce al Palazzo di Venezia

Veduta della